KB241084

미술과 함께 자라는 아이들

미술과 함께 자라는 아이들

초판 1쇄 인쇄 2012년 10월 22일 **재판 1쇄 인쇄** 2012년 11월 07일
초판 1쇄 발행 2012년 10월 31일 **재판 1쇄 발행** 2012년 11월 14일

지은이 오유정, 이민경
펴낸이 손 형 국
펴낸곳 (주)북랩
출판등록 2004. 12. 1(제2012-000051호)
주소 153-786 서울시 금천구 가산디지털 1로 168,
우림라이온스밸리 B동 B113, 114호
홈페이지 www.book.co.kr
전화번호 (02)2026-5777
팩스 (02)2026-5747

ISBN 978-89-98268-31-2 03370

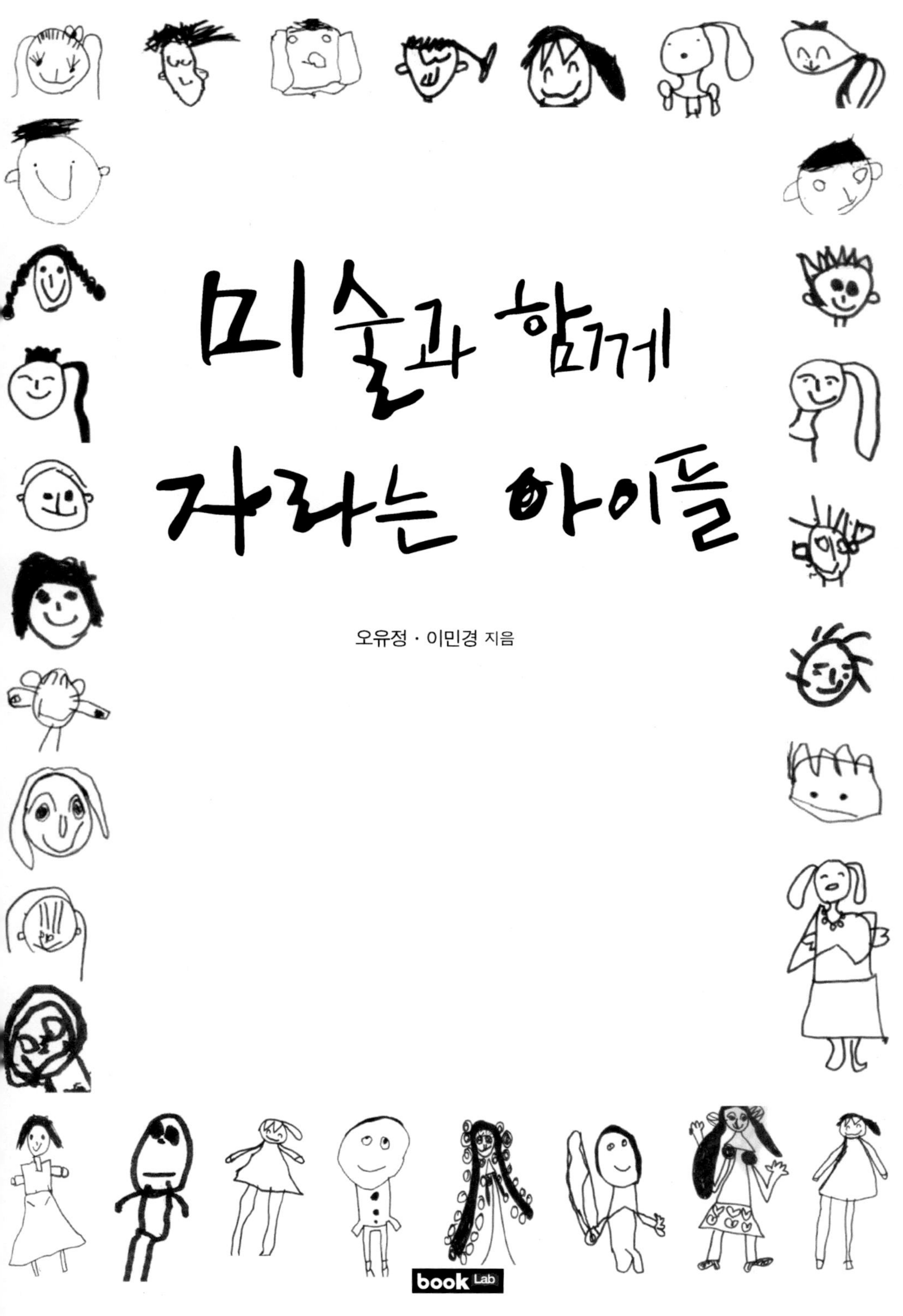

미술과 함께 자라는 아이들

오유정 · 이민경 지음

book Lab

들어가기

2011년 3월부터 2012년 2월까지 만 4세 반 아이들 31명과 함께 지냈던 이야기를 이민경, 오유정 교사가 기록하였습니다.

우리가 1년간 열심히, 즐겁게 만든 미술작품들, 공동작품들을 학기말에 정리하면서 우리의 즐거웠던 경험들이 잊혀지는 것이 아쉬워서 책으로 남기게 되었습니다.

미술을 좋아하는 이민경 교사와 공부를 좋아하는 오유정 교사가 만나서, 투담임 체계에서 적응해나가고, 우리반 특성에 맞는 교육방법과 과정을 만들어 나가는 과정이 두 명의 교사들에게 매우 특별한 시간이었습니다. 주교사-부교사가 아니라 두 명의 정교사가 각자 자신이 가진 능력과 교육적 방향을 하나로 합쳐가는 과정이, 교사로서 성장해 나가는 데에 큰 힘이 되었습니다.

월안, 주안을 함께 짜면서 활동 하나 하나에 교육적 요소와 의미를 고려하는 오유정 교사, 모든 활동이 아름답게, 즐겁게 표현되기를 계획하는 이민경 교사. 그리고 두 교사의 지도에 따라 몰입하여 활동하며 성장해 나가는 아이들의 모습을 글과 그림으로 담아보았습니다.

아이들이 어려서 주제를 이해하고 활동에 적극적으로 참여하도록 하기 위해 '미술'이라는 포장을 하였지만, 사실 그 속에 숨겨진 언어, 사회, 정서, 신체, 인지적 요인들을 아이들이 자기도 모르게 습득할 수 있게 하는 데 목표를 두었습니다.

우리반에서 교사가 아이들에게 자주 하는 말 중에 하나가 "아름답게 꾸며보자~"입니다. 우리반에서 사용되는 '아름다움'의 의미는 성실하게, 열심히, 꼼꼼히, 창의적으로, 자부심을 가지고 등 많은 뜻을 담고 있었습니다.

직장보육시설이라 아침 8시부터 19시까지 각 반 교실이 운영되어, 긴 보육시간 동안 엄마를 그리워하거나, 부모님을 기다리는 시간으로 여기는 아이들을 위해, 아이가 어린이집에 '맡겨진' 존재가 아니라 자기 스스로의 흥미와 가치를 추구하기 위해 어린이집에 다닌다는 인식을 심어주기 위해 아이들을 많이 격려하고 공동작품 구성하기라는 공동의 우리반 목표를 만들어 보았습니다.

우리반의 이야기를 책으로 엮으면서, 우리가 그 동안 추구한 '아름다움', '함께하기'의 원리를 최대한 살리기 위해 교사가 나눴던 대화, 교사와 아이들의 수업내용을 대화 형식으로 드러냈습니다.

그리고 아이들의 작은 낙서, 미술작품들이 책 디자인에 쓰여서 아이들과 교사가 함께 만든 책이 되도록 하였습니다.

우리반에서 한 달에 한 권씩 만들던 세상에서 단 한 권뿐인 책 만들기를 확장하여 많은 사람이 나눠서 볼 수 있는 책으로 출판하게 되었습니다.

두 명의 교사가 만났어요!

오유정교사 : 이민경 선생님 안녕하세요! 저는 한 명 의 담임이 한 반에 있던 원에서 와서 두 명 교사의 파트너 제도가 낯설기도 하고 기대가 되기도 하고 그래요.

이민경교사 : 네… 교사마다 각자 잘하는 것도 다르고 서로 도움 주고받는 부분도 있고 하니 잘 협력해서 1년을 지내봐요.

오유정교사 : 우리 그러면 교실 생활이나 수업을 하는데 있어서 기본적인 교육관이랄까, 원칙, 혹은 약속 같은 것을 정해놓고 방향을 잡으면 어떨까요?
교사가 둘이다 보면 아이들이 혼란을 겪을 수도 있고, 함께 수업을 준비하려면 이 부분들이 미리 정해지면 좋을 듯해요.

이민경교사 : 그럼 우리 지구반이 나아갈 방향에 대해 이야기해봐요!

우리반 운영 원리

*** 환경구성 및 교실장식은 교사와 아이들이 함께한다.

· 아이들이 실제로 생활하고 아이들이 주인인 공간이므로 가능하면 아이들의 손으로 만든 작품을 위주로 환경 구성하여 아이들에게 교실에 대한 특별한 의미부여 및 애착을 가지도록 한다.

*** 지구반은 다음과 같은 수업 방법을 따른다.

· 월간, 주간 수업은 순차적은 순서로 진행된다. 주제를 교사가 소개하는 것으로 시작하여 후반부로 갈수록 깊이 있게 주제를 다루도록 한다.
월~금, 1주~4주의 순서대로 누적성의 원리로 활동을 계획하고 실행한다.

· 한가지 주제가 한 달간 다음과 같은 순서대로 진행된다.

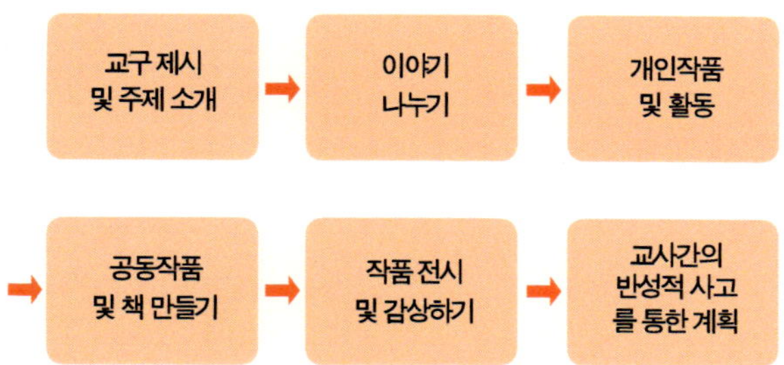

*** **한가지 주제가 끝날 때 주제가 포괄적으로 드러날 수 있는 공동작품을 만들어서 전시한다.**

· 아이들에게 활동의 목적성을 갖게 하고 적극적으로 참여하기 위해 공동작품 만들기 목 표를 만들어준다. 완성된 작품을 보며 그 동안의 활동을 되돌아보고 기억할 수 있도록 한다.

*** **아이들 손으로 놀잇감을 만들어서 교실에서 활용할 수 있도록 한다.**

· 상품화된 교구나 장난감도 좋지만, 아이들 손으로 만든 특별한 종이인형, 책 등 직접 활용할 수 있는 장난감으로 만들어서 아이들이 놀이에 활용할 수 있도록 한다.

*** **한 달의 월 주제가 끝날 때마다 아이들의 작품을 모아서 책으로 만든다.**

· 아이들이 책에 흥미를 느끼게 하기 위해 자신들의 글과 그림으로 만든 책을 비치해 둔 다. 자신들이 만들어 둔 책을 보면서 우리가 함께 한 활동에 대해 회상해볼 수 있도록 한다.

*** **작품을 만들거나 수업할 때 아이들의 의견을 적극적으로 반영한다.**

· 연간, 월간, 주간 , 일간 계획에 따라 수업이 진행되지만, 중간에 아이들이 흥미로워하거나 관심을 보이는 것에 대해서는 적극적으로 교사가 지원해주고 수업에 반영한다.

*** **원의 방침상 표준보육과정을 기초로 하여 주제중심의 수업을 계획하나, 상황과 아이들의 흥미에 따라 레지오 및 프로젝트 접근법을 부분적으로 적용한다.**

· 표준보육과정의 내용체계(기본생활영역, 신체운동영역, 의사소통영역, 예술경험영역, 자연탐구영역, 사회관계영역)에 의거하여 교육활동의 목표와 방법을 수립했다. 또한 교사가 유아가 흥미있어 하는 주제의 활동의 몰입도를 위해 레지오 및 프로젝트 접근법을 활용했다.

*** **어린이집이 위치한 지역사회 자원을 적극적으로 활용하고 교실에서 활동으로 재현해본다.**

· 산책활동을 통해 내가 속한 지역사회에 대해 관심을 가질 수 있도록 한다. 또한 경찰서, 미술관, 덕수궁 등 활용 가능한 자원을 최대한 이용할 수 있다. 또한 유아미술/예술작품 간의 경계를 줄이고 폭넓게 감상하고 표현하도록 한다.

*** **아이들에게 재료를 제시함에 있어서 유아수준의 재료를 기본으로 하여 자연물, 실물, 전문미술재료, 재활용품 등을 제시한다.**

· 주제에 맞게 아름답게 표현하기 위해 교사가 다양한 재료를 알고 준비한다. 모델링 페이스트, 타일, 물백묵, 목탄 등의 전문 미술 재료 및 조개 껍질, 비즈, 진주구슬, 등 주제에 맞게 표현하기 위해 다양하게 준비한다.

*** **아이들이 스스로 계획할 수 있도록 교사가 활동이 진행되는 과정과 순서를 소개한다.**

· 교사의 지시가 아닌 유아의 흥미에 따라 소그룹이 형성되고, 작업이 2~3일에 걸쳐 단계적으로 이루어지도록 하여 아이들이 기대감과 계획성을 가지도록 한다.

*** **아이들의 발달수준과 흥미, 직장보육 시설의 장시간의 보육시간을 고려하여 수업의 양과 방향을 정한다.**

· 소근육 발달이 더딘 아이, 주의집중이 어려운 아이 등은 미술활동에 흥미를 느끼도록 하여 집중시간을 늘리고 손을 자주 사용하게 한다.

· 8~7시까지의 보육시간을 효율적으로 분배하여 아이들이 긴 시간 동안 교육 및 놀이를 자발적으로 할 수 있도록 계획한다.

함께 할 수록 더 재미있는 미술

재미있다? 재미있다!

그림을 그리고 있는 아이의 옆에 다가갔다.

"그게 무슨 그림이니?"

"뭘 그린거야?" 묻는다. 아이는 교사를 쳐다보며 열심히 그림을 설명해준다.

"이건 눈이 내리는 건데, 여러 가지 색깔 눈이에요. 너무 아름답죠." 하며 그림 속 점, 선, 면 하나하나 설명을 한다. 아이들의 그림 속에 의미가 없는 것은 하나도 없다.

교사의 눈엔 하나의 선이지만 그것은 아이들의 눈에선 멀리서 바라본 길이 되기도 한다.

그러다보면 교사도 어느새 아이들의 기발하고 재미있는 생각에 웃고 있을 때가 많다.

아이들의 상상 속에서는 무엇이든 다 만들어지고 이뤄진다. 그리고 재미없는 것은 하나 없이 무엇이든 '그냥'재미있는 것이 된다.

내 경험을 그리고 꾸미다!

교사라면 아이들이 말하는 '그냥 재밌어요.'란 말을 많이 들어봤을 것이다.

그런 재미를 느끼고 만들어내는 활동 중 하나가 미술활동이다.

글로 쓰거나 말하는 것으로 충분하지 않을 때, 표현할 수 있는 수단 중 하나가 미술이다.

아이들은 같은 그림을 반복해서 그리고 색칠하고 꾸미는 단계에서 아름다움을 추구하게 된다. 그림의 배경을 꾸미고 색을 칠하면서 발전해나가고 이는 유아들의 경험이 바탕이 되어 드러나기도 한다.

그리고 그 과정에서 자신의 감정을 드러낼 수도 있다.

놀이터에서 놀고 있는 '나'를 그렸으나 집에서 공부하고 있는 형과 놀지 못해 속상해하고 있는 '나'가 되기도 하고 가족과 영화를 보고 있는 즐거운 '나'가 나타나기도 한다.
이렇듯 자신의 경험이 드러나기도 하고 자유롭게 내가 생각한 것을 그리고
아름답게 꾸미는 활동, 아이들이 살아가고 있는 일상생활 속 모습과 문화가
잘 드러날 수 있는 활동이 미술 이라고 생각한다.

상상 속에 들어가기

반면에 시공간을 초월하여 상상 속의 장면이
연출되기도 한다.
"이 공룡은 지금 공격당해서 도망가야해요."
공룡이 살던 숲속을 그리면서 스토리를 만들어간다.
또래의 작품에 흥미를 가지고 다가와 "누가 공격해?", "쥐라기시대야?" 하며
개입을 하는 아이들의 모습도 자연스럽게 볼 수 있다. 이런 과정에서 아이들은 자기 자신과
자신의 감정 뿐만 아니라 다른 사람의 감정, 욕구에도 감정이입을 할 수 있게 된다.

또 다른 미술의 재미, 협력

또한 함께 생활하는 또래의 활동을 모델링하기도 하면서
자신의 작업에 또래를 개입시킬 수도 있다.
함께 작업을 하면서 이뤄지는 대화, 그 대화 속에서 나를 표현하고
또래의 다른 생각이 있음을 알면서 '다름'을 이해하고
하나의 협동활동으로 나타내기 위해 절충하고 해결해가는 과정도 경험할 수 있다. 나와 타
인을 이해하는 이 과정을 잘 헤쳐나가면서 또 다른 즐거움을 얻어갈 수 있다.
그래서 갈등이 생기기도 하지만 그럼에도 불구하고
협동활동은 아이들에게 즐거움을 주는 하나의 경험이 된다.
그래서 이런 미술활동의 중요성을 인식하고
그 중에서도 협력활동이 주는 즐거움을 나누고자 한다.
아이들과 생각을 나누고 실현시켜내는 과정 속에서
상상력과 즐거움을 함께 경험하고자 했다.

C·O·N·T·E·N·T·S

2011년 만나세 지구반
연간교육계획 및 협동활동

월	주제	소 주제	활동	전시 및 감상
3	어린이집 생활, 놀이	지구반이 되었어요 우리 반과 친구들 놀이할 때 지켜야 해요 내가 좋아하는 놀이 내 손으로 만드는 장난감	·우리 반 소개 책 ·놀이 약속책 ·내가 만든 장난감	·제작한 책 언어영역에 전시 ·장난감 전시회
4	봄 (식물, 나무)	새로운 탄생 (봄이 되어 변화된 날씨와 주변환경) 씨앗에서 새싹이 되기까지 새싹에서 나무가 되기까지 우리들의 생활 속의 나무	·선녀와 나무꾼 ·팝콘으로 꾸민 나무	·선녀와 나무꾼 극놀이 발표회 ·교실 2층 벽면구성 및 팝콘 나무 전시
5	나와 가족	우리가족 엄마 아빠 되어보기 멋진 형, 귀여운 동생 우리 가족과 가까운 사람들	·가족 신문책 ·잡지로 만든 나 패션쇼	·가족 신문책 전시 및 발표 ·잡지 꼴라주 패션쇼 런웨이 제작 및 전시
6	우리동네, 직업	어린이집 오는 길 주변은? 옛날 옛날 우리 동네에는? 우리 동네는 어떻게 변할까? 다양한 직업이 있어요 내가 내가 자라서	·엄마 아빠 초대한 직업책 ·내가 자라서 되고 싶은 직업 ·기와집 ·우리 동네 지도 ·보물 지도	·부모 참여(각 직업의 부모 전문가 참여활동) ·직업에 대한 책과 상상화 전시 ·기와집 조형물로 만든 후 전시 ·산책활동 후 우리 동네 지도 제작 ·상상을 바탕으로 한 보물지도 전시
7	여름 (물, 비)	여름의 날씨 빗물의 여행1 (빗물이 강과 바다로) 빗물의 여행2 (북극에 간 빗물) 빗물의 여행3 (바다에서 하늘로) 여름철 안전	·비오는 풍경 ·빗방울, 우산 ·색소금과 타일로 만든 바다 ·수영장 ·여름 꽃 공판화 ·전시회	·비오는 풍경 공동화 ·수영장 공동제작 및 신체활동 활용 ·전시회(1학기 활동 전시)

월	주제	소주제	활동	전시 및 감상
8	건강한 몸과 마음 (음식, 식습관, 질병, 운동)	음식과 영양 건강과 운동 건강한 몸 행복한 마음을 가져요	·먹지 대고 친구 얼굴 그리기 ·친구 표정 속에 나타난 감정 그리기 ·손에 손 잡은 우리	·또래 얼굴 그린 후 액자 구성 및 전시 ·2층 벽면 전시
9	교통수단 (동력, 에너지, 절약)	풍성한 추석 육지로 가요 바다로 가요 하늘로 가요	·교통기관 모자이크 ·기차	·교통기관에 대한 공동활동 및 전시
10	가을 (열매, 수확)	가을이 왔어요 풍성한 가을 풍성한 식탁 우리 주변의 색이 변해요	·아낌없이 주는 나무 ·가을나무, 말린 열매로 꾸미기 ·곡식 꼴라주	·말린 열매를 이용한 활동 후 전시 (개별활동 및 공동활동) ·나무, 나뭇잎에 관련된 것을 부모참여 수업으로 확장함.
11	우리 주변의 것들 (색) 도구와 기계	아름다운 디자인과 패턴 다양한 색과 향기 미술관 나를 도와주는 물건 기계를 움직이는 힘	·아름다운 종이, 디자인과 패턴 ·무지개 만들기 ·향수 ·기계 세밀화 ·목탄그림	·생활 속의 글자, 그림 등을 디자인하고 패턴으로 구성한 작품들을 전시 ·기계에 겉과 속을 상상하고 묘사한 그림 책으로 만들어 전시
12	겨울	겨울의 날씨 겨울의 놀이와 운동 따뜻한 마음을 전해요 눈은 왜 내릴까?	·겨울풍경 ·스케이트 타는 아이들	·어린이집 2층 복도에 벽화와 모빌로 만들어 전시
1	우리나라와 다른 나라	새해가 되었어요 세계 여러나라가 있어요 우리나라의 명절 함께 사는 세계	·용 ·조각보 ·전통놀이, 탈 ·세계지도 ·지구본	·우리 나라 전통문화를 이해하고 이를 그리기, 만들기로 활동 한 후 벽면 전시 ·세계에 대한 이해를 할 수 있도록 지도, 지구본, 건축물 등을 그리고 만든 후 전시
2	숫자, 형 언니가 되었어요	생활 속의 숫자 재미있는 숫자 놀이 즐거웠던 우리반 우주반에 가요 안녕 지구반	·숫자디자인 ·즐거웠던 지구반 스크랩북 ·선생님 그리기	·숫자를 알고 다양한 무늬로 패턴을 만들어 전시 ·한 해를 마무리하는 스크랩북 제작 및 전시 ·다양한 기법으로 그림 그리기 후 액자 구성

나와 친구들

3월! 새 친구 새로운 반

선녀와 나무꾼

표정으로 알 수 있는 친구의 마음

첨벙첨벙 수영장

즐거웠던 지구반 스크랩북

사랑하는 선생님

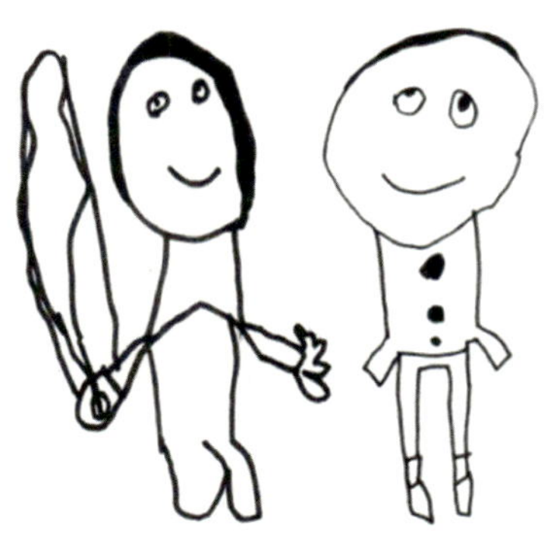

3월! 새 친구 새로운 반

이민경 교사 : 작년에 만 3세 두반의 아이들이 올해 지구반이 되어서 한 반이 되었는데, 학기초라서 그런지 아이들이 흥분된 상태이고 교실 분위기가 어수선 한 것 같아요

오유정 교사 : 네. 아무래도 작년 두 학급에서 다른 기준과 지도하에 있던 아이들이 한 반으로 통합되다 보니 아이들이 혼동을 느끼는 부분이 있는 듯해요.

이민경 교사 : 선생님 그럼 신입원아를 비롯하여 기존의 아이들까지 지구반이라는 새로운 교실에서 함께 지켜야 할 생활규칙을 알려줘야 될 것 같아요.

오유정 교사 : 우리가 매일 아이들에게 이야기를 해주고는 있지만 좀 더 아이들에게 효율적으로 내재화하기 위해 아이들이 스스로 우리 반 규칙을 정하게 하는 건 어떨까요?

이민경 교사 : 네 그래요. 교사의 지시보다는 아이들이 함께 이야기를 하면서 그 필요성을 알고 약속에 대한 책임감을 갖도록 하는 것이 중요한 것 같아요.

오유정 교사 : 그러면 아이들과 이야기나누기를 한 뒤, 그 내용을 책으로 만드는 것은 어떨까요?

이민경 교사 : 그래요. 선생님 말씀대로 책으로 만들면 아이들이 수시로 볼 수도 있고, 재미 있어 하기도 하겠어요. 그리고 평가인증 언어활동 자료로도 활용할 수 있을 것 같아요.

우리 반을 소개합니다!

오유정 교사 : 이번 주 주제인 우리 반과 친구들에 맞게 언어영역에서 아이들끼리 서로 인터뷰를 하고 내 모습 그리기를 해볼까 해요.

이민경 교사 : 그런데 이러한 활동들을 통합적으로 연계하고 기록하는 방법은 뭐가 있을까요?

오유정 교사 : 인터뷰를 동영상으로 찍어서 대 집단 시간에 보려고 해요.

이민경 교사 : 그래요. 컴퓨터 조작은 아이들이 아직 어려워하니까 영상뿐만 아니라 우리 책으로도 만들어서 컴퓨터 영역과 언어영역에서 모두 활용할 수 있도록 해요.

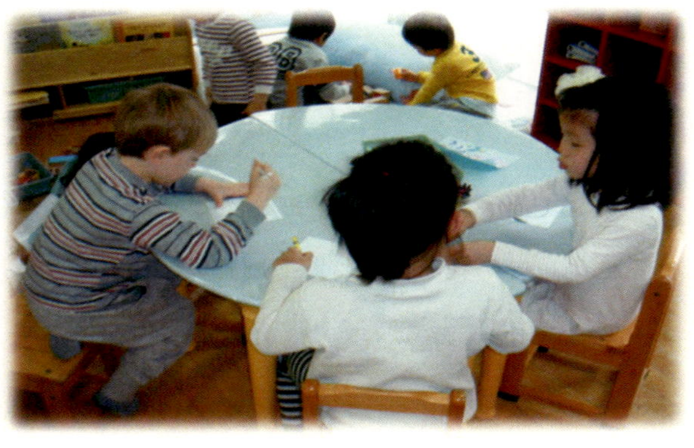

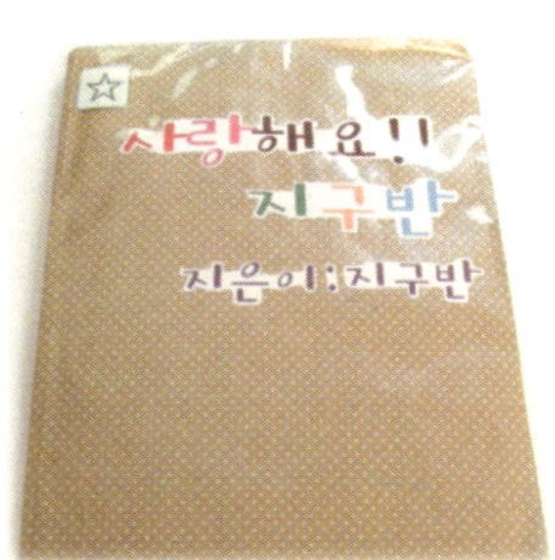

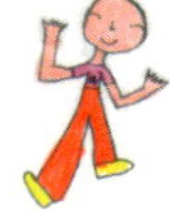

우리는 6살이 되고 지구반이 되었어요.
새 교실, 새 친구들을 만나요! 내 친구는 어떤 놀이를 좋아할까?
내 친구는 어디에 살까? 궁금한게 너무 많아요.
친구들에게 하고 싶은 말을 모두 모아서 지구반 책을 만들어 보았어요.
멋진 내 모습을 그리고 친구들에게 하고 싶은 이야기를
적어보았어요.
지구반 친구들아 만나서 반가워~
우리 사이 좋게 놀이 많이 하자~
사랑해

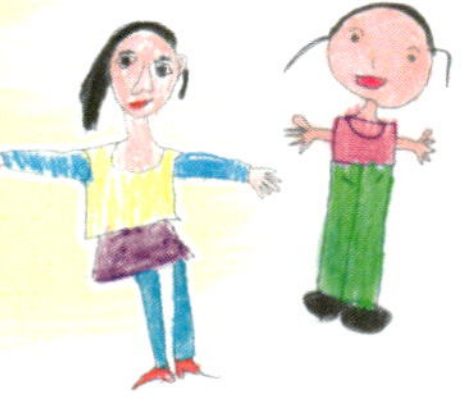

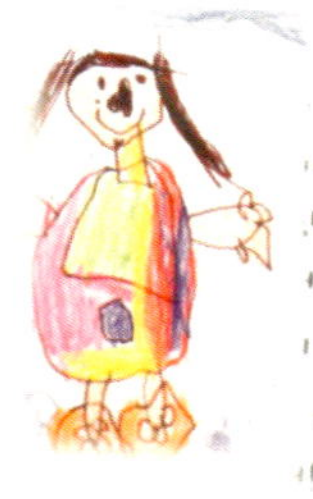

이게림 : 안녕 난 아이게림이야. 난
자흐스탄에서 왔어. 아직 한국말은
몰라서 러시아어를 써. 친구들이랑
생님이 도와줘서 고마워. 난 그림
기랑 책보는 것을 좋아해. 빵이랑
유가 맛있어. 친구들, 선생님 사
!!

교사가 인터뷰 질문목록을 만들고
아이들에게 개별적으로 질문한다.

Q: 지구반에서 무슨 놀이 하는 것을 좋아하니?
어떤 음식을 제일 좋아하니?
친구들에게 어떤 말을 해주고 싶니?

야. 난 러시아에서 왔는데 지금
국에 살아. 난 나중에 어른이 되
찰이 될거야. 그리고 난 김밥을
좋아해. 또 고양이를 좋아하는
에 진짜는 아니고 가짜 고양이가

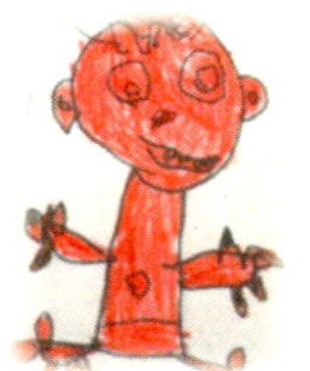

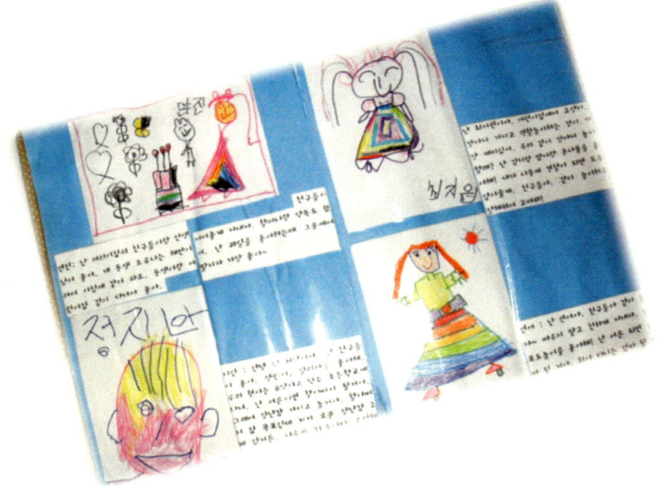

아이들의 인터뷰 내용을 프린트하여 책의 본문을 만든다
(만4세 학기초라서 글자표현은 교사가 하고 유아들은 말과
그림으로 자신을 표현하였다. 학기말쯤 되어 한글을 깨우친 아이들이
학기초에 자신의 말이 기록된 책을 읽으며 재미있어 하였다.)

쉿! 비밀이야 이것만 지키면 재미있게 놀 수 있어

-우리반 놀이 약속책-

우리는 놀이하는 것이 세상에서 제일 좋아요!하지만 교실에서 친구들과 함께 놀이하다 보면 가끔 다투기도 하고 속상한 경우가 생기기도 해요. 그래서 어떻게 하면 안전하고 친구들과 사이 좋게 놀이할 수 있을지 책을 함께 만들어 보기로 합니다.

교사 : 미술영역에서는 어떤 놀이약속이 있으면 좋을까?

아이들 : 가위는 날카로우니까 조심조심 써야 해요.
그리고 색연필이랑 사인펜, 크레파스로 바닥이랑 책상에 그림을 그리면 안돼요.
매트를 깔아야 해요. 색연필, 사인펜, 매직은 뚜껑을 꼭 닫아야 해요. 그렇지 않으면 색깔이 다 날라가요.

교사 : 그럼 우리가 이야기한 놀이약속을 그림으로 표현해보자

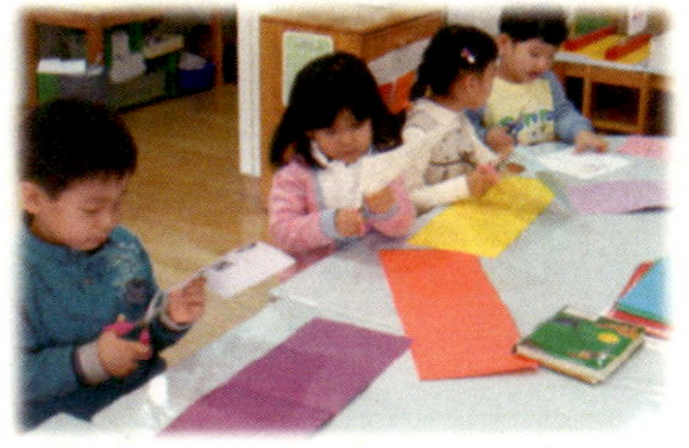

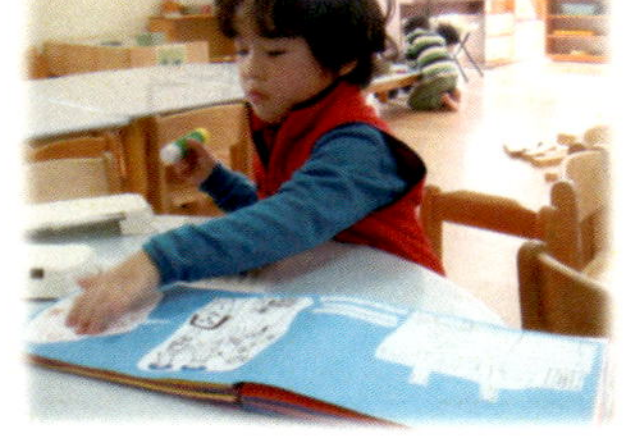

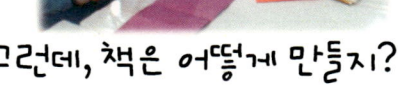

그런데, 책은 어떻게 만들지?

책이 어떻게 만들어졌는지 함께 이야기를 나눠요.책에는 제목, 그림, 페이지, 숫자, 글씨들이 필요해요그리고 책을 만든 사람의 이름도 써야 해요그림을 그리고 글자들을 붙여서 모두 함께 책을 완성해 봅니다

아이들이 이야기한 놀이약속을
교사가 받아 적어서 종이에
출력합니다.

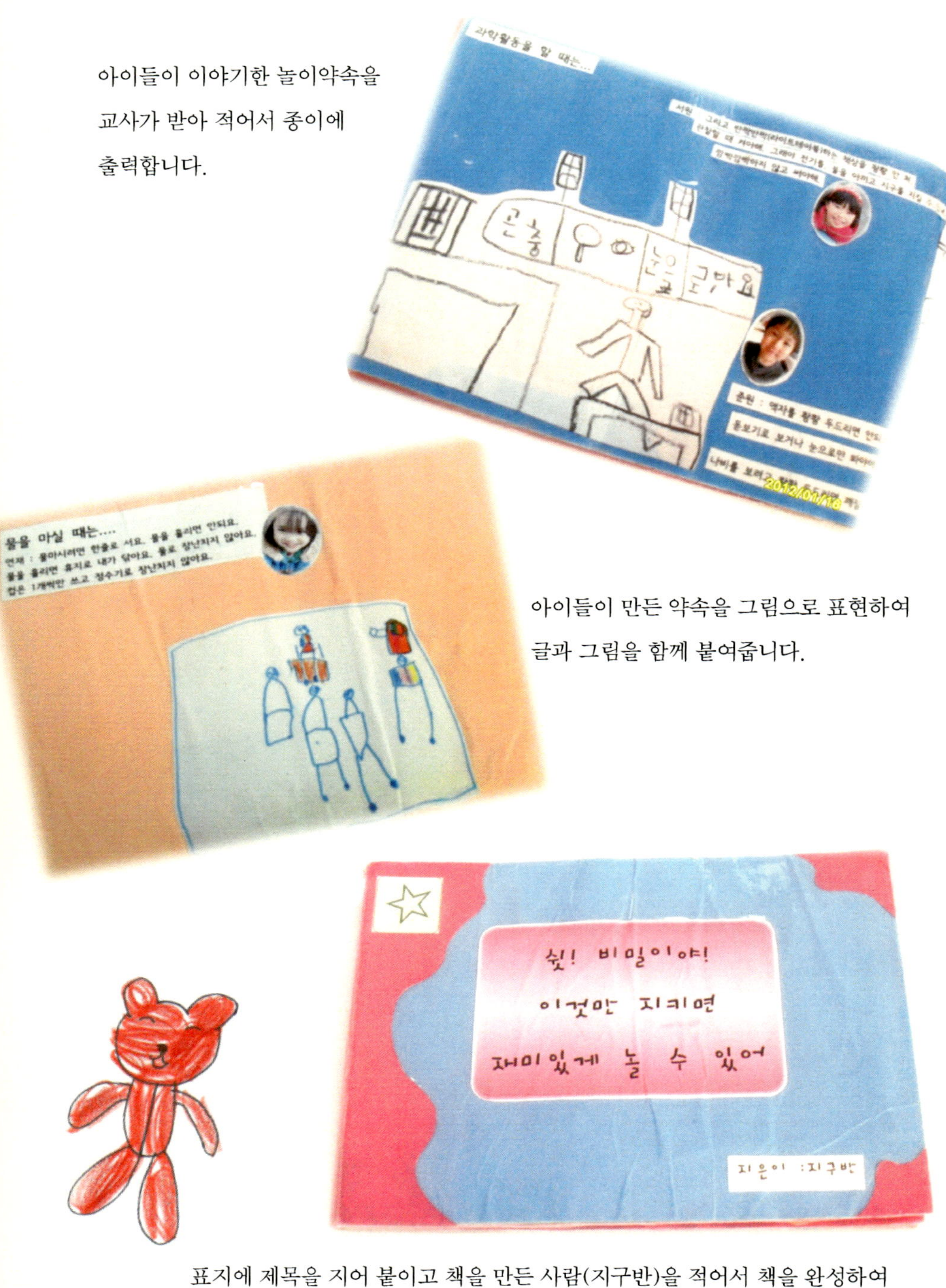

아이들이 만든 약속을 그림으로 표현하여
글과 그림을 함께 붙여줍니다.

표지에 제목을 지어 붙이고 책을 만든 사람(지구반)을 적어서 책을 완성하여
책꽂이에 꽂아둡니다.

선녀와 나뭇꾼

오유정 교사 : 우리 반 아이들이 요즘 전래동화에 관심을 보여서 선녀와 나무꾼 이야기를 중심으로 이번 주 놀이활동을 해볼까 해요.

이민경 교사 : 그러면 동화를 주제로 한 하나의 작은 프로젝트가 되어서 마지막에는 동극 활동으로 마무리 되나요?

오유정 교사 : 우선은 그림 없는 동화듣기로 시작하여 동극을 준비하기 위해 아이들이 스스로 배역을 정하고 인형과 무대를 만들어서 공연까지의 일련의 과정이 한 주 동안 이루어지도록 할 계획이에요.

우리가 좋아하는 옛날이야기 '선녀와 나무꾼' 동화를 읽고 동극을 해보기로 합니다. 그림 없이 교사가 글로 된 이야기를 들려주고 아이들은 각자 머릿속으로 주인공의 모습을 상상해보고 인형극에 사용할 종이 인형을 만들어 봅니다.

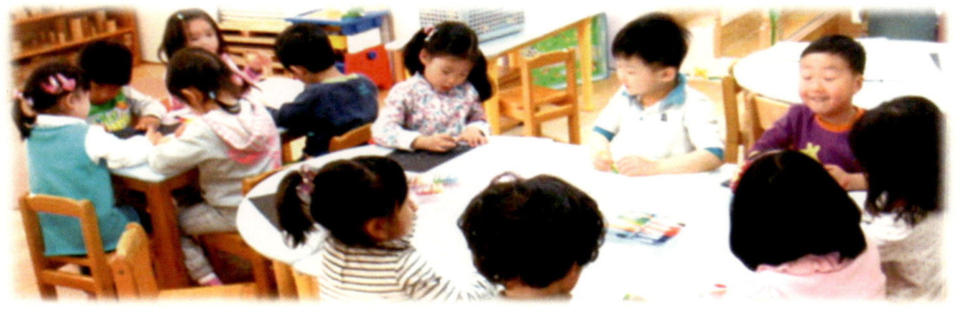

선녀, 사슴, 나뭇꾼, 나무, 용마, 호박죽, 어머니 등 내가 좋아하는 인형 한가지를 그립니다.

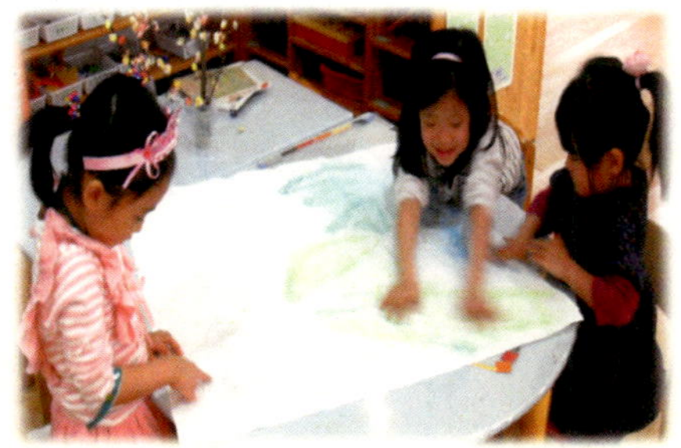

선녀와 나뭇꾼 이야기의 배경인 숲 속을 전지에 그리고 파스텔로 색칠합니다.

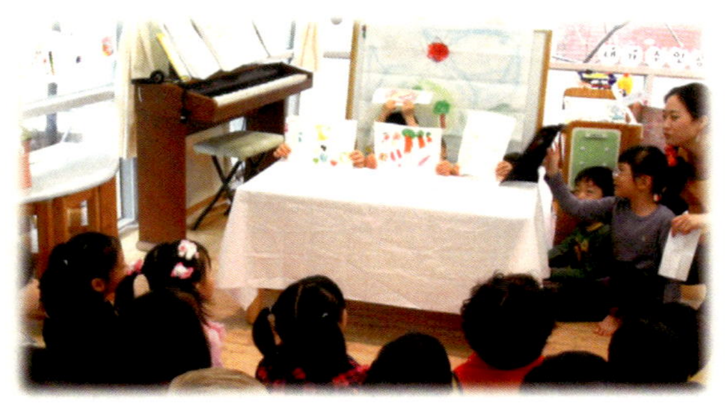

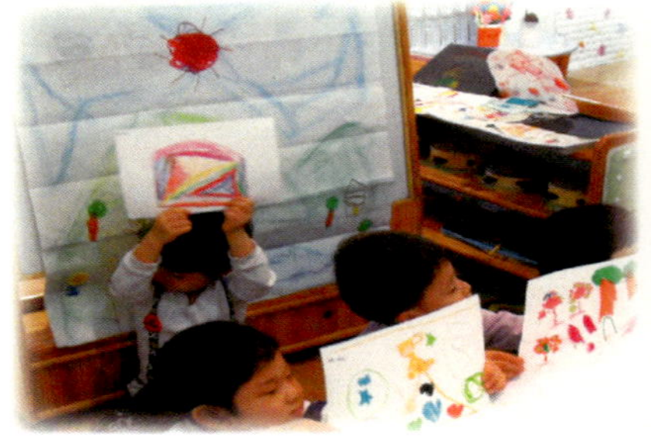

"인형을 움직이는 사람은 숨어있어야 돼"
"목소리를 내는 사람은 따로 있어"

우리가 만든 배경으로 공연장을 만들고 2팀으로 나누어서 서로 선녀와 나뭇꾼 인형극을 보여줍니다.

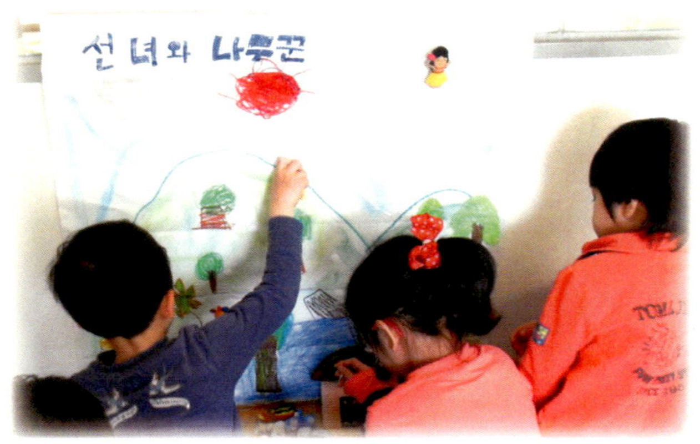

동극이 끝난 뒤에도 언어영역에 동극 배경을 전시해주고 보슬이와 까슬이를 붙여서 아이들끼리 자유선택활동 시간에 활용하도록 한다.

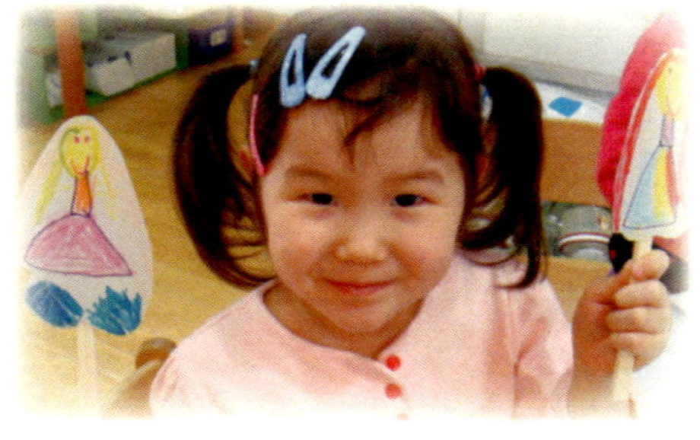

아이들이 만든 종이인형을 놀이영역에 비치해두어 다양하게 놀이에 활용할 수 있도록 한다.

표정으로 알 수 있는 친구의 마음

이민경 교사 : 이번 주 주제는 '행복한 마음을 가져요'인데,
아이들이 생활 속에서 어떤 상황에서 행복을 느낄까요?

오유정 교사 : 아이들이 하루의 대부분의 시간을 어린이집에서 보내다 보니, 친구와 즐겁게 놀이할 때가 가장 행복하지 않을까요?

이민경 교사 : 행복한 마음이라는 것이 눈에 보이지 않은 것이라 아이들과 함께 다루기 어려울 듯도 한데, 친구라는 소재를 통하여 행복에 대해 다루어보면 재미있을 듯 해요..

오유정 교사 : 그러면 친구의 마음을 알 수 있는 방법으로 표정에 따른 감정을 알아보도록 할까요?

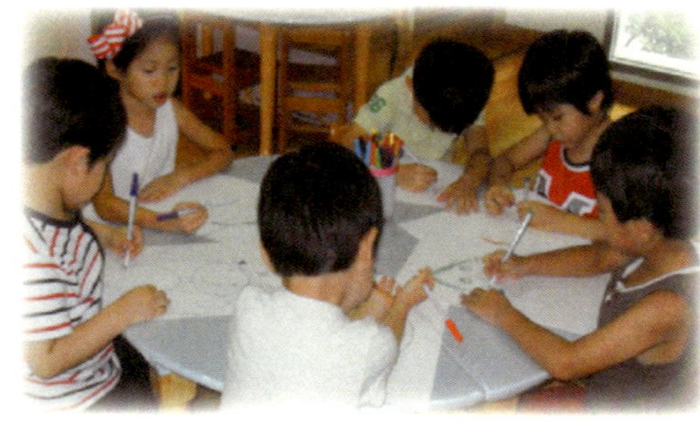

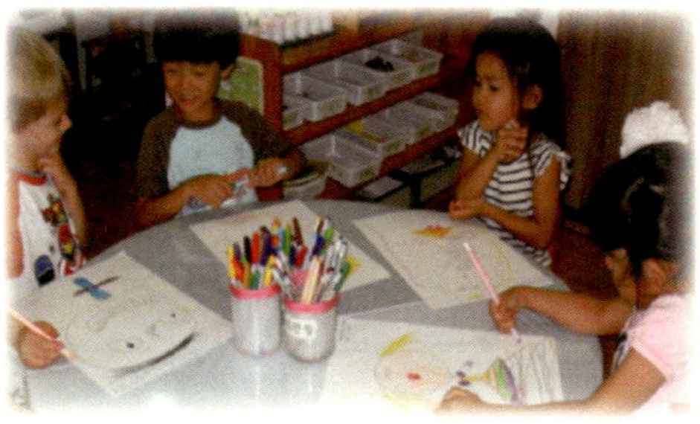

친구들 2명씩 짝을 지어서 서로 표정을 살펴보고 커다랗게 그림으로 표현합니다.

친구 얼굴 사진아래 먹지를 깔고 그대로 따라 그립니다. 턱, 머리카락, 눈썹 눈동자 등을 조심스럽게 따라 그려 보면서 친구의 표정을 표현합니다.

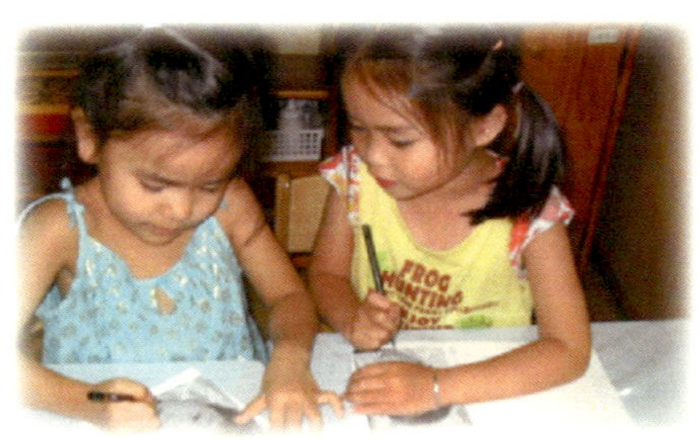

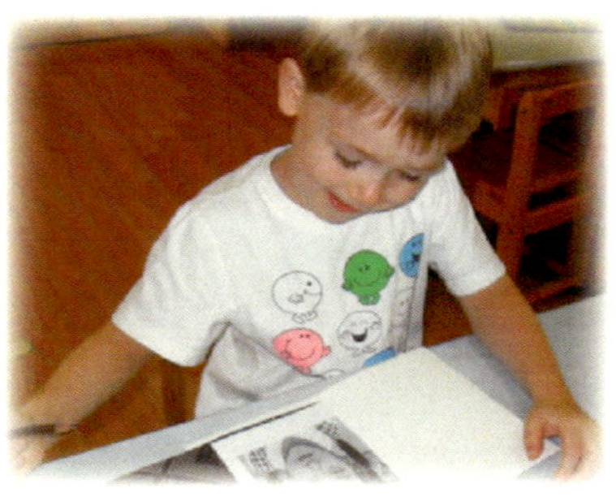

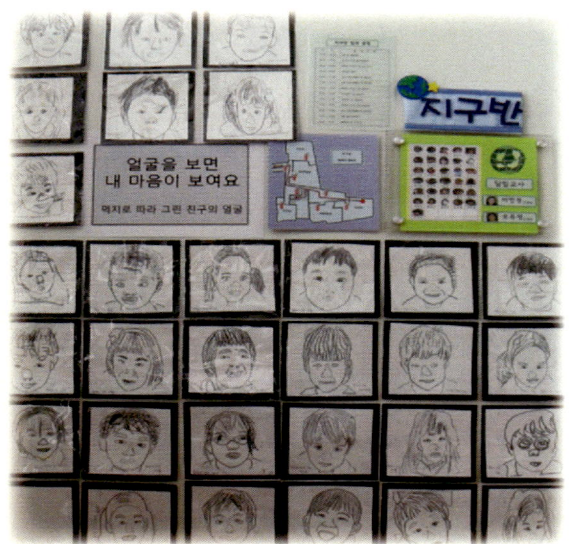

서로서로 친구의 표정을 그리며 어떤 기분일지 상상해보며 완성 해봅니다.

첨벙첨벙 수영장

이민경 교사 : 이번엔 7월에 계속 비가 내려서 수영을 못해서 그런지 아이들이 너무 안타까워하네요.
(어린이집 놀이터에 수영장이 설치되어 여름에 사용할 수 있도록 하고 있다.)

오유정 교사 : 그럼 교실에 수영장을 만들까요?

이민경 교사 : 선생님, 그럼 아이들이 너무 좋아하겠네요! 수영장을 만들고 물놀이 용품도 만들어 사용해도 좋겠네요.

오유정 교사 : 네. 그러면 비오는 날에도 아이들이 좋아하는 상상물놀이를 교실에서 할 수 있겠지요?

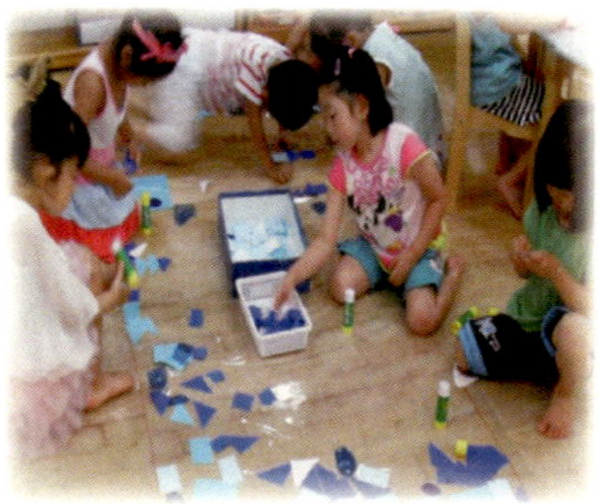

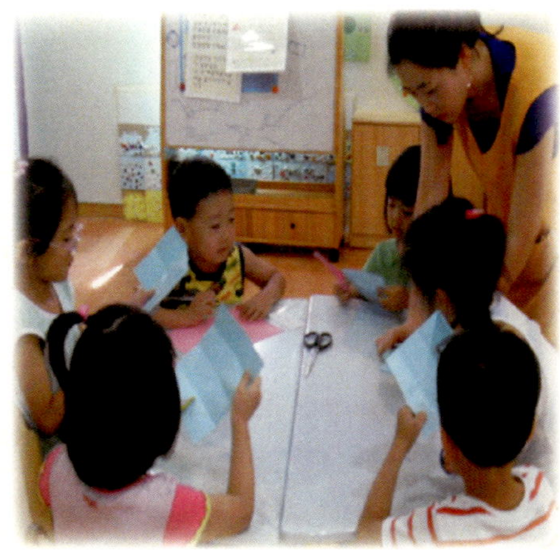

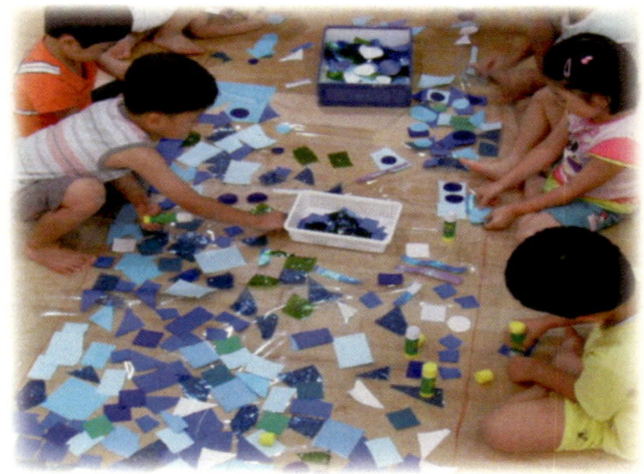

색 시트지, 색지 등 수영장을 연상케 하는 푸른색의 지류를 잘라서 아세테이트지에 붙인다.

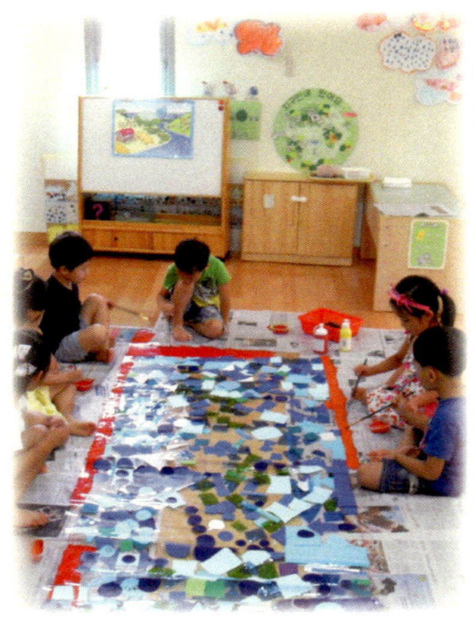

"와 진짜 수영장같다."
"다 같이 하니까 더 빨리 할 수 있겠어. 빨리 해서 우리 수영놀이하자."

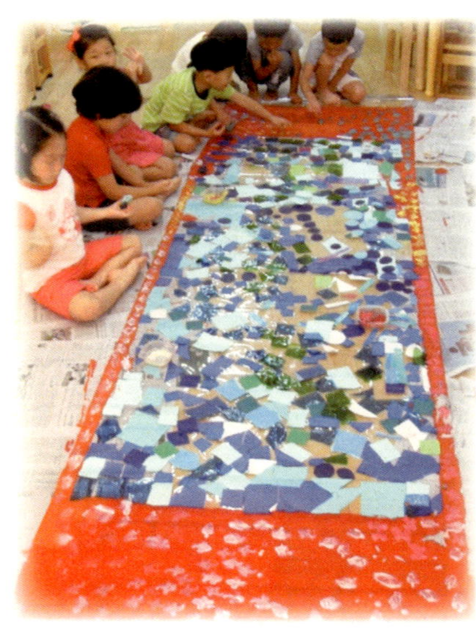

소그룹으로 나눠 아세테이트지에 푸른색의 지류를 모두 붙인다. 완성 후 수영장의 가장자리 타일을 물감으로 칠해 표현한다.

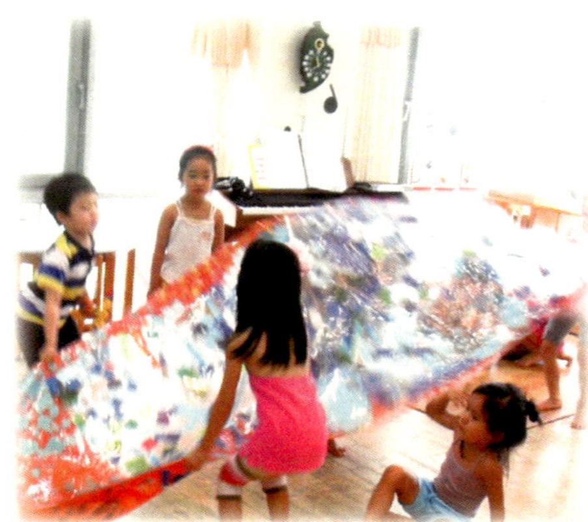

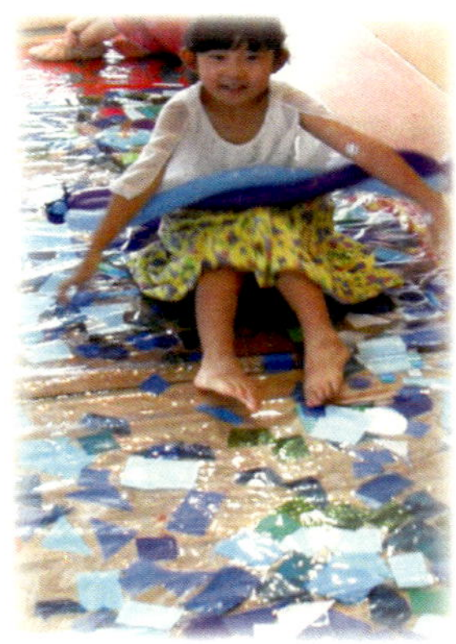

유아들은 교실 내에서도 수영장을 이용해 파도 만들기, 수영하기 등 신체활동으로도 확장하여 활동을 한다.

즐거웠던 지구반 스크랩북

오유정 교사 : 2월이라 이제 학년이 마무리되네요. 참 많은 일이 있었죠?

이민경 교사 : 네 이제 지구반의 활동을 마무리할 때에요. 그 동안 사진들을 보면서 아이들과 기억에 남는 지구반에서의 일들을 나눠보려고 해요.

오유정 교사 : 사진으로 살펴보고 또 재미있었던 기억들을 스크랩북으로 꾸며보면 좋겠어요.

이민경 교사 : 스크랩북을 만드는 활동을 하면서 지난 1년을 돌아보는 기회가 될 것 같아요.

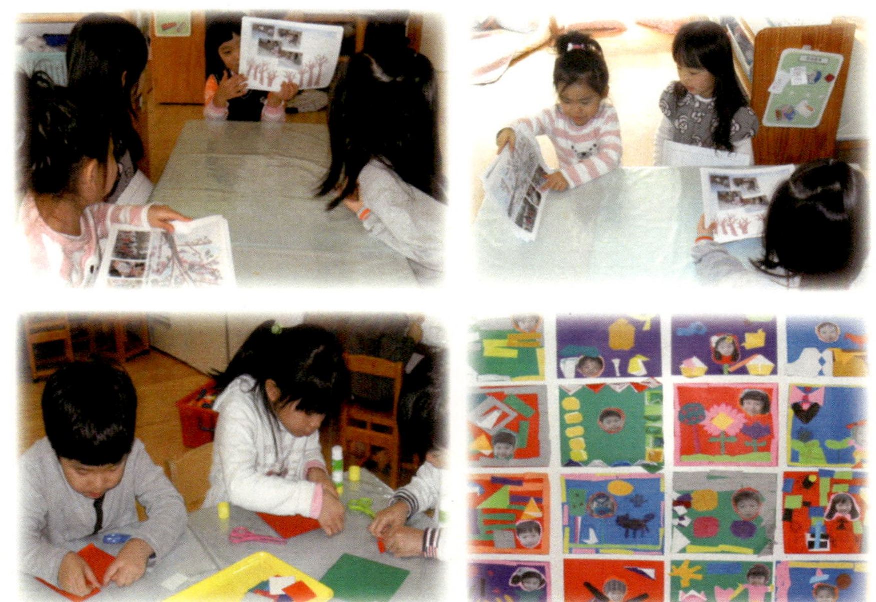

1년 동안의 지구반에서의 활동사진을 보며 이야기 나누고 색종이를 이용해 자유롭게 꾸미며 스크랩북 사전활동을 한다.

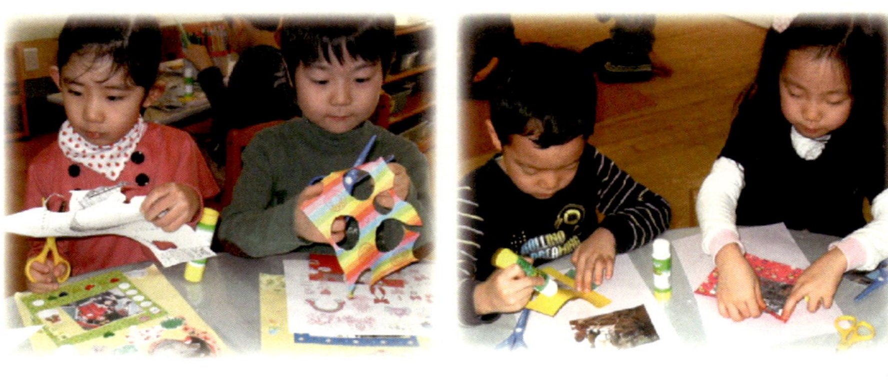

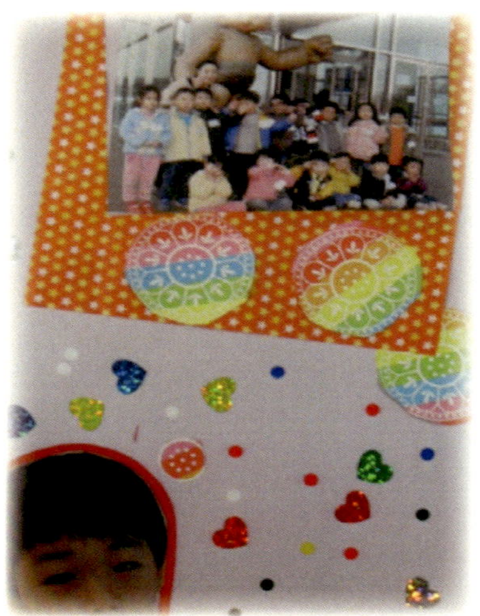

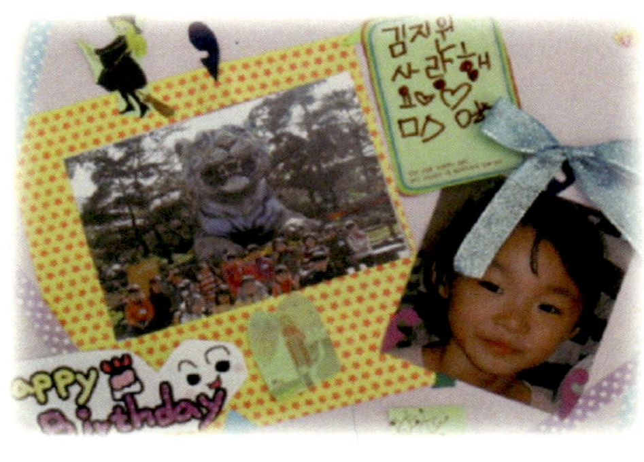

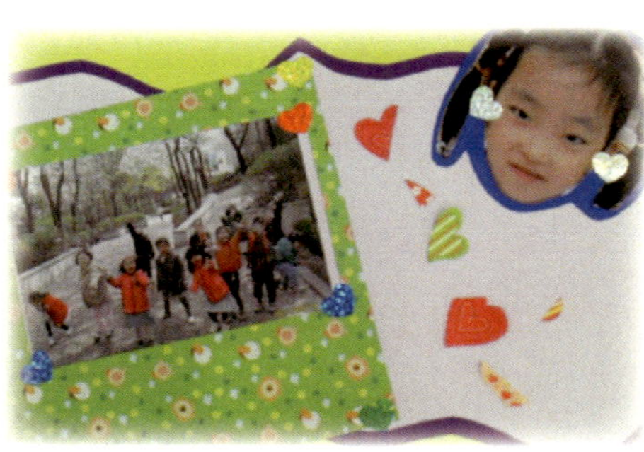

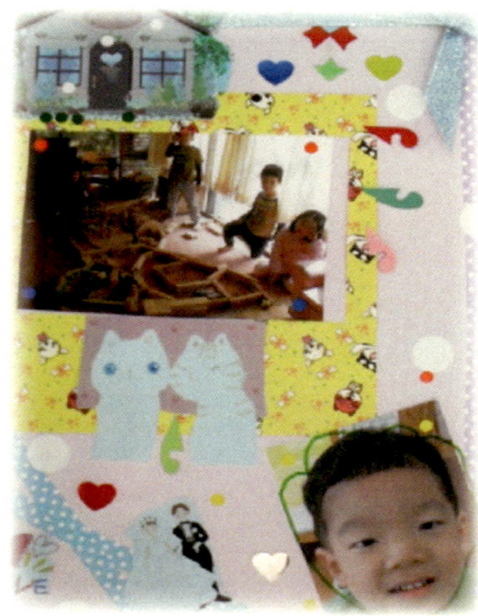

1년 동안의 지구반에서의 활동사진을 보며 이야기 나누고 색종이를 이용해 자유롭게 꾸미며 스크랩북 사전 활동을 한다.

사랑하는 선생님

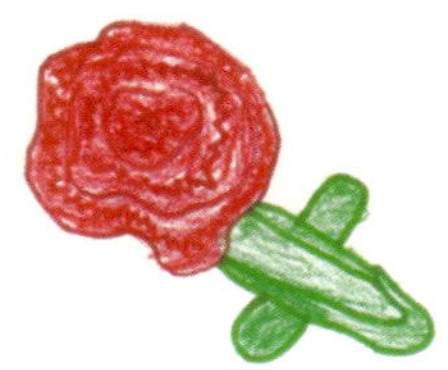

오유정 교사 : 교사의 모습을 미술활동으로 해보려고 하는데 어떤 기법을 하면 재미있을까요?

이민경 교사 : 선생님, 혹시 앤디 워홀의 마릴린 먼로 그림을 보신적 있으시죠? 우리 두 교사의 모습을 그런 기법으로 표현해보는 건 어떨까요?

오유정 교사 : 좋아요. 먼저 유F아들이 교사를 관찰해서 세밀하게 표현하는 방법으로 접근을 시작해봐요.

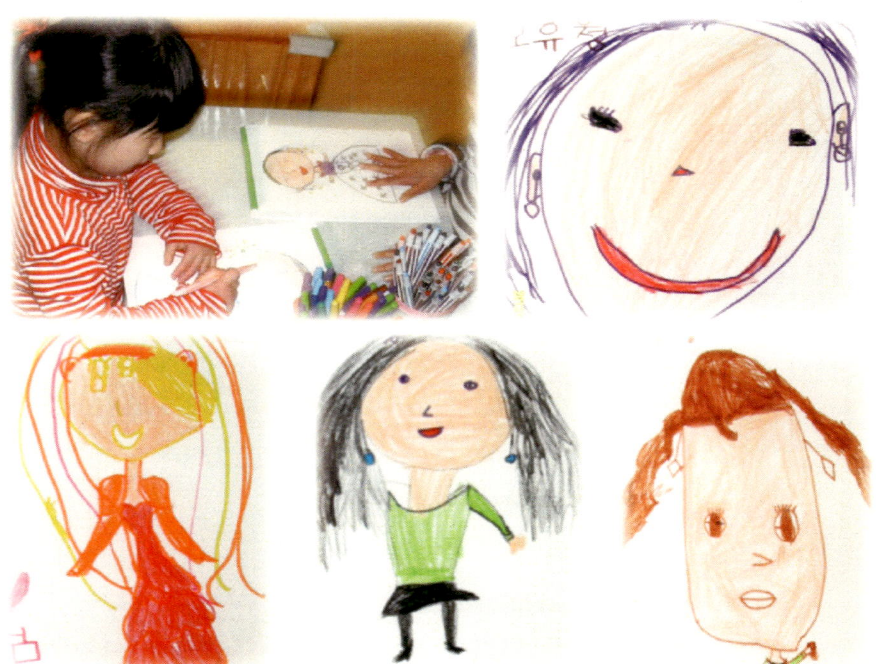

교사의 앞치마, 머리띠, 귀걸이, 옷차림 등을 관찰하여 그림으로 표현한다.

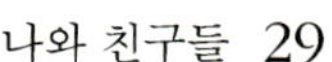

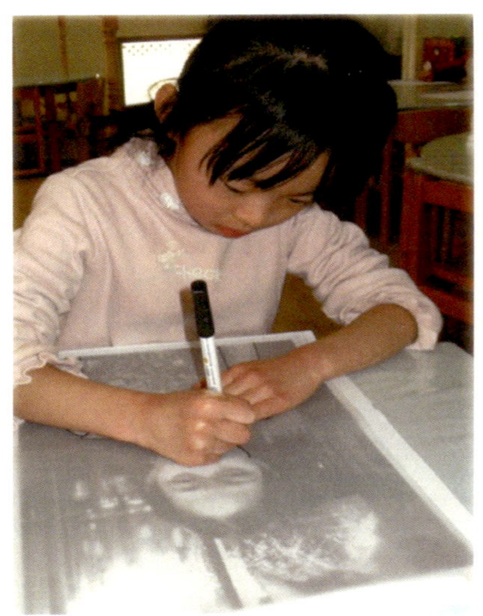

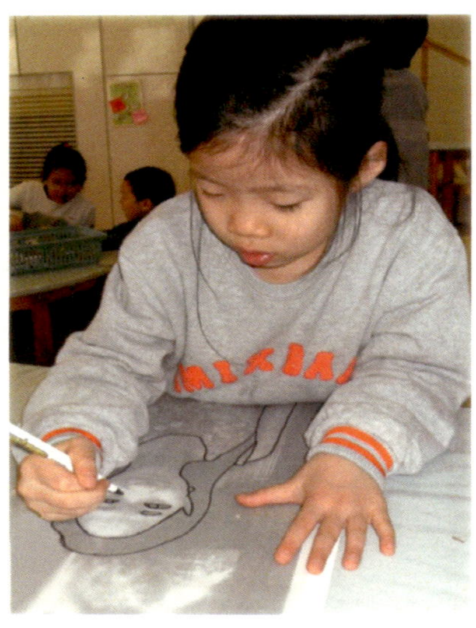

확대한 사진에 기름종이를 댄 후 밑그림을 따라 그린다. 그리고 매직으로 모두 색칠한다.

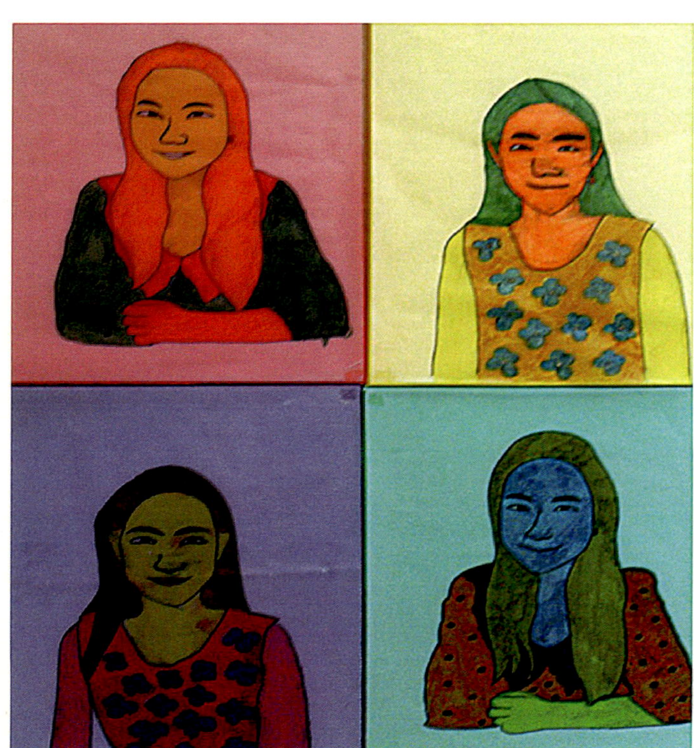

우드락에 색 시트지를 붙인 후 유아들이 색칠한 기름종이를 덧댄다.

아름다움

아름답고 기분좋은 향기

특별한 종이 만들기

우리나라 전통놀이

2012년 임진년 용의 해

숫자 디자인

색으로 물들여진 조각보

빨주노초파남보 무지개

즐거운 패션쇼

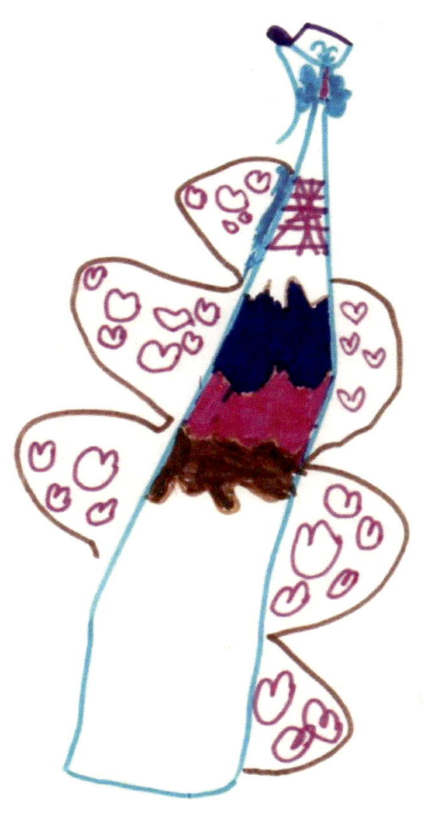

아름답고 기분 좋은 향기

오유정 교사 : 지난주에는 아름다움을 주제로 해서 주변에서 볼 수 있는 아름다움을 찾아보고 표현해봤는데, 다음주는 촉각이나 후각적인 아름다움에 대해 다뤄보고 싶은데 어떻게 하면 좋을까요?

이민경 교사 : 우선 향수나 향이 나는 재료를 탐색해보는 것에서 시작하는 것이 좋을것 같아요. 그리고 향기가 나는 재료들을 이용해서 공동작품을 한번 만들어 봐요.

오유정 교사 : 그럼 향기가 나는 그림이 되어서 전시해두면 재미있을 것 같아요. 그럼 그 재료로 무엇을 만들어 볼까요?

이민경 교사 : 향기 나는 그림이면… 향수는 어때요? 진짜 향기가 나는 향수 그림을 만들어봐요.

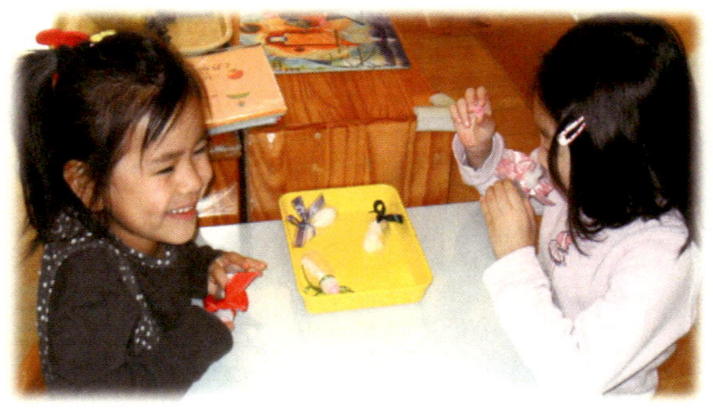

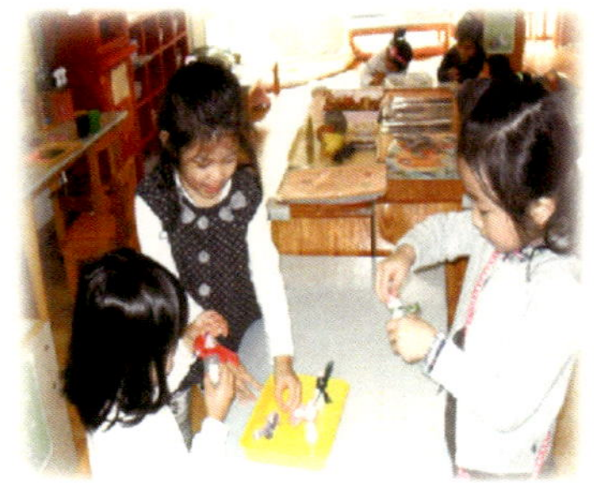

작은 물약통에 아로마 오일을 담아 아이들이 향을 맡아보고 비교해볼 수 있도록 한다. 포푸리, 향수, 조화, 향수를 뿌린 티슈 등 다양한 향이 나는 재료를 모아서 아이들이 탐색해볼 수 있도록 한다.

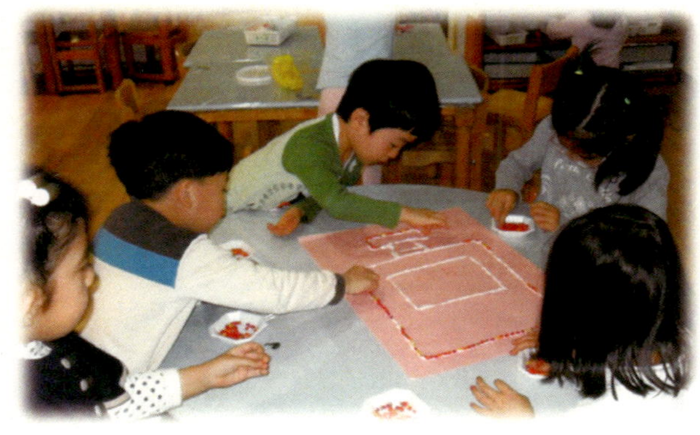

첫번째 향수

재료: 색지, 나무비즈, 커피, 노란색 포푸리, 목공본드

색지에 교사가 향수 도안을 그린 뒤 본드를 바르고 아이들이 향수 테두리에 나무 비즈를 붙인다.

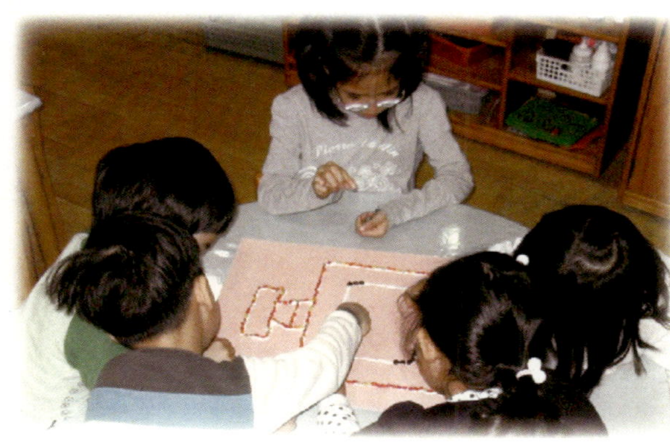

향수의 상표와 이름 부분은 커피콩으로 꾸민다.

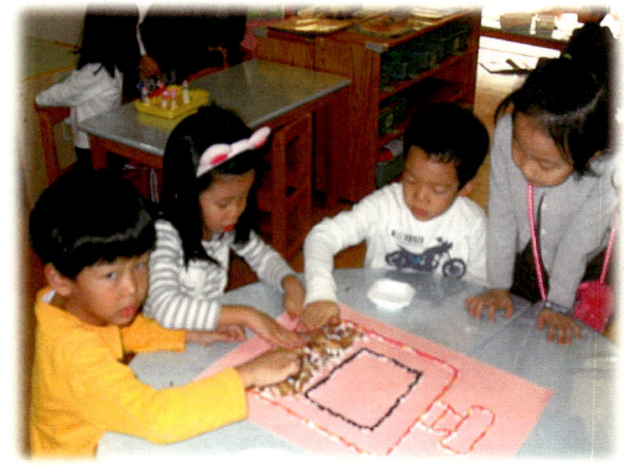

향수의 액체 부분에는 노란색 포푸리(바닐라향)을 붙여서 커피향과 바닐라향이 나는 향수 그림을 완성한다.

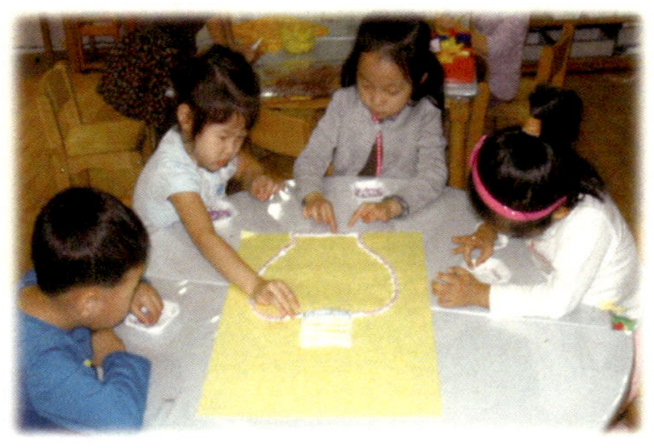

두번째 향수

재료 : 도화지, 주판알 비즈, 주황색 포푸리, 조화, 목공본드

교사가 그린 향수 그림 도안 위에 본드를 바르고 아이들이 향수의 테두리에 주판알 비즈를 붙인다.

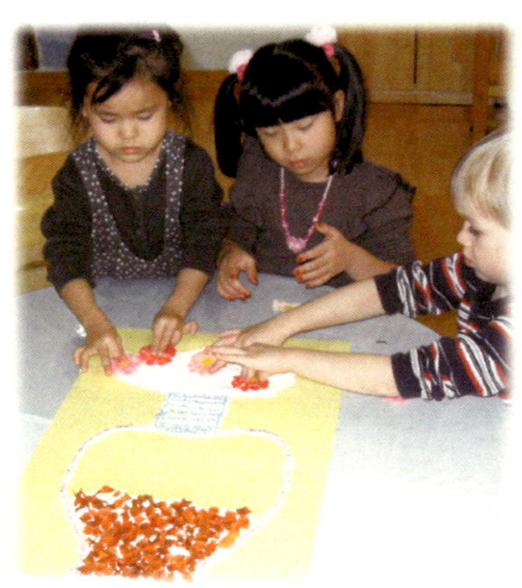

향수 입구에 본드를 바르고 조화를 잘라서 붙인다.
(조화에는 미리 꽃 냄새가 나는 향수를 뿌려둔다.)

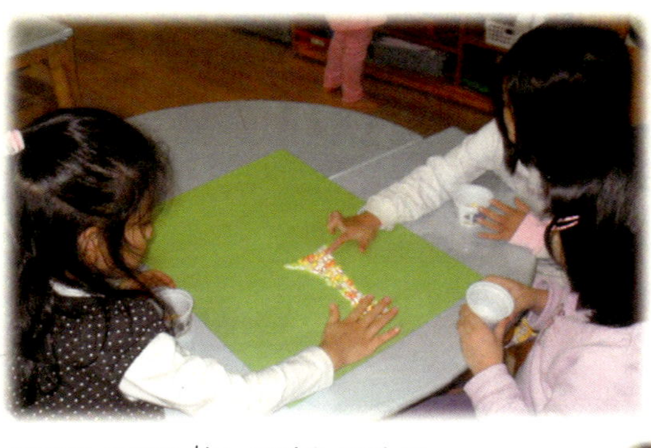

세번 째 향수

재료 : 색지, 진주구슬, 오색구슬, 티슈, 향수, 본드

색지에 교사가 향수 도안을 그린 뒤 본드를 바르고 아이들이 향수 테두리에 나무 비즈를 붙인다.

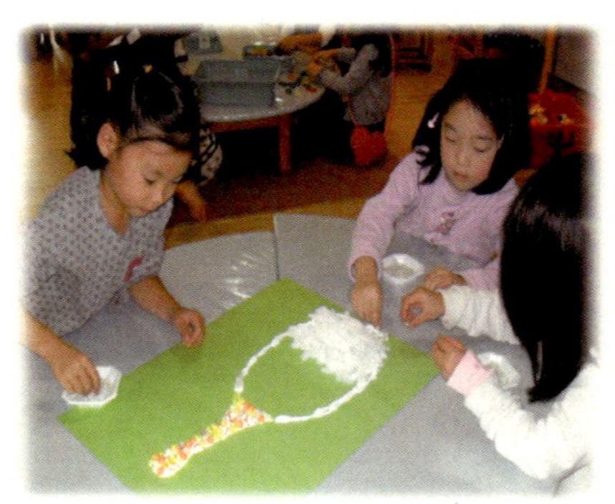

향수의 액체부분에는 티슈를 입체감 있게 구겨서 붙인 뒤 같은 모양의 향수를 뿌려준다.

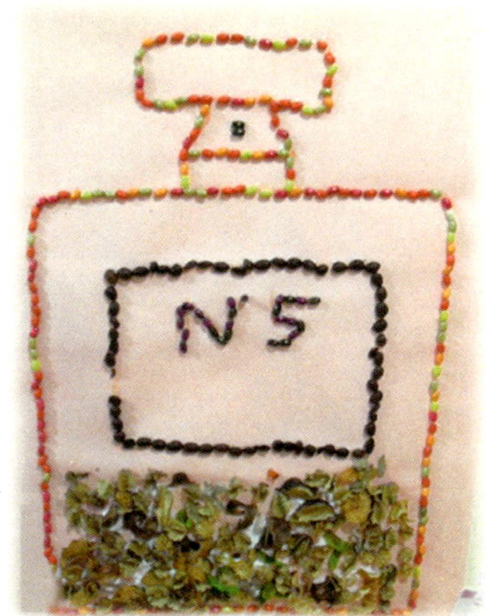

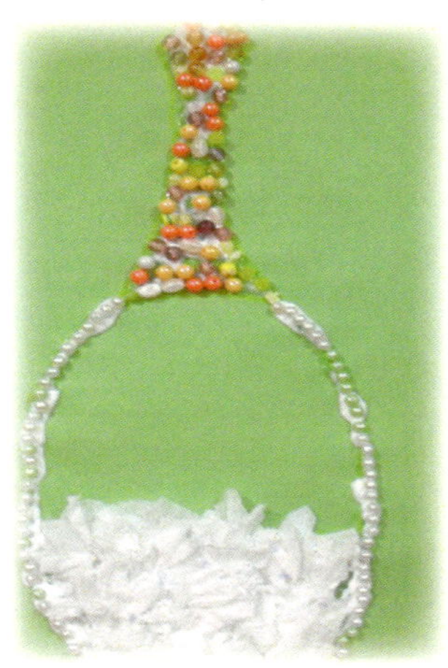

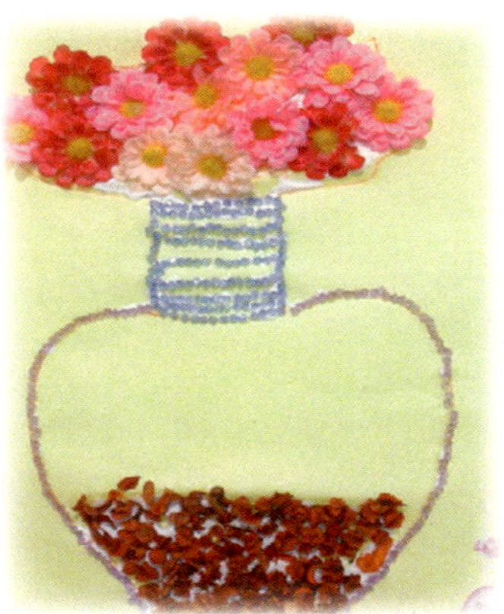

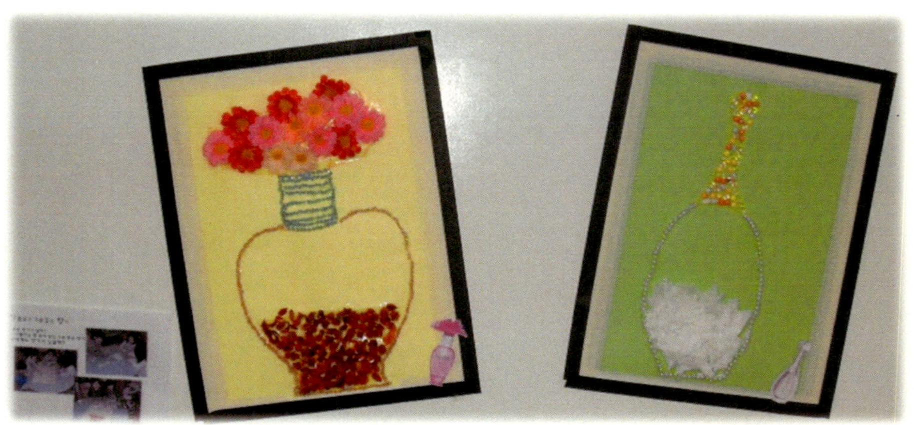

완성된 향수 그림을 교실 벽에 붙이고 흰색, 검정색 마스킹 테이프를 이용하여 액자처럼 꾸며준다.

특별한 종이 만들기

오유정 교사 : (아이들에게 교실에 있던 에릭 칼의 동화책을 읽어 주고 난 뒤)
얘들아. 배고픈 애벌레 책이 재미있지?

아이들 : 네, 곤충이랑 동물 그림도 잘 그렸어요.

오유정 교사 : 이 책을 작가 아저씨는 이야기도 쓰고, 동화 그림도 직접 그리셨대.

아이들 : 우와~ 화가인가 봐요! 엄청 그림을 잘 그려요.

오유정 교사 : 얘들아. 그럼 우리도 작가 아저씨처럼 미술을 해볼까?

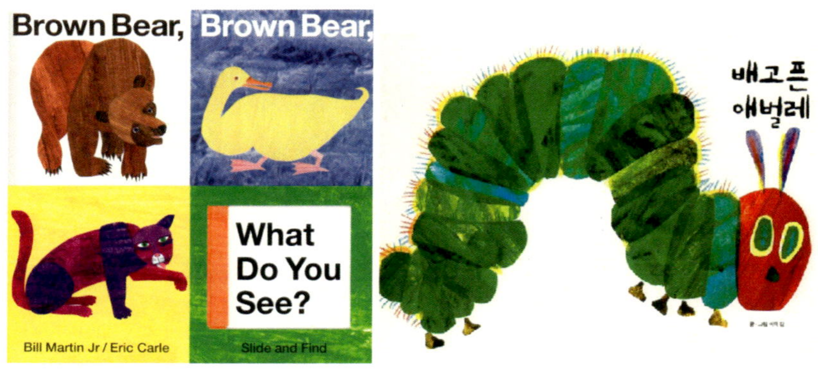

아이들이 좋아하는 에릭 칼의 동화책

오유정 교사 : 예전에 에릭 칼 전집에서 부록으로 그 사람의 미술기법에 대한 소개를 본 적이 있어서 흥미로웠어요.

이민경 교사 : 컴퓨터 그래픽으로 하는 것이 아니라 종이로 직접 만든 캐릭터인가 봐요?

오유정 교사 : 네, 아주 다양한 미술기법을 이용해서 무늬를 넣고 질감을 살려서 모두 다른 종이를 새로 만들어서 사용 하더라구요.

이민경 교사 : 그럼 아이들이랑 그 미술기법으로 종이 만들기를 해봐도 재미있을 것 같아요.

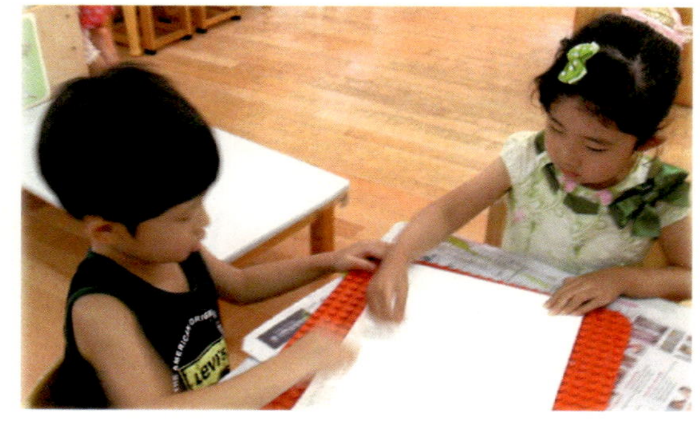

종이에 무늬를 만들기 위해 레고판을 종이 아래 깔고 크레파스 칠을 하여 일정한 동그라미 패턴을 만든다.

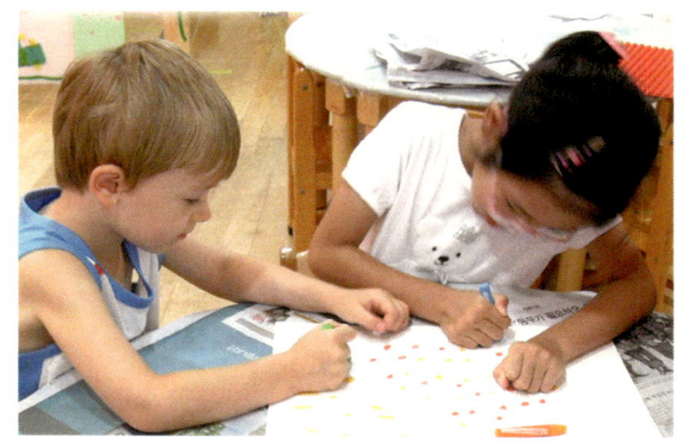

땡땡이 무늬 종이를 만들기 위해 다양한 색의 크레파스로 꼼꼼하게 원을 그려준다.

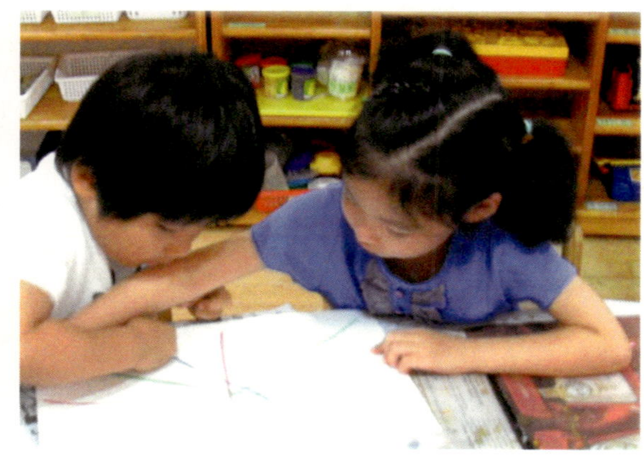

거미줄 모양을 생각하며 종이의 중심을 기준으로 진하게 크레파스 선을 긋는다.

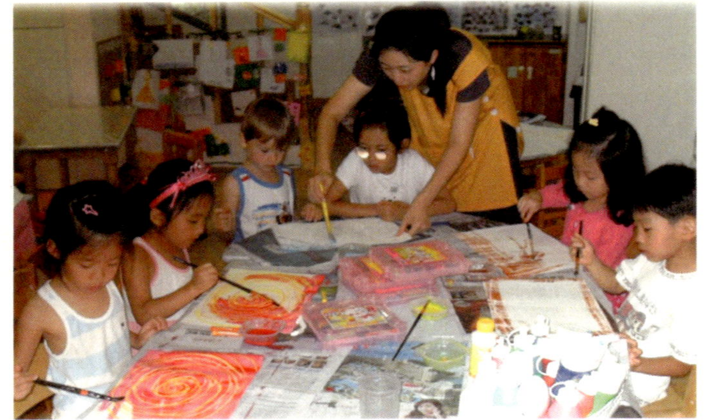

크레파스 무늬 위에
물감을 넓게 칠한다.

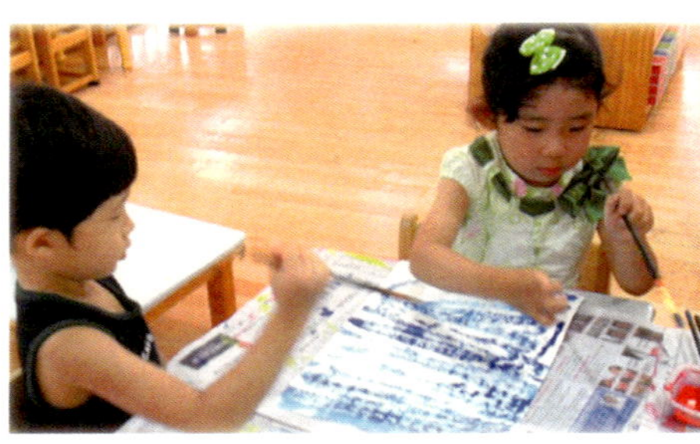

흰색 격자무늬가 있는 푸른색
종이 만들기

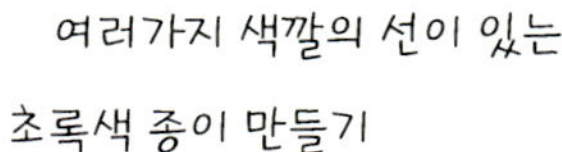

여러가지 색깔의 선이 있는
초록색 종이 만들기

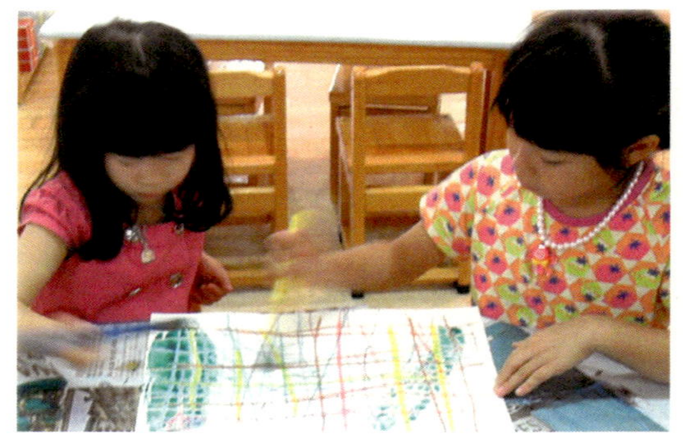

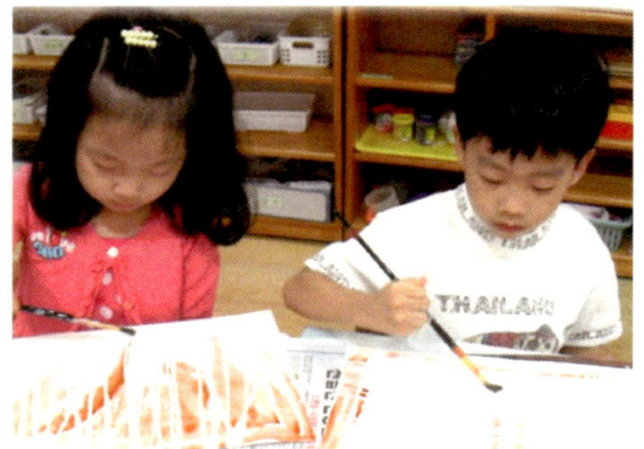

흰색 줄무늬가 있는 갈색 종이 만들기

우리나라 전통놀이

오유정 교사 : 아이들이 우리나라의 전통놀이를 참 재미있게 하죠?

이민경 교사 : 아이들이 주어진 놀잇감과 자신들이 만들어서 그 놀이를 재미있게 하는 것 같아요.

오유정 교사 : 아이들이 컴퓨터게임이나 만화에 집중하는데, 이번 활동을 계기로 우리나라의 옛 놀이나 우리문화의 소중함을 느끼면 좋겠어요.

이민경 교사 : 네, 벌써 아이들은 가장 좋아하는 블록으로 팽이를 만들어 시합도 하고 있어요.

또 탈의 이름에 대해 이야기도 나누고요. 다양한 탈의 이름과 모습을 연결해보면서 생각을 키워가고 있어요.

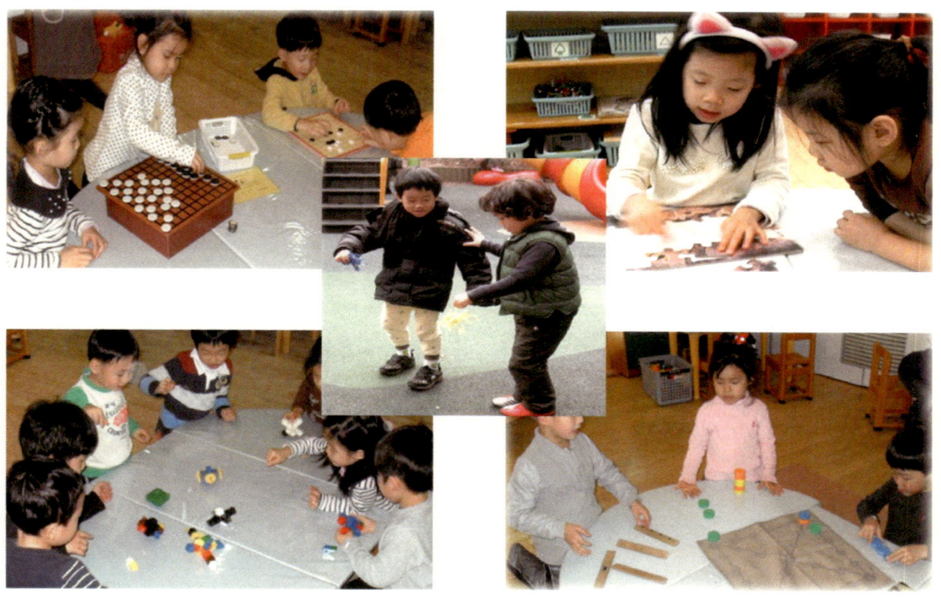

교실에서 오목놀이, 단오파즐, 블록으로 팽이 만들기 등을 하고 실외에서도 제기차기를 하며 우리나라의 전통놀이를 경험한다.

우리나라의 전통문양을 살펴보고 다양한 무늬의 그림을 색칠하여 교실 창틀을 꾸며봅니다.

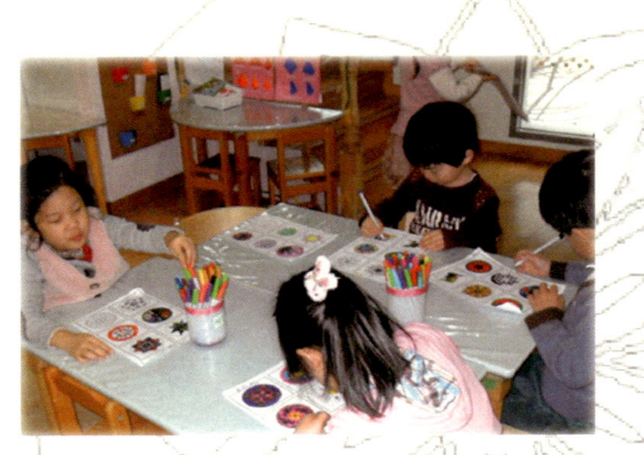

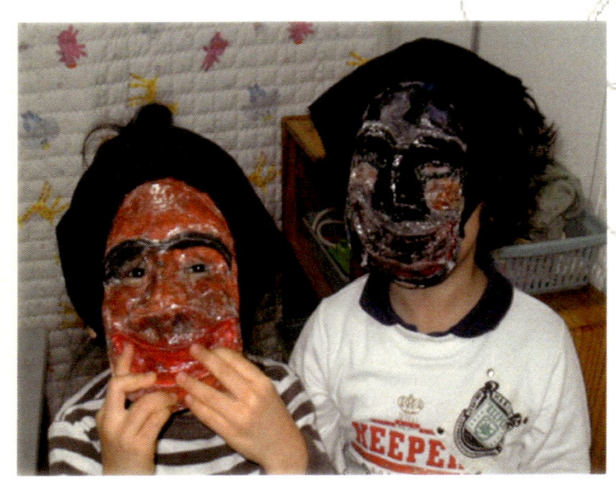

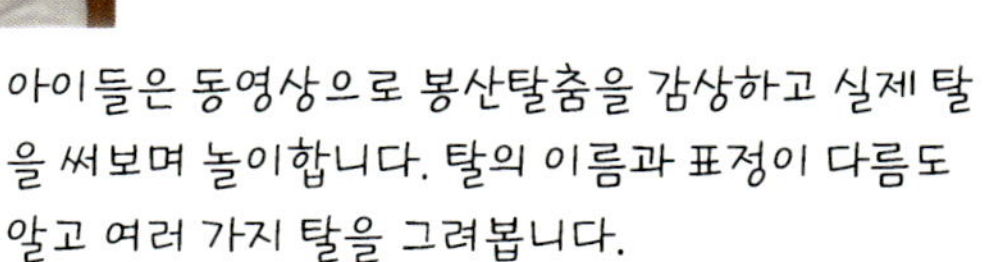

아이들은 동영상으로 봉산탈춤을 감상하고 실제 탈을 써보며 놀이합니다. 탈의 이름과 표정이 다름도 알고 여러 가지 탈을 그려봅니다.

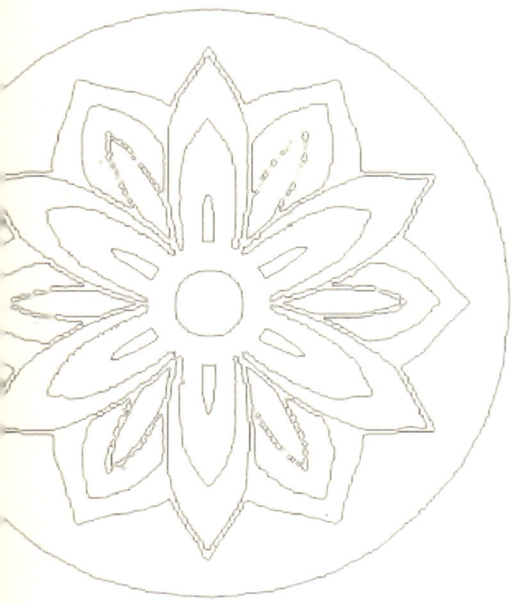

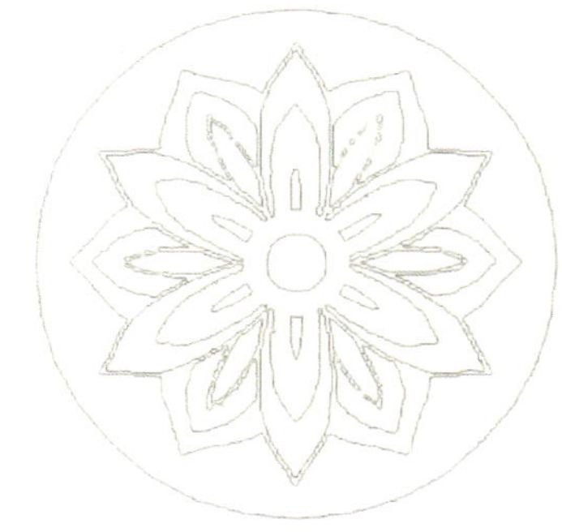

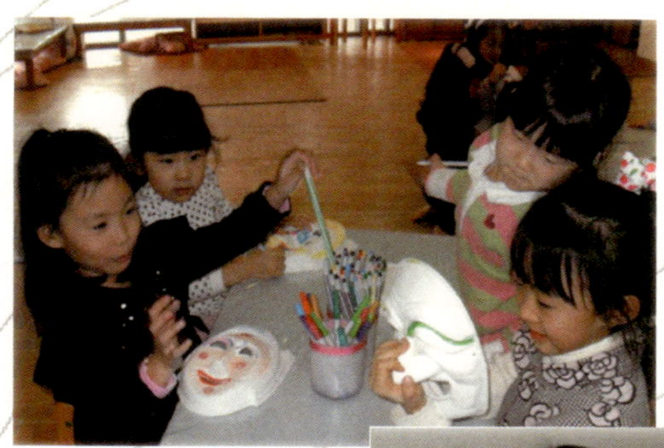

여러가지 탈을 직접 색칠하고 써봅니다.

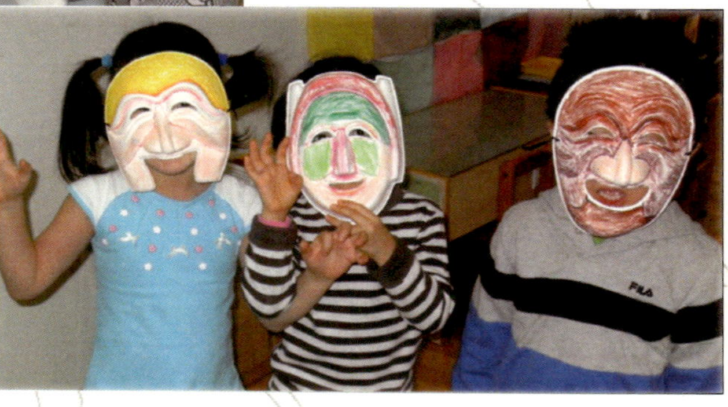

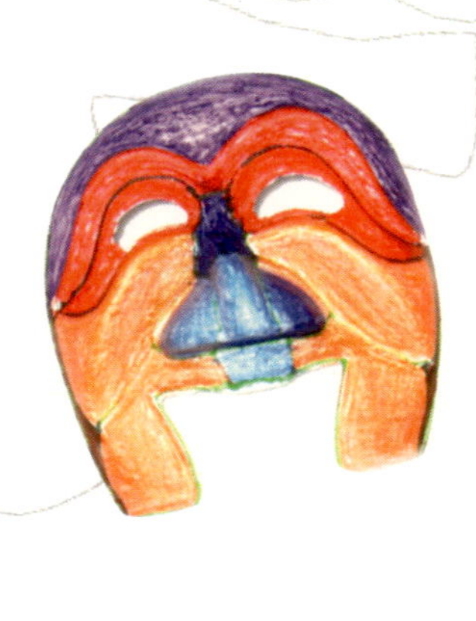

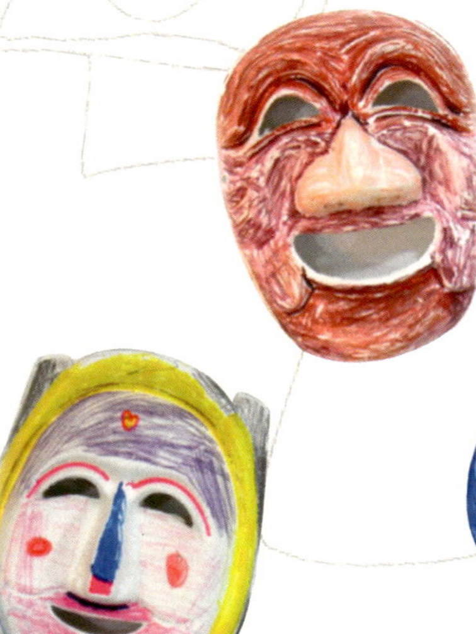

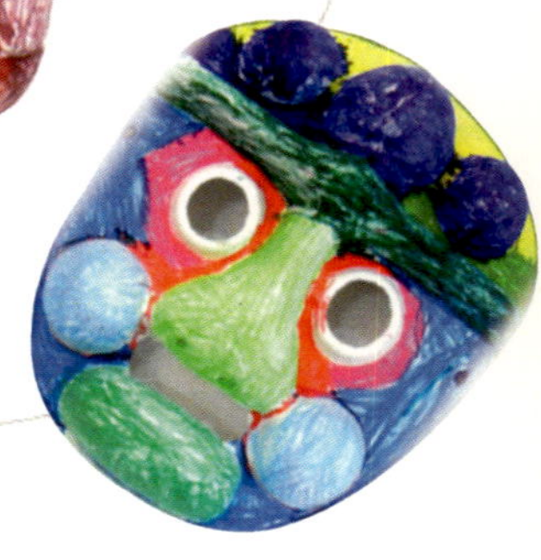

2012년 임진년!
용의 해

상상 속의 동물 용, 그래서 더욱더 어떤 색과 모습인지 더욱 다양하게 표현될 수 있었습니다. 내가 상상하는 용의 모습을 그려보고 저마다의 이야기를 만들어봅니다. 그림 속의 용은 불을 뿜기도 하고 친구를 만들어내기도 합니다. 저마다의 용을 그려 전시한 후 우리 반에 꿈틀대는 가장 큰 용을 만들어보기로 한 **지구반.**

큰 용의 밑그림을 여러 조각으로 잘라봅니다. 유아들은 조각을 나눠 그 공간을 여러 도형과 선으로 패턴을 만들어봅니다. 일정한 간격, 반복되는 무늬로 패턴을 그려 넣은 후 퍼즐을 맞혀 나가듯이 배열합니다. 자, 우리 반에 구불구불 알록달록 용이 나타났어요!

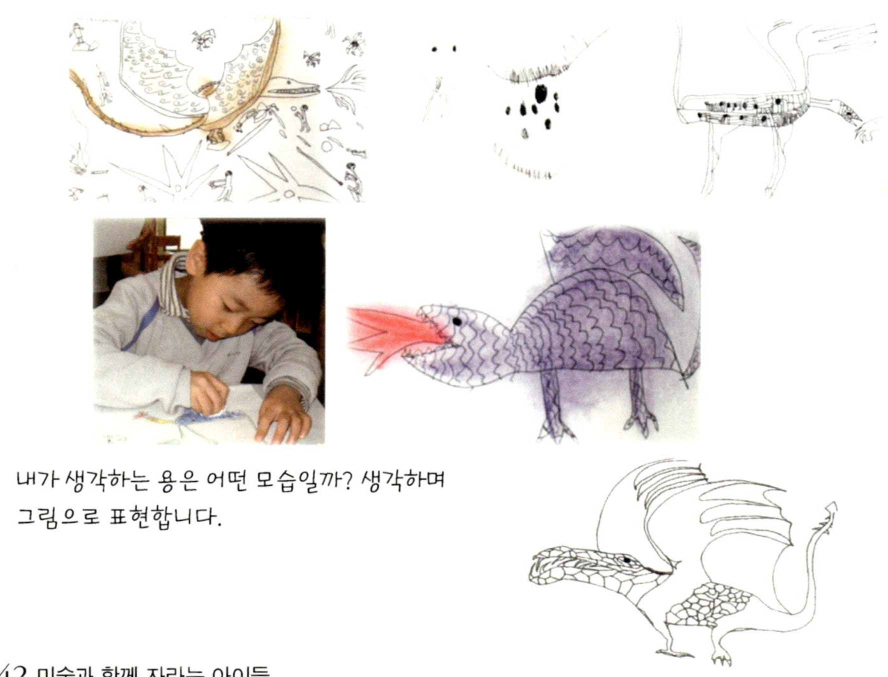

내가 생각하는 용은 어떤 모습일까? 생각하며 그림으로 표현합니다.

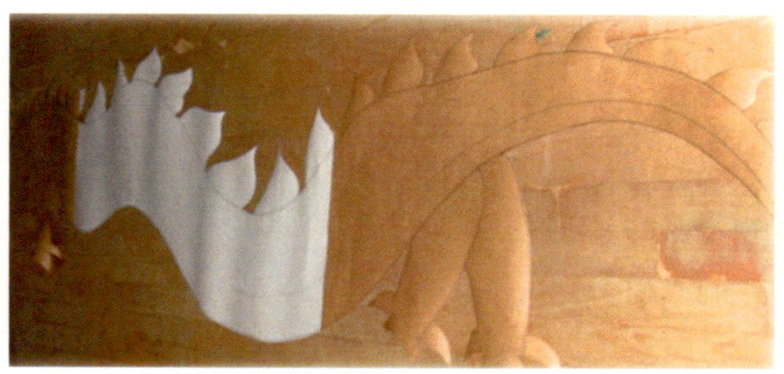

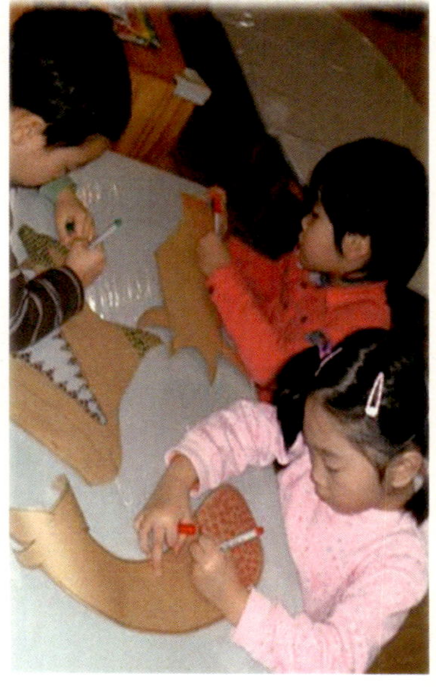

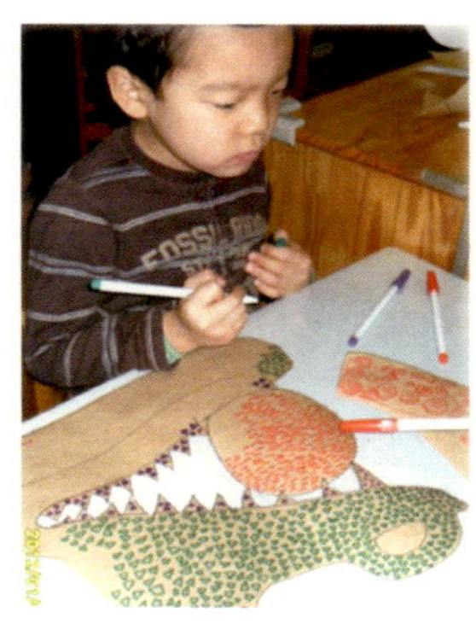

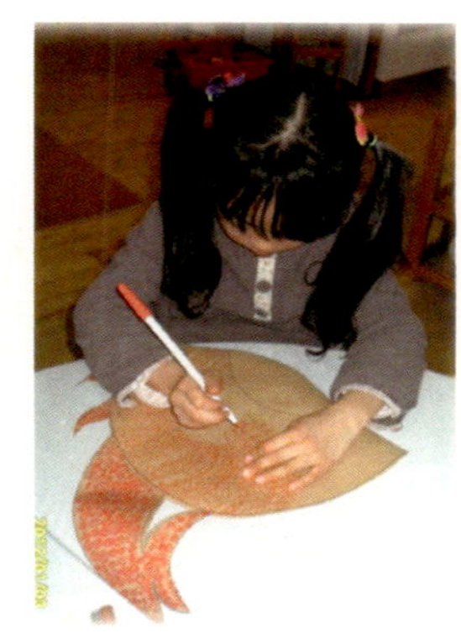

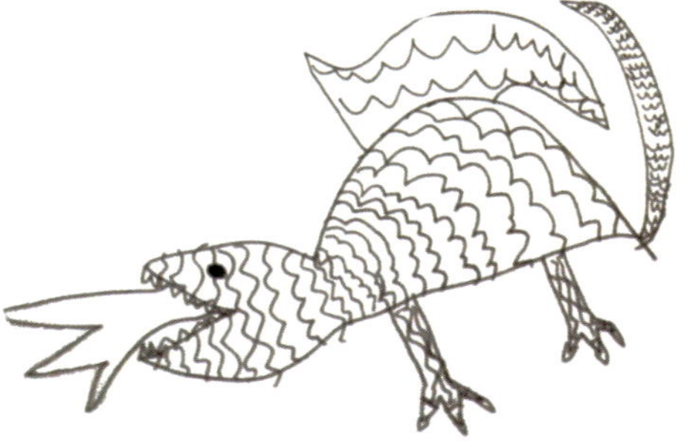

밑그림으로 그려진 용.
우리반의 수만큼 조각을 내봅니다.
종이 뒷 면에 번호를 써 맞출 수 있도록 한 후
조각을 나눕니다.
다양한 도형, 숫자나 알파벳, 선 등으로
일정한 패턴을 그려 채웁니다.
가까이 다가가 보면 작은 무늬들이 보이지만
멀리 떨어져서 보면 하나의 색을 이룰 수 있습니다.
어떤 모습의 용이 될지 신나는 상상을 하며 자신의 퍼즐 조각을 완성해봅니다.

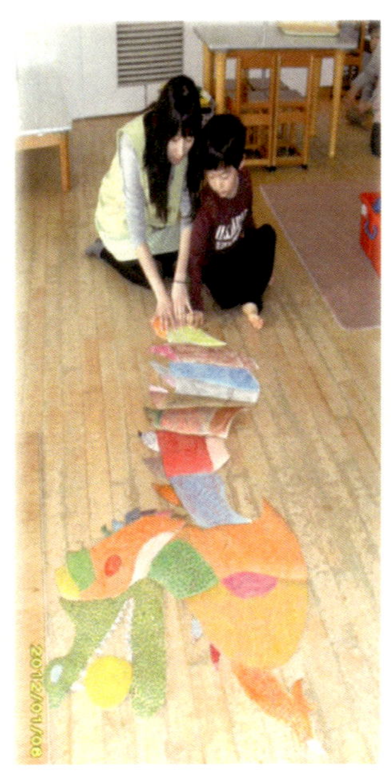

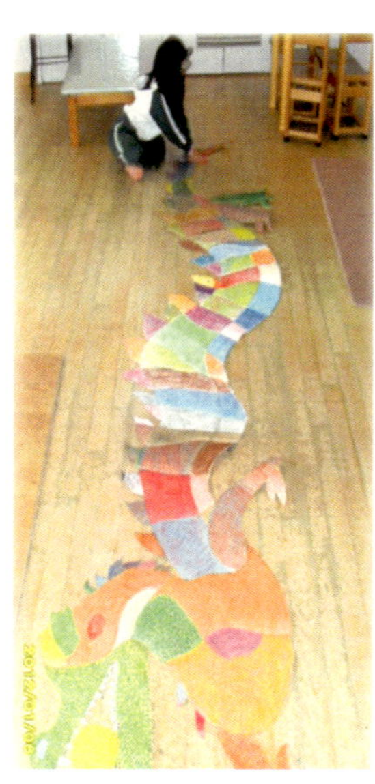

다양한 색과 무늬로 만들어진 패턴들

그 패턴이 모여 용의 몸의 부분부분을 이뤄갑니다. 퍼즐처럼 나눠진 조각들을 이어 붙여 봅니다.

작은 패턴이 모이고 모여 하나의 큰 그림을 이뤄나가는 활동을 통해 협동의 의미와 기쁨을 느껴봅니다.

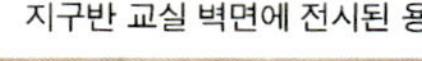

지구반 교실 벽면에 전시된 용

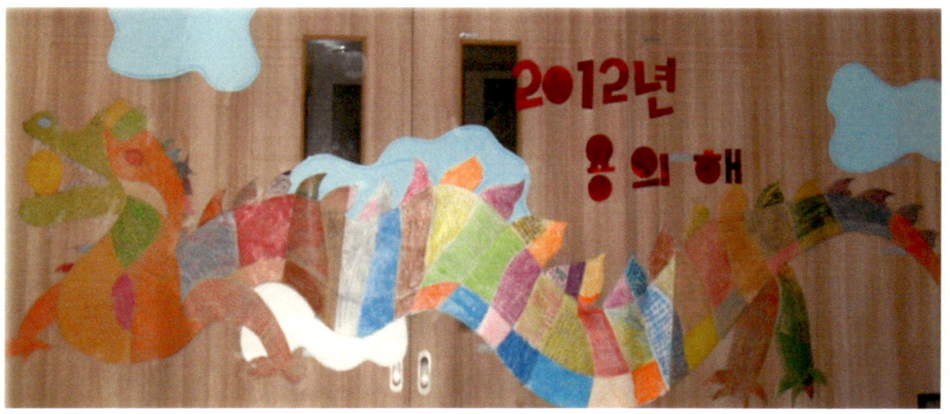

숫자 디자인

이민경 교사 : 이번 주 주제가 숫자인데, 숫자를 주제로 하여 어떤 미술활동을 해볼 수 있을까요?

오유정 교사 : 숫자 모양을 활용해서 디자인을 해보면 어떨까요? 보통 아이들이 숫자를 연필로 쓴다고 생각하는데, 미술 소재가 되어서 아름다운 숫자 디자인으로 작품을 만들어 봐요!

이민경 교사 : 먼저 아이들에게 숫자 책을 한 권씩 준비해주면 좋을 것 같아요. 1~9까지의 숫자를 작은 책으로 묶어서 혼자 먼저 꾸며보도록 해요.

1~9까지의 숫자를 보고 모양을 연상하거나 다양한 색을 디자인하여 꾸미기를 한다.

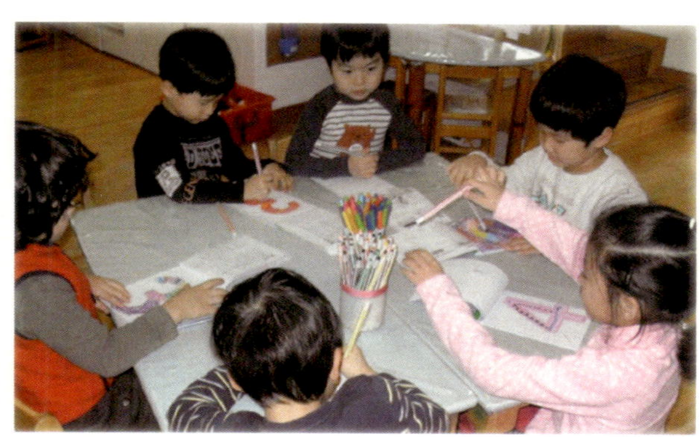

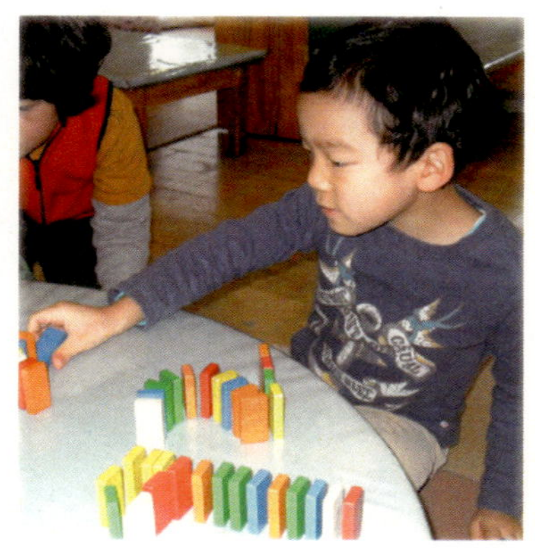

숫자를 주제로 하여 다양한 활동을 제안하자, 아이 스스로 도미노 블록으로 숫자를 만들어 본다.

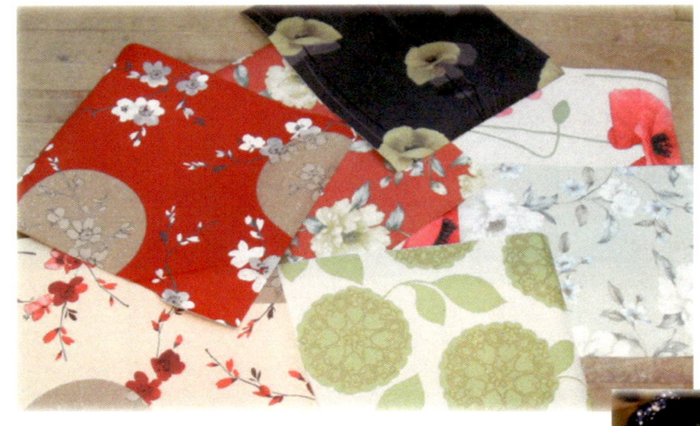

다양한 색벽지, 무늬벽지를 일정한 크기로 잘라둔다.

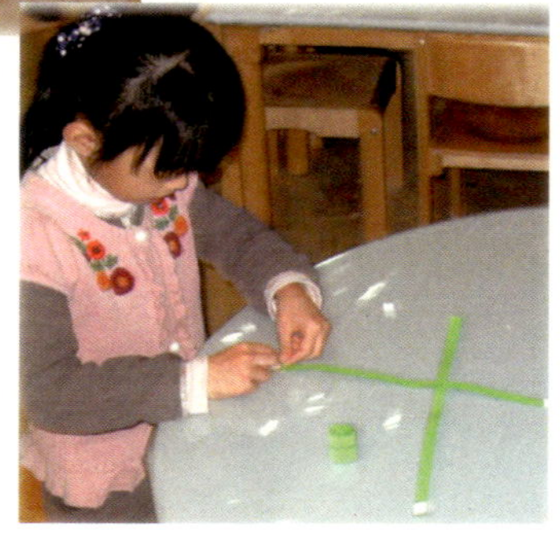

골판지를 잘라서 돌돌 말아둔다.
단단하게 말아서 작게, 헐렁하게 말아서 크게 다양하게 준비해둔다.

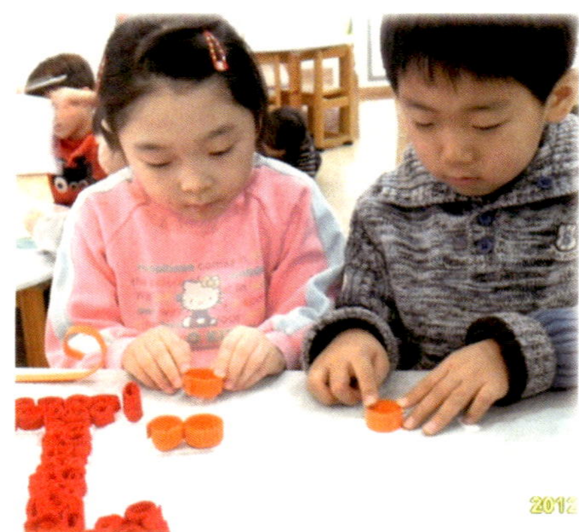

도화지에 숫자를 써서 오린 뒤 본드를 발라 골판지로 채운다.
숫자가 완성되면 벽지 위에 붙이고 교실에 전시한다.

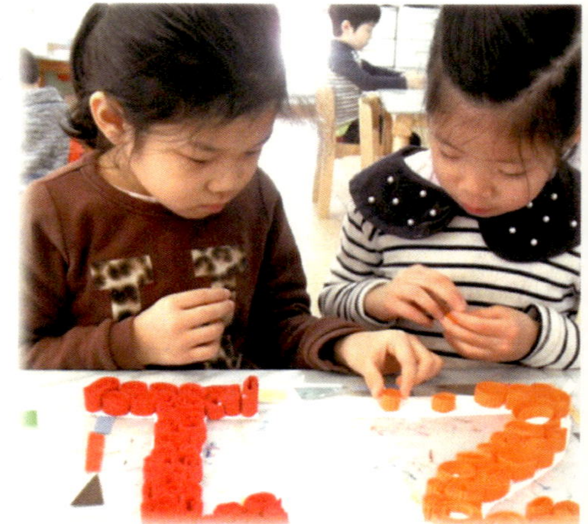

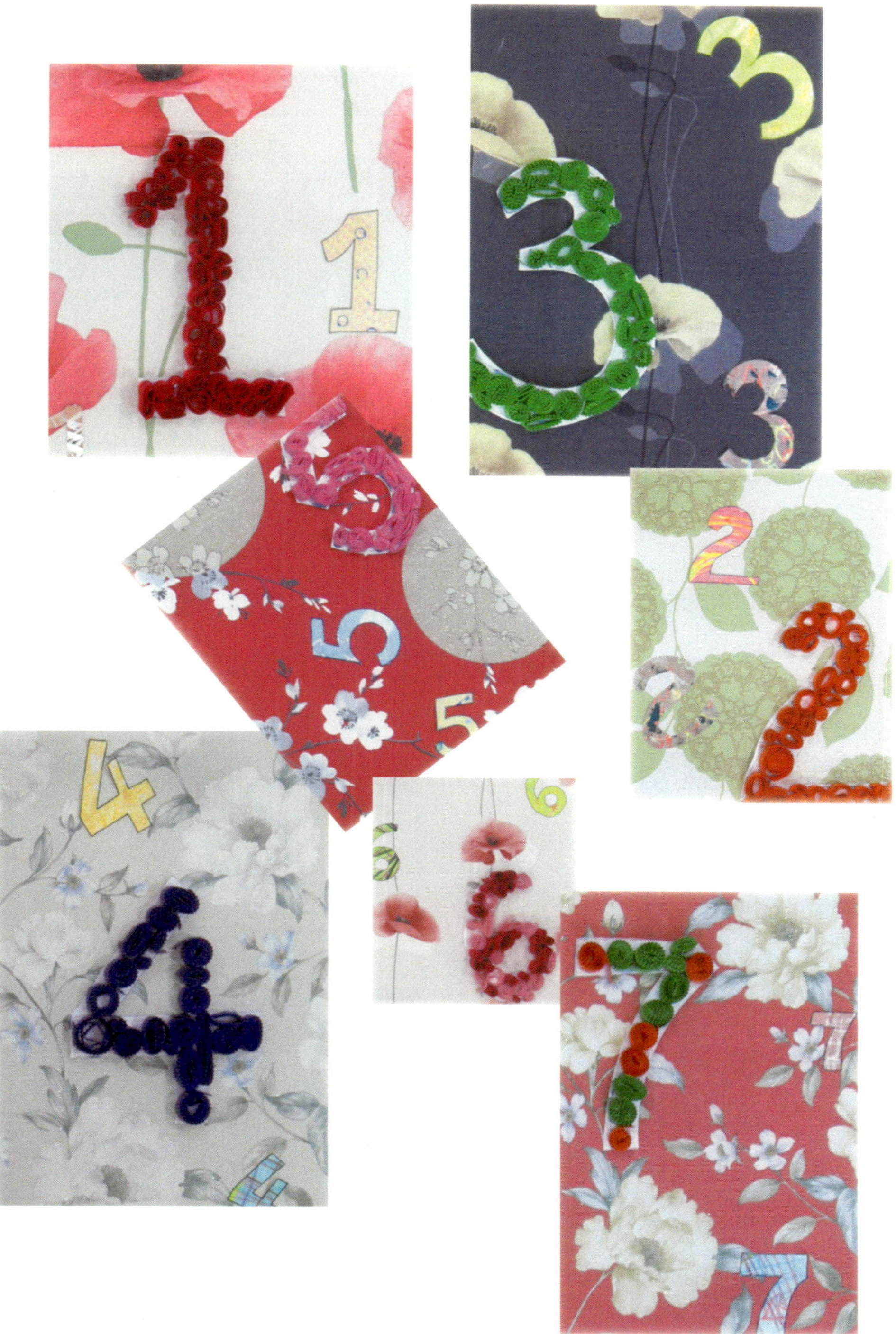

색으로 물들여진 조각보

이민경 교사 : 요즘 아이들이 우리나라와 다른 나라에 대한 관심이 많죠?

오유정 교사 : 네 아무래도 주제가 '우리나라와 다른 나라'이다 보니 많은 관심과 흥미를 보이네요.

이민경 교사 : 네 그 중에서 조각보가 저는 우리반 같다는 생각이 들어요.

오유정 교사 : 네. 각기 다른 색이지만 하나 인 것처럼 말이죠. 아이들은 다 저마다 개성이 다른데 한 반에서 지내며 생활하는 것과 같은 맥락이죠.

이민경 교사 : 네 맞아요. 하나씩 볼 때는 모르지만 모두 모여서 하나의 또 다른 대상이 만들어 지는거잖아요. 그래서 조각보를 만드는 활동을 계획하고 있어요.

오유정 교사 : 의미도 있지만 아이들이 우리나라의 조각보를 경험할 수 있겠네요.

이민경 교사 : 네. 물들이고 말리고 이어가는 과정을 아이들과 함께 해나가려고요.

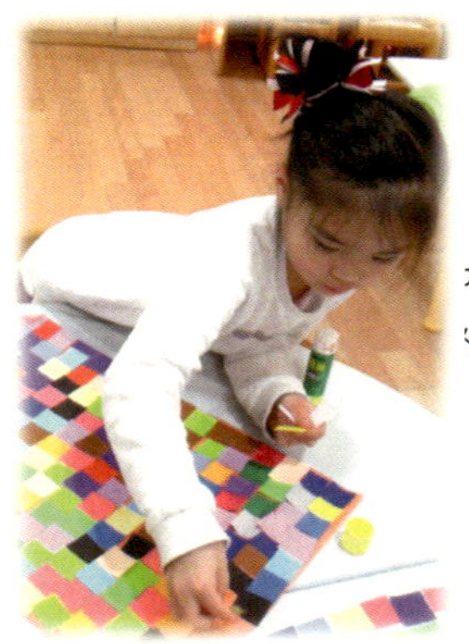

'조각보'를 만들 수 있을까?
아이들의 호기심에서 출발한 조각보 만들기 활동.
색종이를 이용해 색을 배열하고 무늬를 만들어보는
개별활동으로 시작해봅니다.

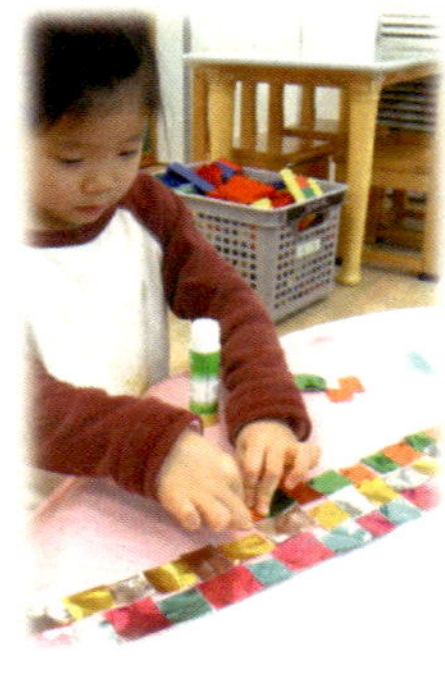

"저 조각보 우리 할머니 집 식탁에서 봤었어."
"색깔이 너무 예쁘다."
"이건 색깔을 칠한걸까?
어떻게 다 다르게 만들었지?"

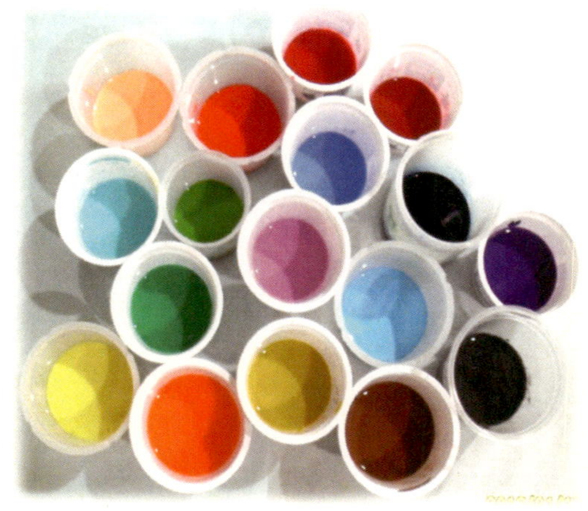

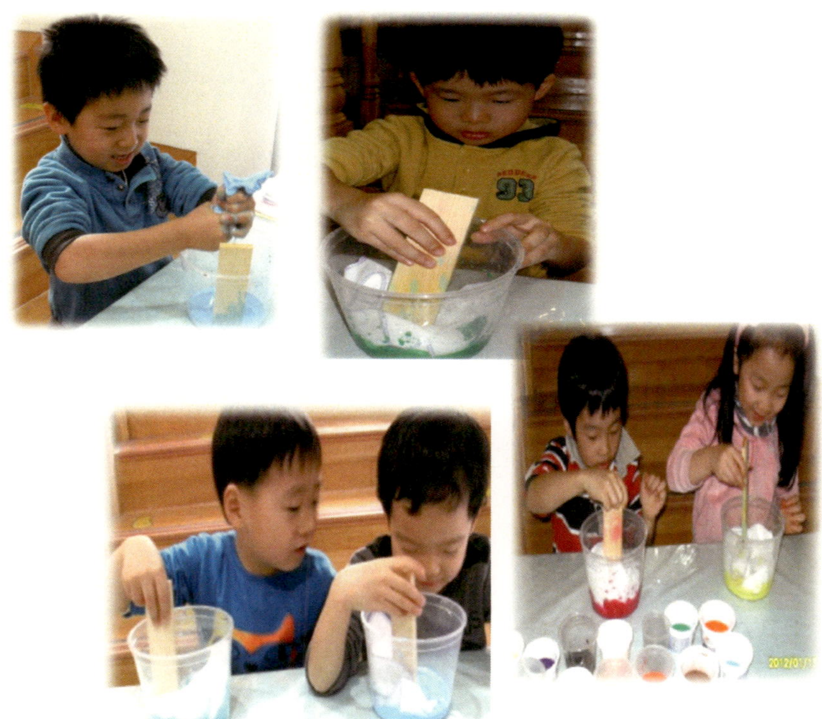

투명한 용기에 물감을 넣고 가제수건을 넣고 물들여봅니다, 다양한 색상 중 좋아하는 색을 선택하여 수건을 넣은 후 막대로 두드리며 골고루 색을 물들입니다.

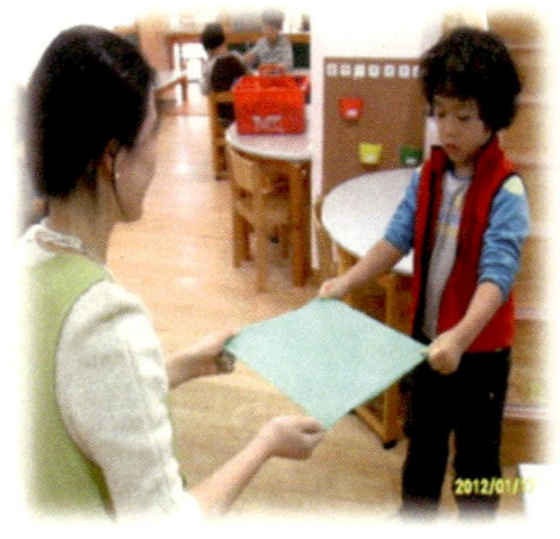
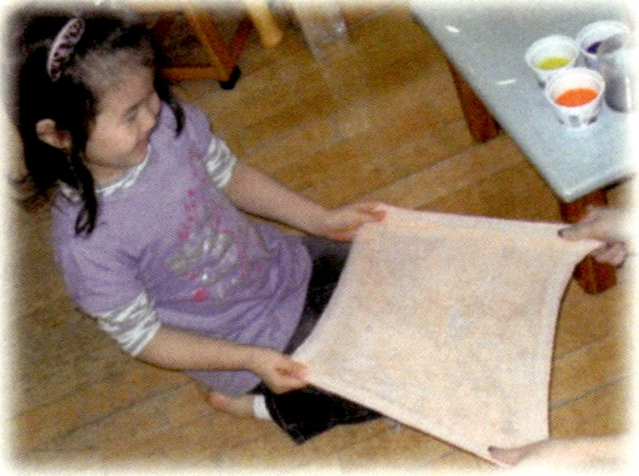

물들인 수건을 꼭 쥐어 짠 후 평평하게 펴줍니다

알록달록 물들여진 작은 천 …

작은 조각들이 모여 하나의 모습으로 나타났어요.
마치 30명의 친구들이 모여 지구반을 이룬 것과 같이…
한 조각 한 조각 맞춰 아름답고 큰 하나의 조각보가 탄생했어요.

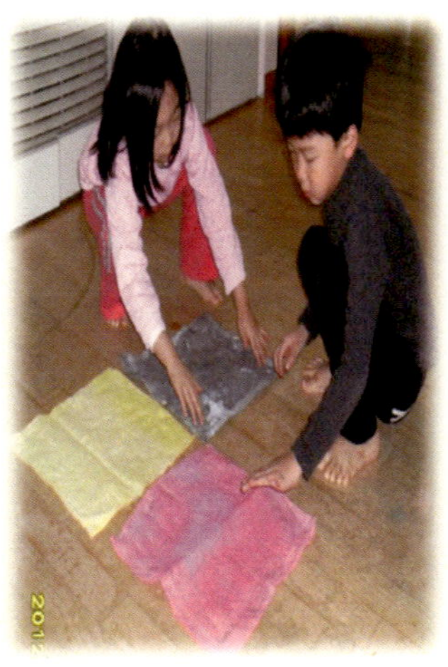
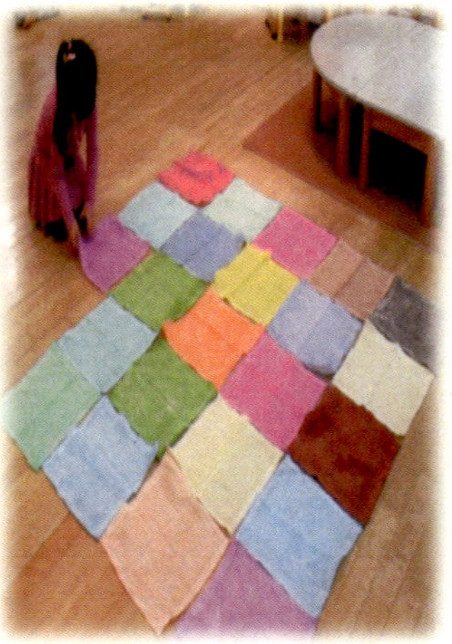
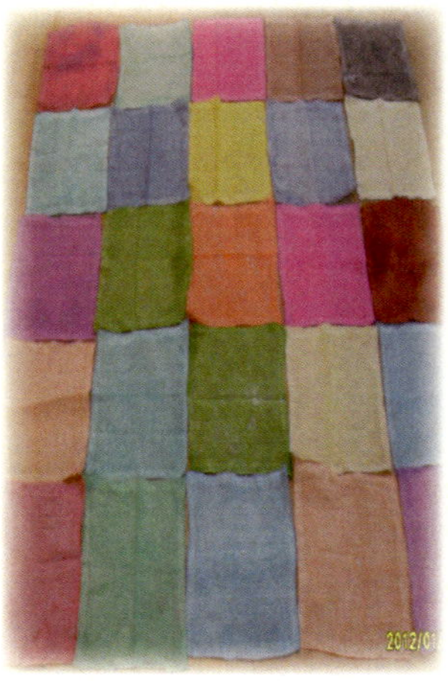

유아들과 우리나라의 전통물건에 대한 사진을 보며 조각보에 관심을 가져보고 만들어진 방법이나 구성된 색에 대해 자유롭게 이야기를 나눠봅니다.

빨주노초파남보 무지개

오유정 교사 : 아이들이 요즘 자기가 제일 좋아하는 색깔을 서로 이야기하는 모습을 많이 봐요.

이민경 교사 : 네, 다양한 색깔에 대한 활동을 하는 중이여서 더 색에 대한 관심이 집중된 것 같죠?

오유정 교사 : 네, 특히 물감으로 활동하면서 색의 혼합에 대한 관심도 커졌어요.

이민경 교사 : 그래서 우리 색깔의 다양성뿐만 아니라 색의 혼합에 대해서도 재미있게 활동으로 풀어가면 좋겠어요.

오유정 교사 : 맞아요. 관련된 동화도 보고…

이민경 교사 : 동화 속 내용을 라이트테이블에서 직접 재현할 수도 있겠네요.

오유정 교사 : 동화로 접근하면서 미술이나 과학으로 확장될 수고 있고요.

이민경 교사 : 네. 특히 아이들이 가장 먼저 떠올리는 무지개로도 풀어볼 수 있을 것 같아요. 우리가 배웠던 '빛으로 만든 세상'이란 노래도 다시 한번 불러볼 수 있고요.

오유정 교사 : 그럼 아이들이 쉽게 접근할 수 있는 무지개로 시작해볼까요?

이민경 교사 : 아이들이 무지개의 색깔을 7가지로만 느낄까요?

오유정 교사 : 이 시기에 아이들이 다양성에 대해 인식할 수 있도록 24색,48색등의 색연필이나 사인펜 등 재료를 풍부하게 줄 수 있으면 좋겠죠.

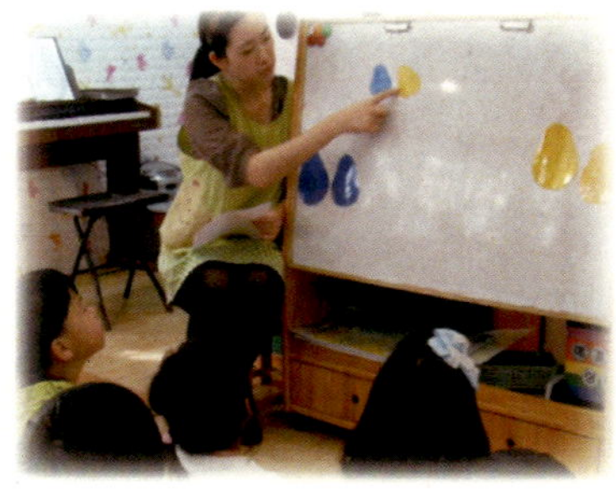

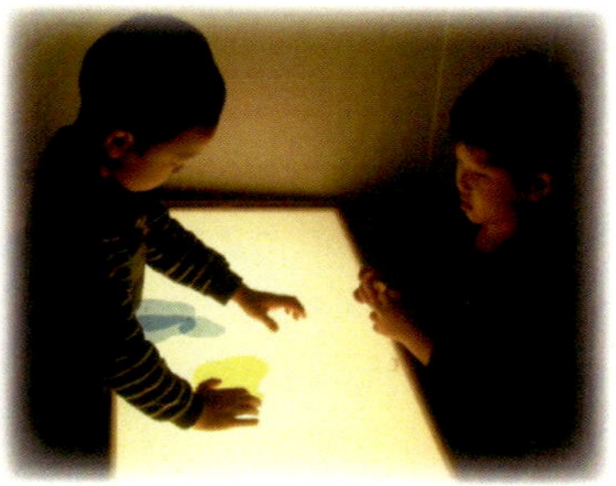

색의 혼합에 대한 동화를 듣고 라이트테이블에서 활용합니다.

Little Blue and Little Yellow

_ By Leo Lionni

This is little blue. Here he is at home with papa and mama blue. Little blue has many friends but his best friend is little yellow who lives across the street. How they love to play at hide-and-seek and ring-a-ring-O'Roses!

In school they sit still in neat rows. After school they run and jump.

One day mama blue went shopping. “You stay home” she said to little blue. But little blue went out to look for little yellow. Alas! The house across the street was empty. He looked here and there and everywhere... until suddenly, around a corner there was little yellow! Happily they hugged each other and hugged each other until they were green.

Then they went to play in the park. they ran through a tunnel. They chased little orange. They climbed a mountain.

When they were tired they went home. But papa and mama blue said: “You are not our little blue - you are green.” And papa and mama yellow said “You are not our little yellow - you are green.” Little blue and little yellow were very sad. They cried big blue and yellow tears. They cried and cried until they were all tears. When they finally pulled themselves together they said: “will they believe us now?”Mama blue and papa blue were very happy to see their little blue. They hugged and kissed him. And they hugged little yellow too.. but look.. they became green! NOW they knew what had happened and so they went across the street to bring the good news.They all hugged each other with joy and the children played until suppertime.

설명 : 빛과 색에 관련된 활동을 위해 도입부에서 대그룹 활동을 했다.
색의 혼합에 대해 이해하면서 유아들이 다양한 활동을 시작하는 계기가 되었다.

"우리 반에 아주 큰 무지개가 있으면 너무 예쁘겠지?"
"창문에 아주 큰 무지개가 매일 뜨면 좋겠어"

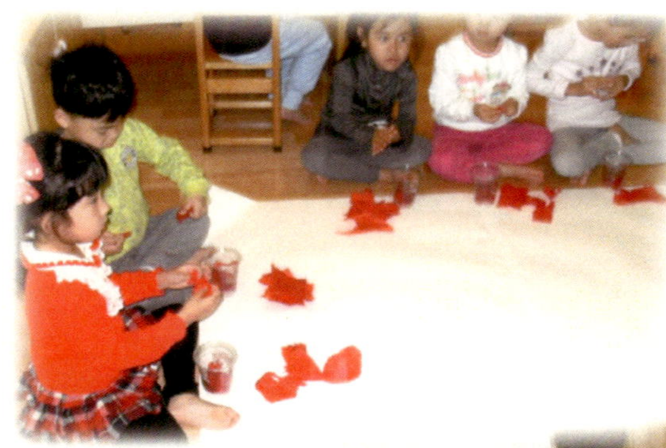

"빨간색 옆에는 분홍색이지?"
"빨간색이랑 노란색이랑 섞으면
주황색이 되니까,
빨, 주, 노~이렇게 되는거야"

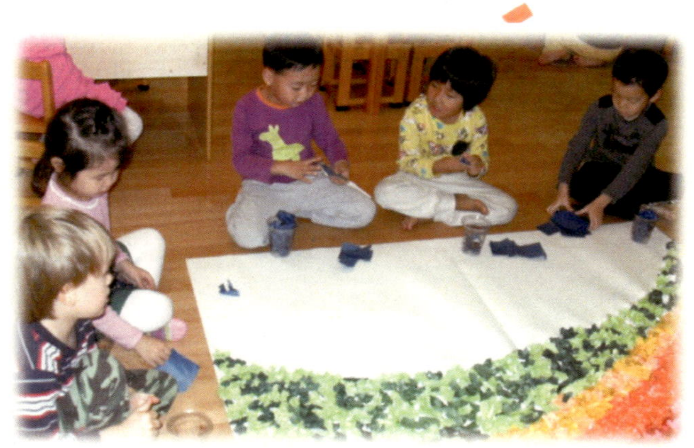

아이들은 무지개의 색깔을 이야기하며 한지를 색깔별로 잘라서 구겨봅니다. 무지개의 색을 되짚어보며 비슷한 계열의 한지를 분류하고 손으로 구겨서 붙인다. 특히 비슷한 계열의 색을 인식하고 색의 연결성을 자연스럽게 인식해나갈 수 있었다.

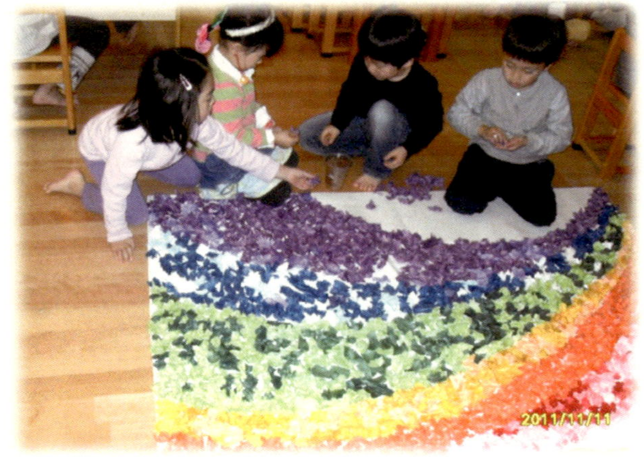

유아들은 자유롭게 만들고 싶은 색을 붙여보며 소그룹으로 협동하여 활동한다.

아이들의 바램대로 우리 반에는 늘 알록달록 무지개가 떠있게 되었다.
'비 그친 하늘저편에 피어 오른 고운 무지개
저 밝은 빛으로 세상을~'

노래를 흥얼거린다. 유아들은 활동과정 중 서로 돕는 것을 체험하면서 하나의 작품을 완성하는 기쁨도 맛보았다. 또한 연속적인 색에 대해서도 자연스럽게 인식하는 계기도 되었다.

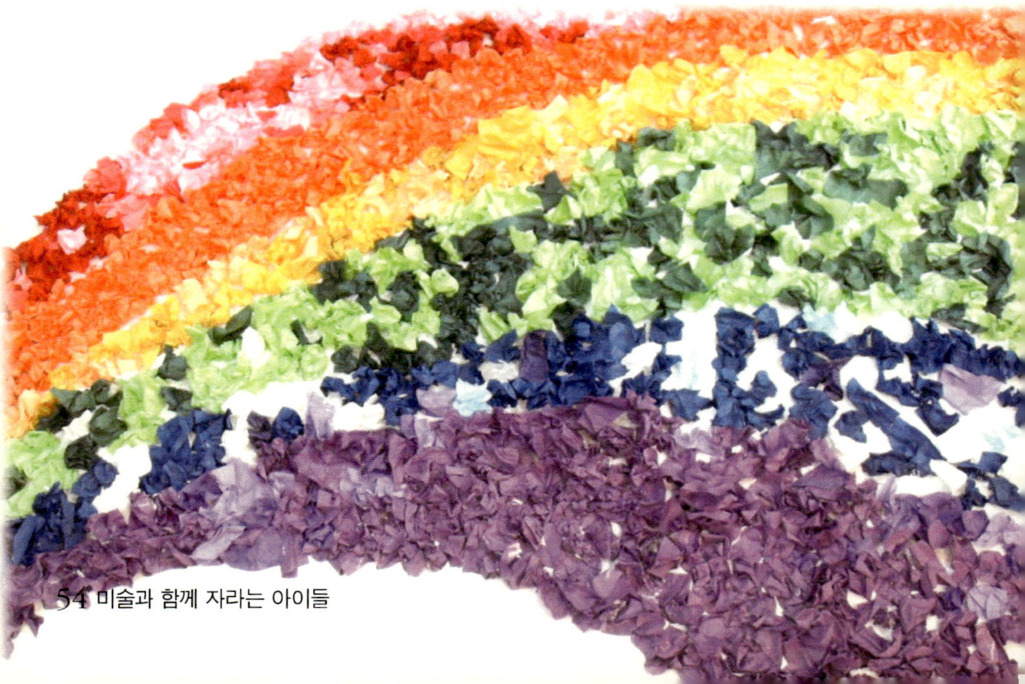

즐거운 패션쇼

이민경 교사 : 이번주 주제가 '내가 내가 자라서'인데 어떤 방법으로 아이들에게 자신의 미래의 모습을 표상하도록 해볼까요?

오유정 교사 : 먼저 아이들과 이야기 나누기를 한 후에 대략적인 그림을 그려봐요.

이민경 교사 : 먼저 1차적으로 구상한 뒤에는 더 정교하게 나의 미래모습을 완성해볼 수 있겠어요!

오유정 교사 : 그럼 1주간 아이들이 이야기, 그리기, 역할 등으로 자신의 미래 모습을 상상하게 하고 마지막 금요일에는 친구들 앞에서 소개해보면 어떨까요?

이민경 교사 : 그래요. 아이들이 직접 자신의 모습을 소개하는 패션쇼 형식으로 진행하면 재미있을 것 같네요. 우리는 한주간 지구반 패션쇼를 아이들과 준비해 보도록 해요.

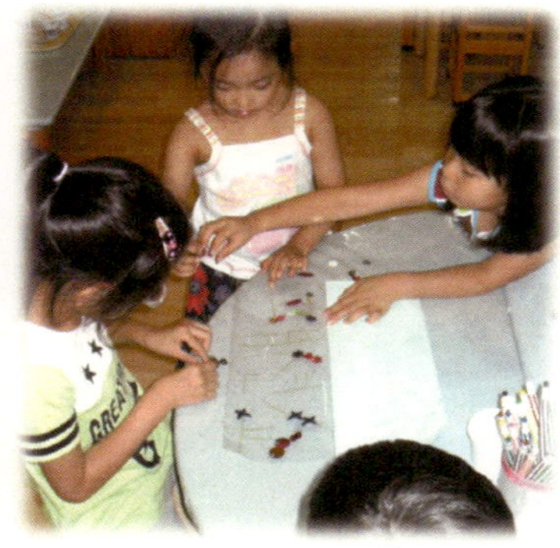

투명 시트지에 패션쇼 글자에 따라 스팽글로 꾸민다.

내가 어른이 된 모습을 종이에 그리고 교실벽에 전시해둔다.

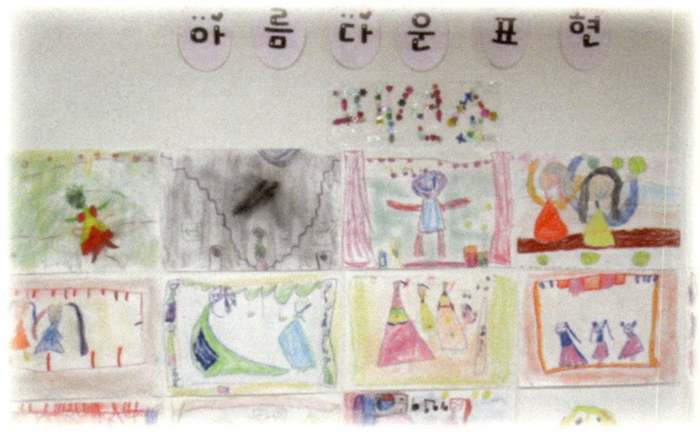

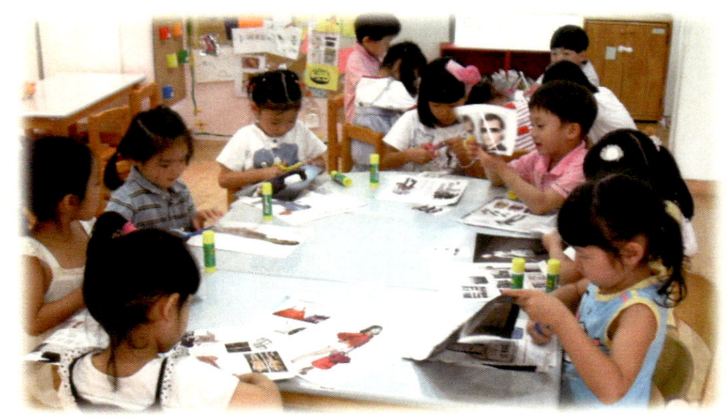

잡지를 보면서 내가 어른이 되어서 입고 싶은 옷, 안경, 가방 등을 골라서 모은다. 자동차, 자전거 등 네가 가지고 싶은 물건도 함께 골라서 오려둔다.

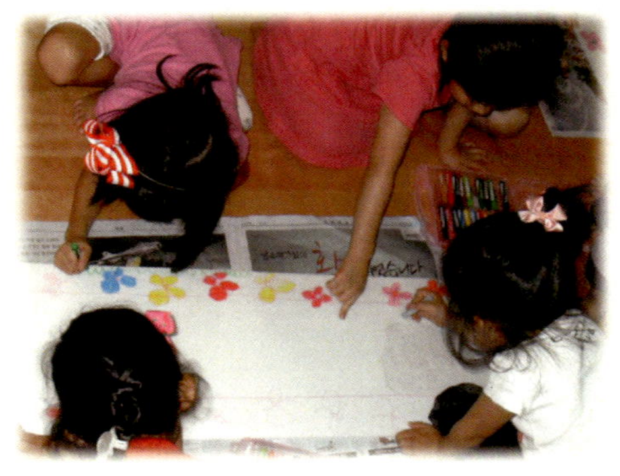

패션쇼 런웨이를 만들기 위해 우드락을 길게 붙이고 아이들이 원하는 꽃 길을 만든다. 크레파스로 꽃을 그려준다.

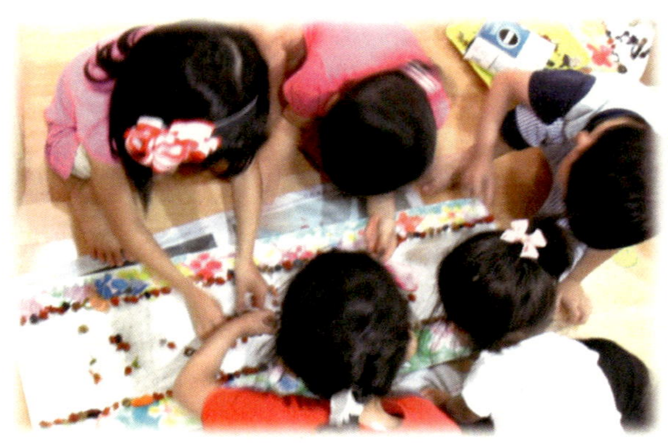

패션쇼장에 예쁘고 좋은 향기도 났으면 좋겠다는 아이들의 의견에 따라 길을 따라 포푸리도 붙여준다.

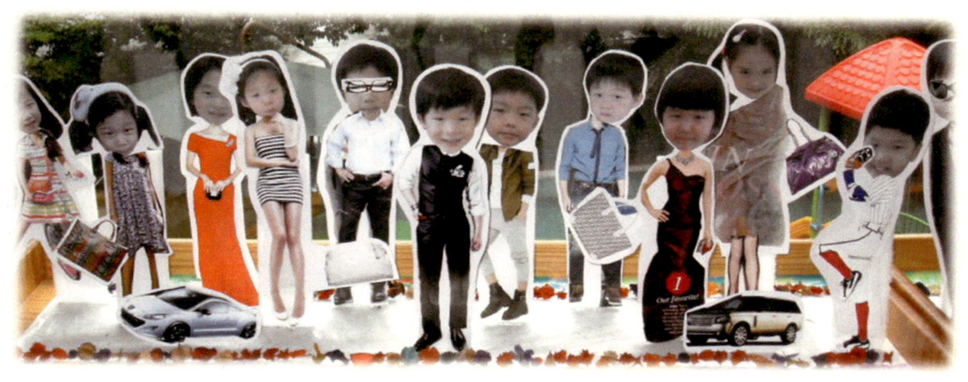

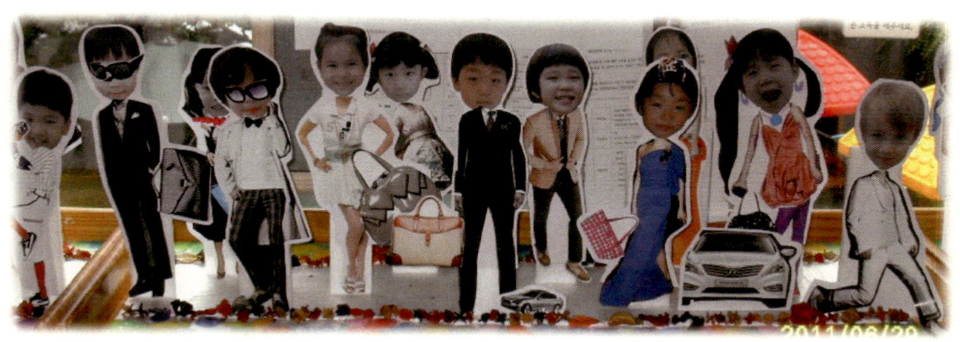

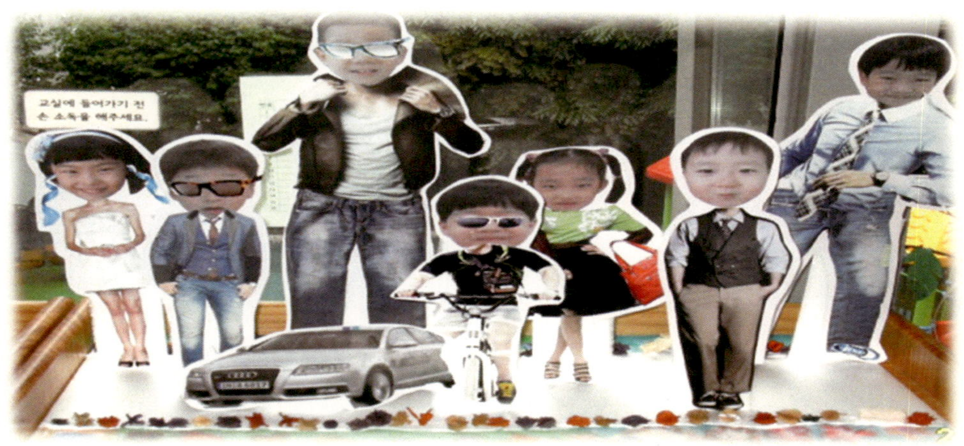
교실에 들어가기 전
손 소독을 해주세요.

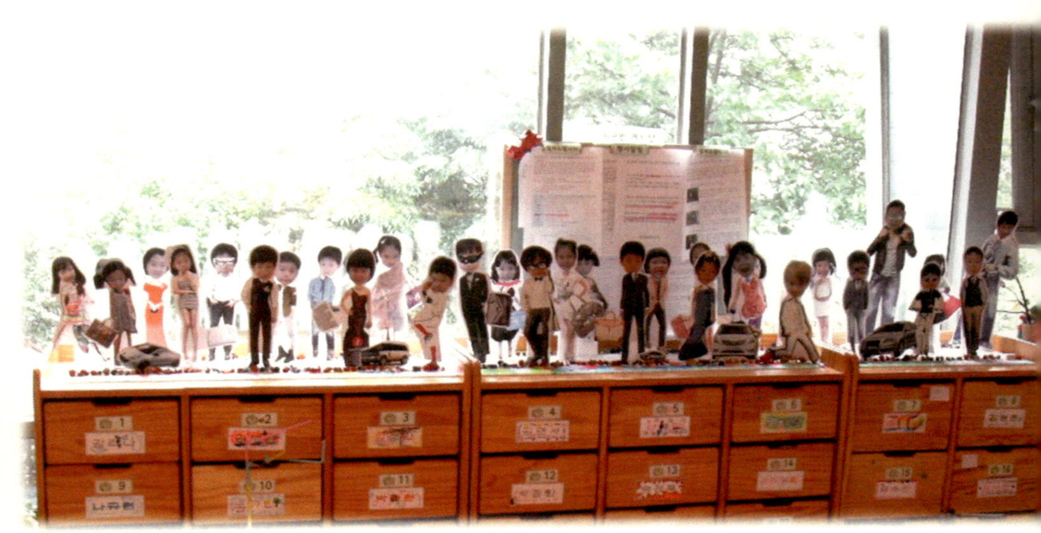

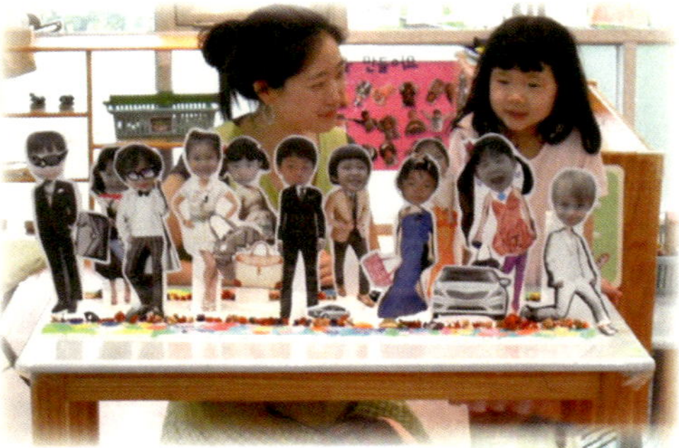

런웨이 위에 아이들의 미래 모습을 세워서 전시한다. 주제가 끝나는 금요일에 아이들이 친구들에게 내가 상상한 나의 미래 모습을 소개하면서 주제를 마무리 한다.

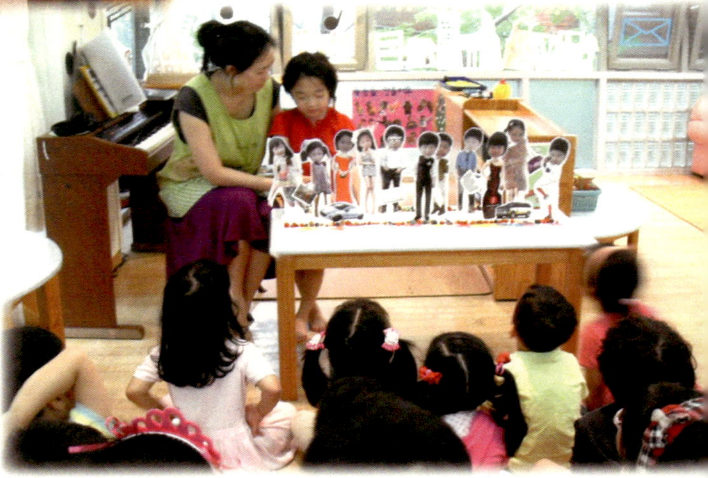

계 절

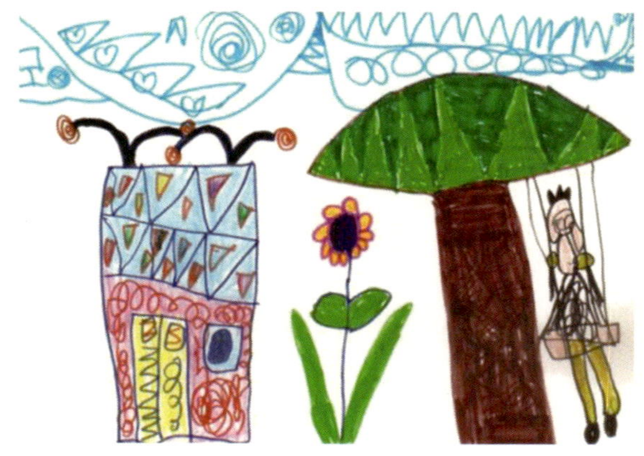

지구반의 봄

오유정 교사 : 이제 완연한 봄 날씨에요! 봄 느낌이 나도록 교실환경 구성을 했으면 하는데 어떻게 하면 좋을까요?

이민경 교사 : 어린이집 주변에 봄 꽃이 많이 피었던데, 자연재료를 활용해보면 좋을 것 같아요.

오유정 교사 : 우선 주변산책을 하면서 재료를 아이들과 함께 모아봐요.

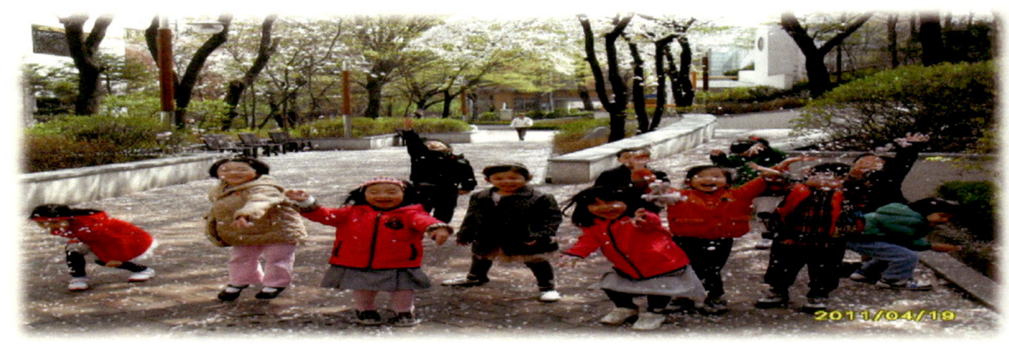

아이들 : 공원에 벚꽃이 엄청 많이 떨어져있어요! 이거 주워서 가져가도 되요?

이민경 교사 : 그래. 우리 벚꽃 잎을 모아서 교실 꾸미기를 해보자.

오유정 교사 : 봄 꽃으로 환경구성을 하면 예쁠 것 같아요. 그런데 시간이 지나면 게시물이 마르거나 부서지지 않을까요?

이민경 교사 : 그럼 기존에 있는 재료 중에서 봄 느낌이 나는 것을 찾아서 활용해봐요. 아이들이 봄 꽃 중에 특히 벚꽃을 좋아하는데, 모양이 비슷한 팝콘을 이용해서 벚꽃을 만들어 봐요.

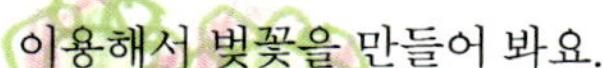

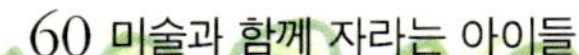

하늘하늘 벚꽃나무

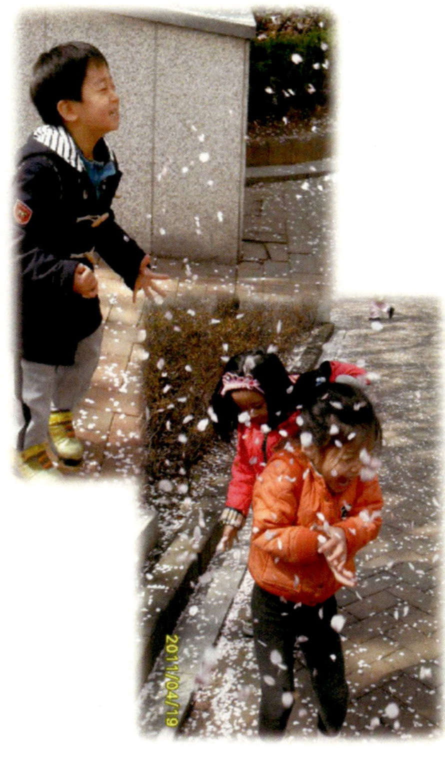

산책길에서
만난 봄..

벚꽃을 날리고
꽃 눈을 맞아보면서
봄을 느껴요.

아름다운 순간을
기억하며 우리반에도 그 봄을 옮겨 봅니다.

2011.4.19 어린이집 주변을 산책한 후

교사가 전지에 나무 그림을 그린 뒤 나뭇가지에 본드를 바르고 산책길에 모아온 벚꽃 잎을 가지에 붙여준다.

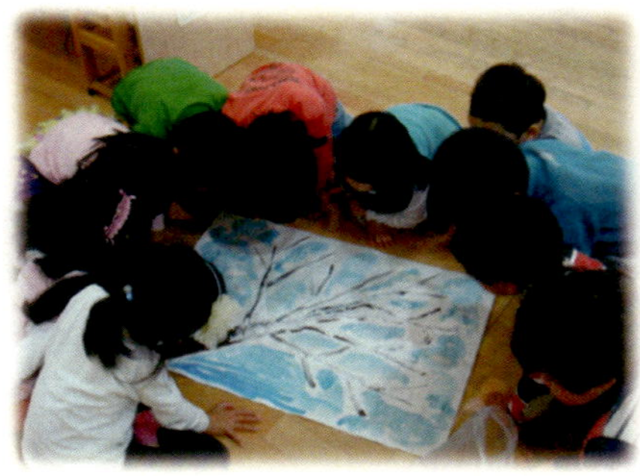

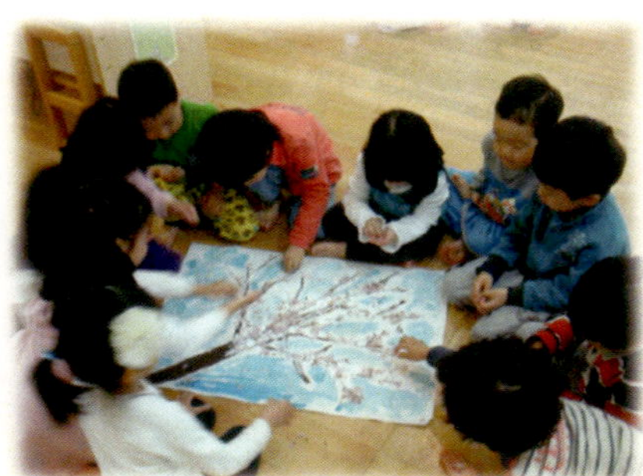

분홍 진달래 나무

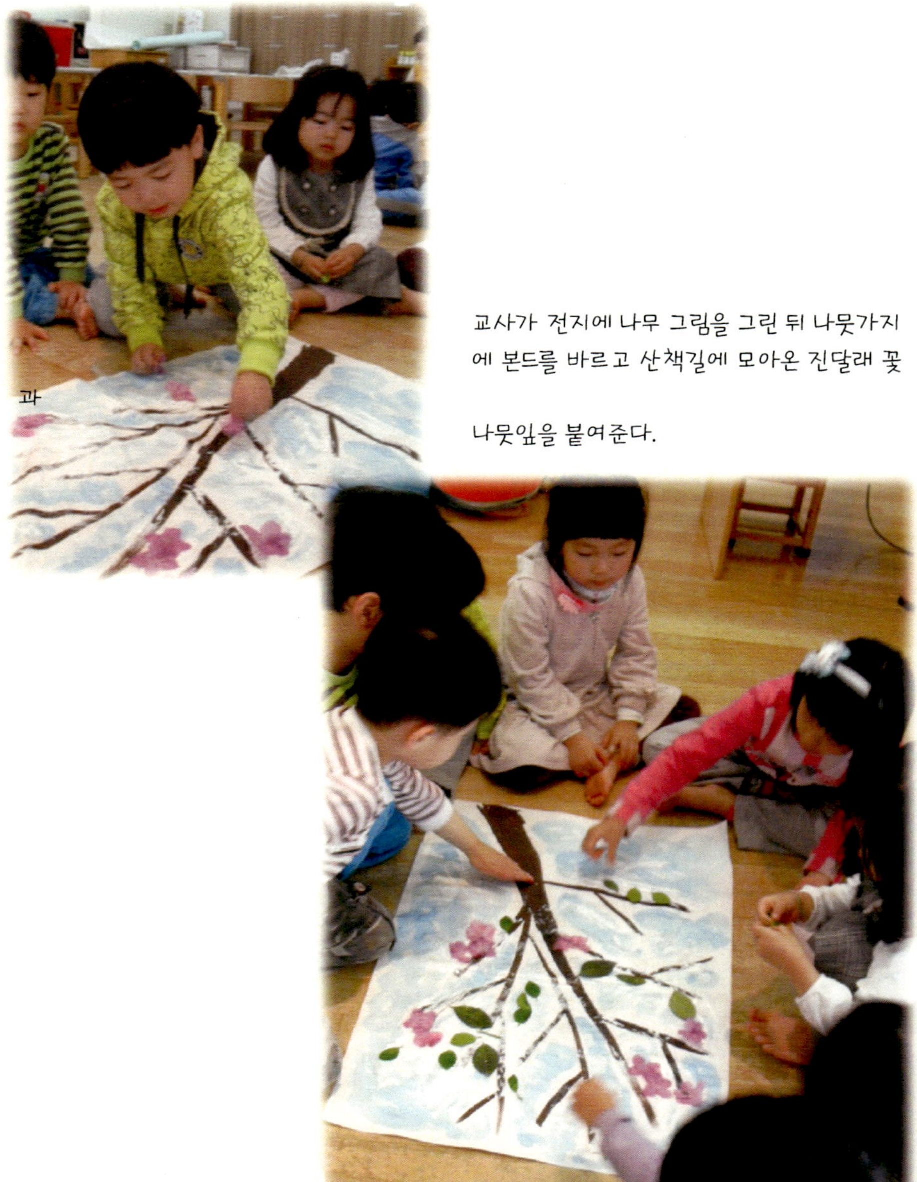

교사가 전지에 나무 그림을 그린 뒤 나뭇가지에 본드를 바르고 산책길에 모아온 진달래 꽃과 나뭇잎을 붙여준다.

팝콘으로 꾸민 나무

친구들과 함께 했던 산책길
바람에 흩날리는 벚꽃을 보고 우리 반에도 벚꽃이 흩날리는 봄이 오기를
상상해봅니다.

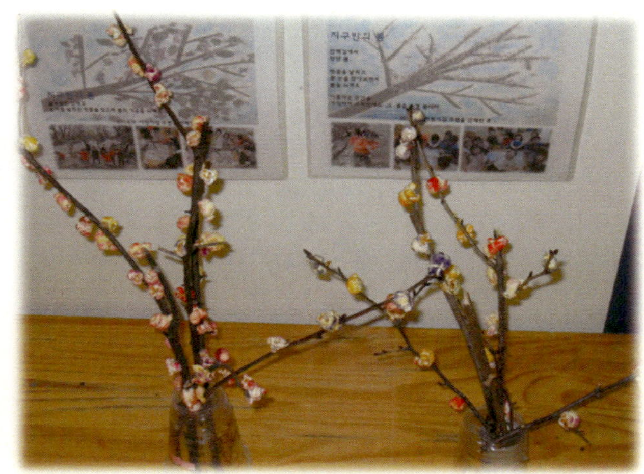

준비물
팝콘, 파스텔, 플라스틱컵,
지끈, 목공본드, 면봉, 팝콘

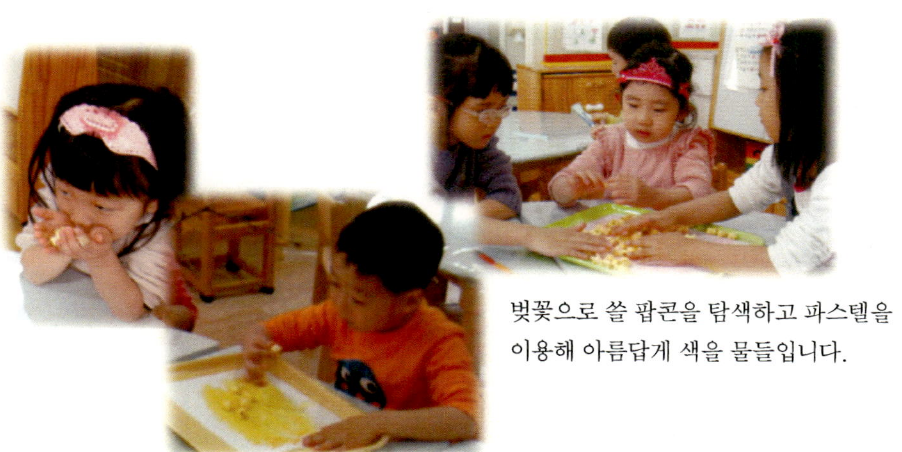

벚꽃으로 쓸 팝콘을 탐색하고 파스텔을
이용해 아름답게 색을 물들입니다.

아름다운 벚꽃이 지구반에서 다시 태어났어요.

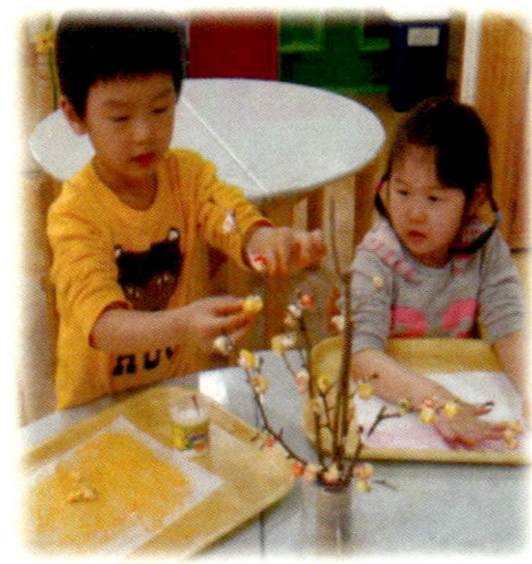

파스텔로 물들인 팝콘을 목공본드를 이용해 나뭇가지에 붙여 꽃잎을 나타낼 수 있도록 한다.

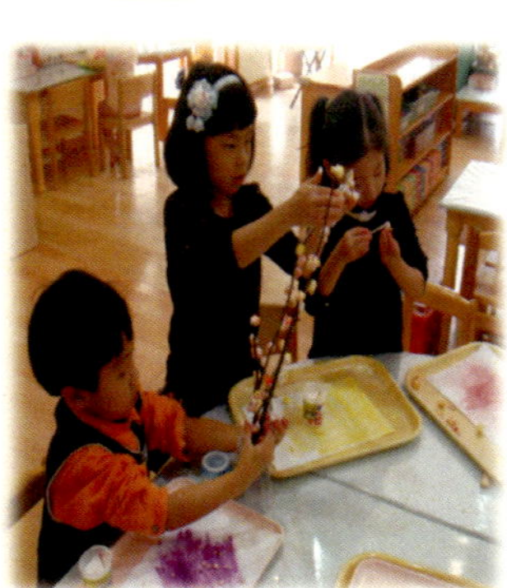

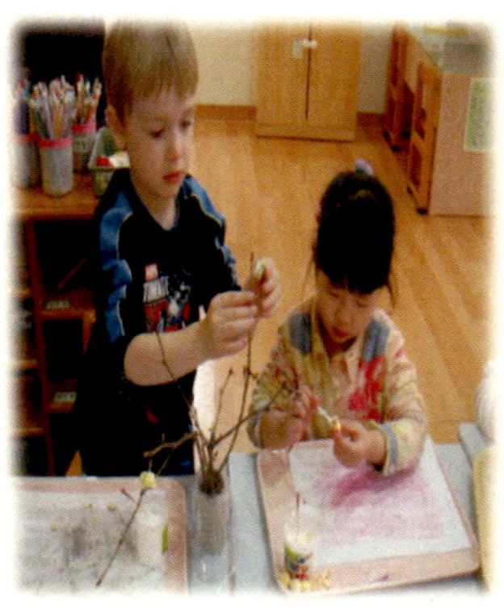

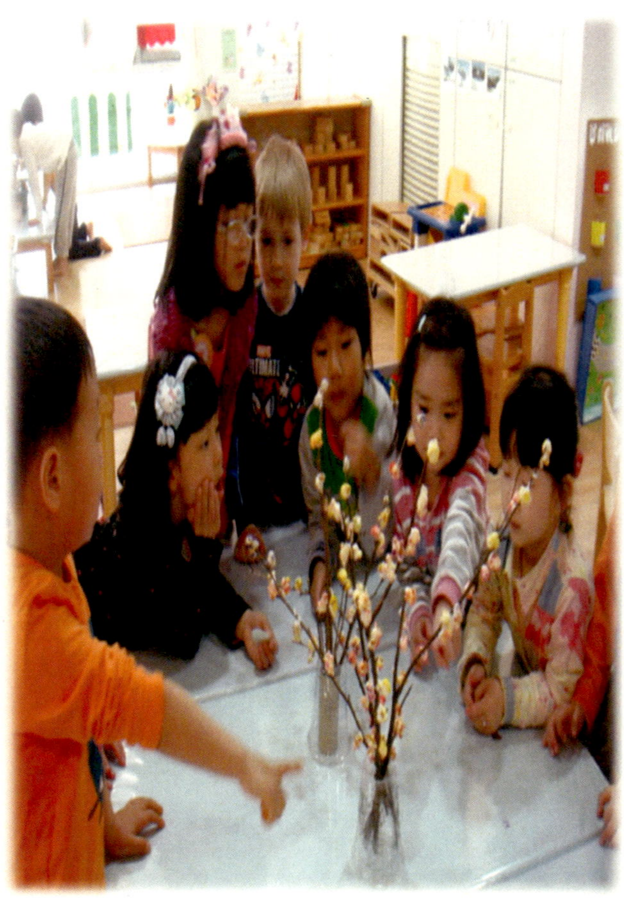

여름 꽃 공판화

이민경 교사 : 여름 환경구성을 할까 하는데, 어떻게 하면 좋을까요?

오유정 교사 : 우리가 정한 원칙대로 아이들 작품으로 벽면을 채워봐요.

이민경 교사 : 주간 계획안에 여름 꽃 공판화가 있던데 그것으로 해봐요.

오유정 교사 : 네. 기존에 있는 공판화 틀은 작아서 벽면장식은 어려울 것 같으니 우리가 공판화 틀을 커다랗게 새로 만들어서 활용해봐요!

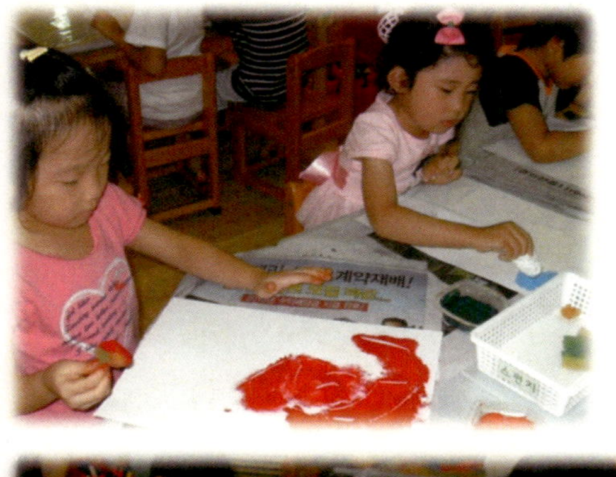

흰색, 검정색 도화지에 다양한 모양의 여름 꽃을 그리고 칼로 파내서 공판화 틀을 만든 뒤, 아이들이 원하는 색의 물감을 찍어서 판화를 만들어볼 수 있도록 한다.

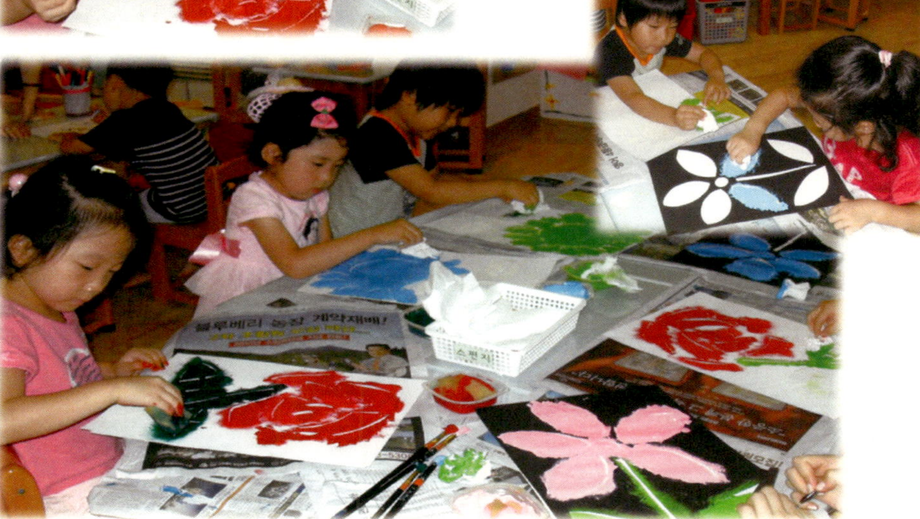

지구반의 아름다운 가을

이민경 교사 : 요즘 아이들이 어린이집에 오면서 물든 나뭇잎을 많이 가져오죠?

오유정 교사 : 네 어린이집에 오는 길, 집 앞에서 가져온 나뭇잎을 곧잘 보여주곤 해요.

이민경 교사 : 맞아요. 계절의 변화가 눈으로 바로 확인할 수 있어서 그런지 아이들과 이번 주제로 넘어갈 때 자연스럽게 주제를 소개할 수 있을 것 같아요.

오유정 교사 : 오늘 아침에 등원하면서 아이들이 주말농장에서 사과를 가져오기도 하고 할머니 댁에 갔다가 여러 곡식을 가져와서 직접 실물을 보고 만질 수도 있겠어요.

이민경 교사 : 그렇죠, 대부분 현재의 실물을 보고 만지는 것, 단면을 잘라 보는 것에 그치지만 그것을 다른 상태로도 이용할 수 있을 것 같아요. 예를 들면 말린 과일이 있지요.

오유정 교사 : 아! 저희 집에 건조기가 있어요.

이민경 교사 : 과일이나 고구마, 당근 등도 말리면 아이들이 변화된 상태를 더 잘 알 수 있겠죠?

오유정 교사 : 그럼요. 아이들이 말리기 전후의 모습을 예상하고 직접 관찰할 수도 있으니까요.

이민경 교사 : 가을이란 주제 속에서 열매, 나뭇잎 등의 변화를 아이들이 환경 속에서도 느끼지만 다양한 재료로써 활용도 가능하면 좋겠어요.

옷을 갈아입은 나뭇잎

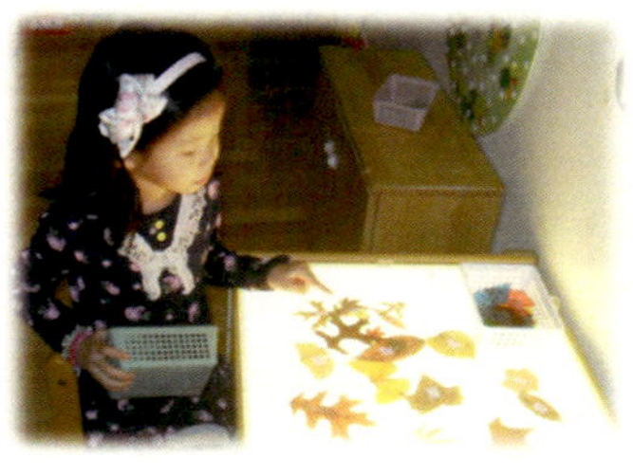

"선생님 아침에 내가 나뭇잎 주워왔어요."
"벌써 노랗게 변했어요."
"크게 보면 더 잘 볼 수 있어요."

관찰일지에 나뭇잎을 그려보고 나뭇잎의 종류와 크기를 분류해가며 가을나무에 대한 흥미를 가져봅니다.

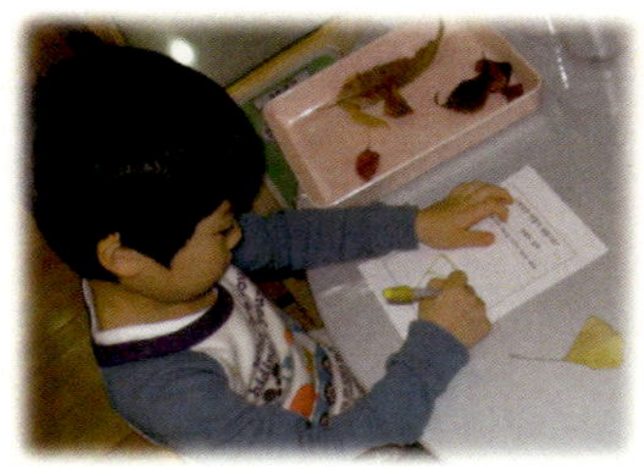

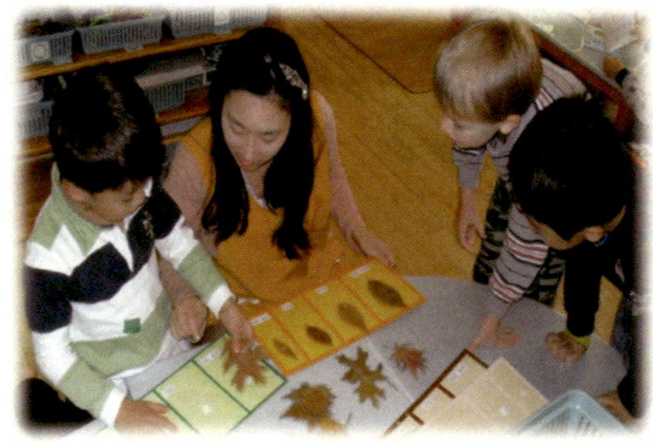

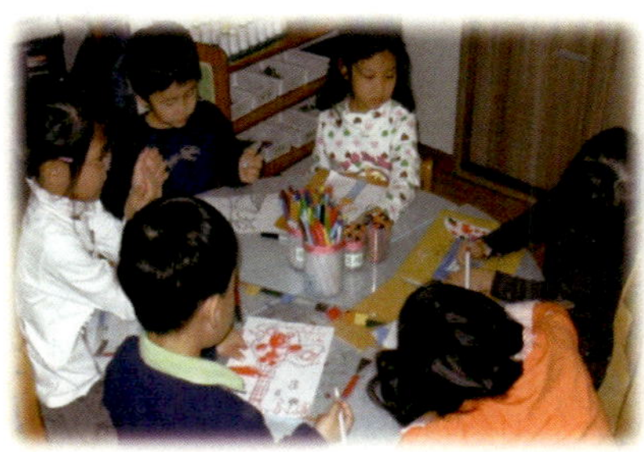

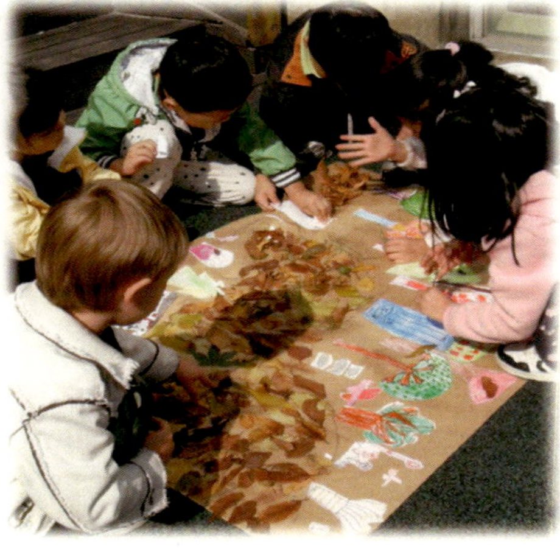

아이들이 자라면서 경험한 가을 나무를 그려보고 실제 마른 나뭇잎을 이용해 낙엽색과 비슷한 소포지에 개별적으로 그린 가을나무를 오려 붙인 후 마른 나뭇잎으로 산책길을 꾸며봅니다.

곡식과 열매들을 말려라!

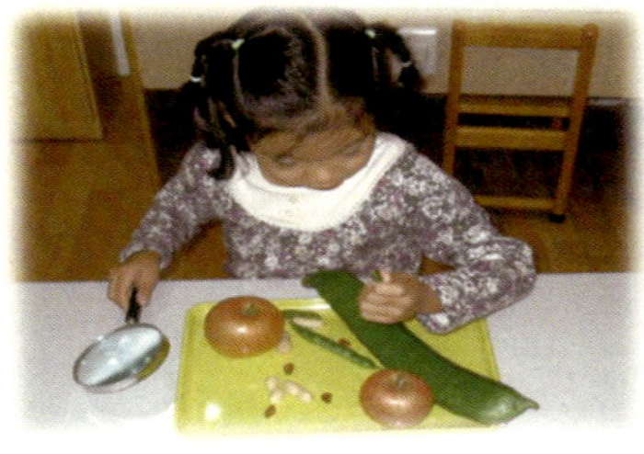

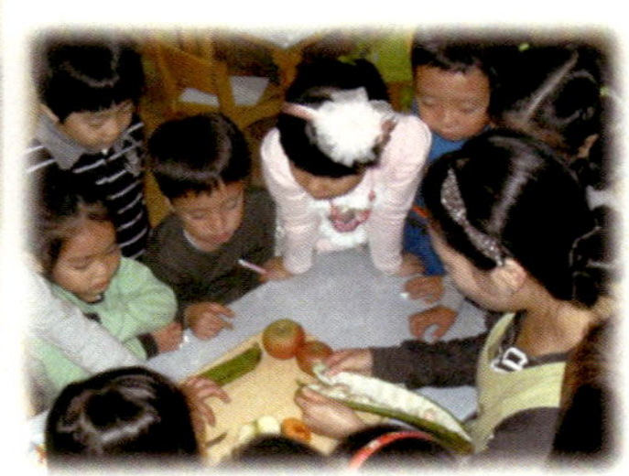

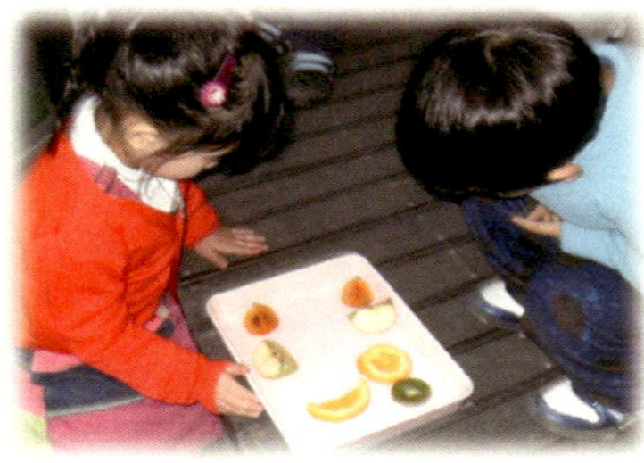

열매와 곡식의 겉모습, 단면을 실제로 관찰한다. 과일은 단면으로 썰어 상온에서 건조시키며 실제 수분의 변화가 나타나는 것도 실험해본다.

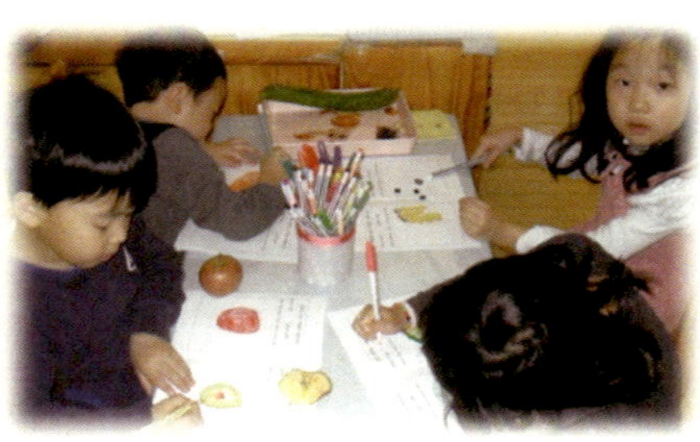

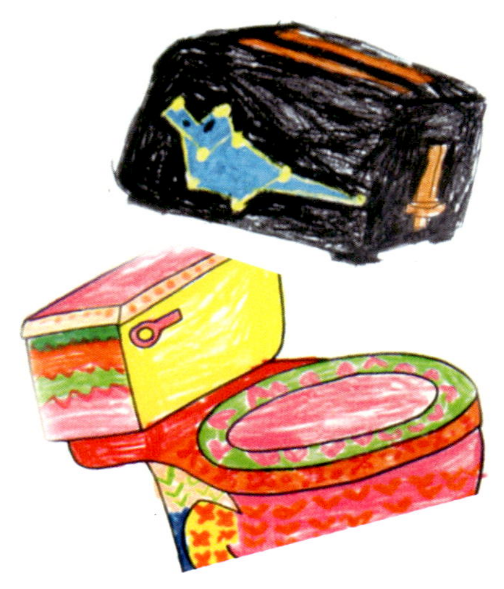

다양한 말린 곡식과 열매를 보고 관찰일지를 만들어 변한 모습을 과학책으로 엮어보기도 합니다.

말린 열매로 글씨를 써볼까?

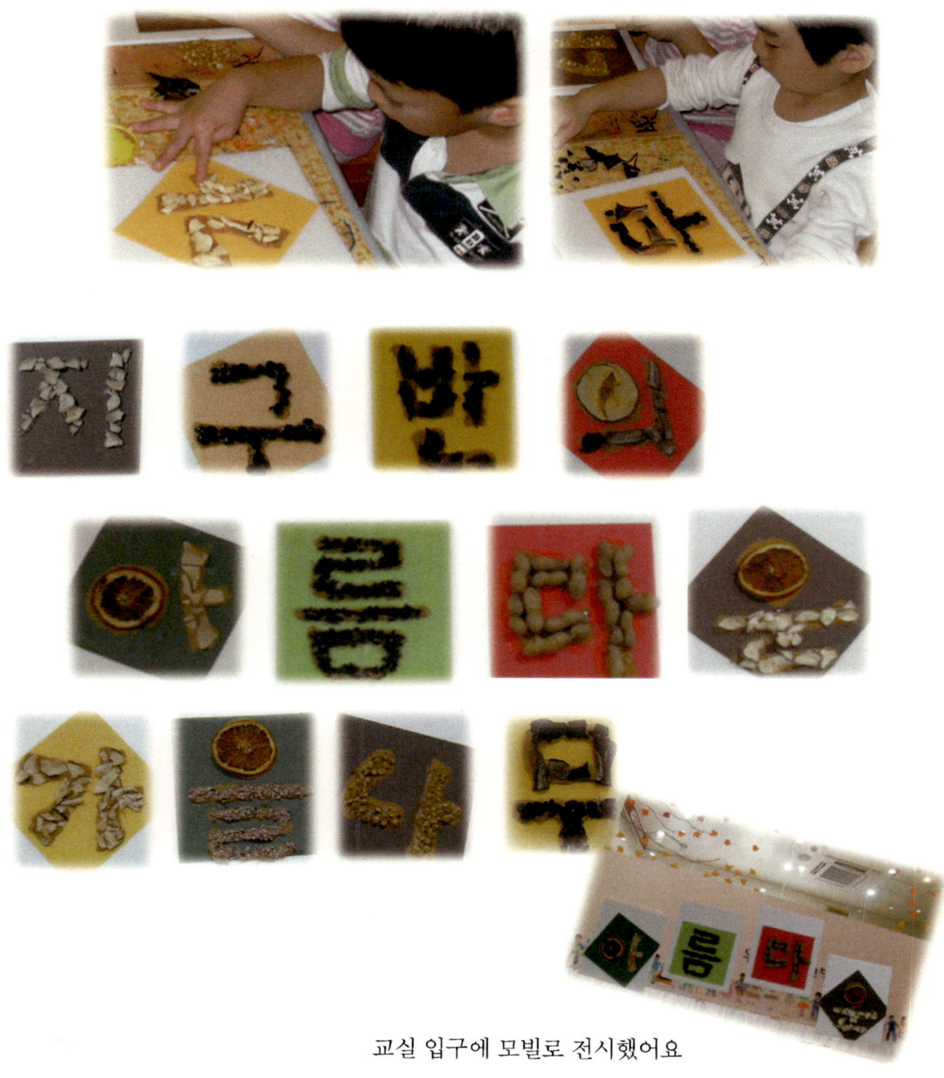

교실 입구에 모빌로 전시했어요

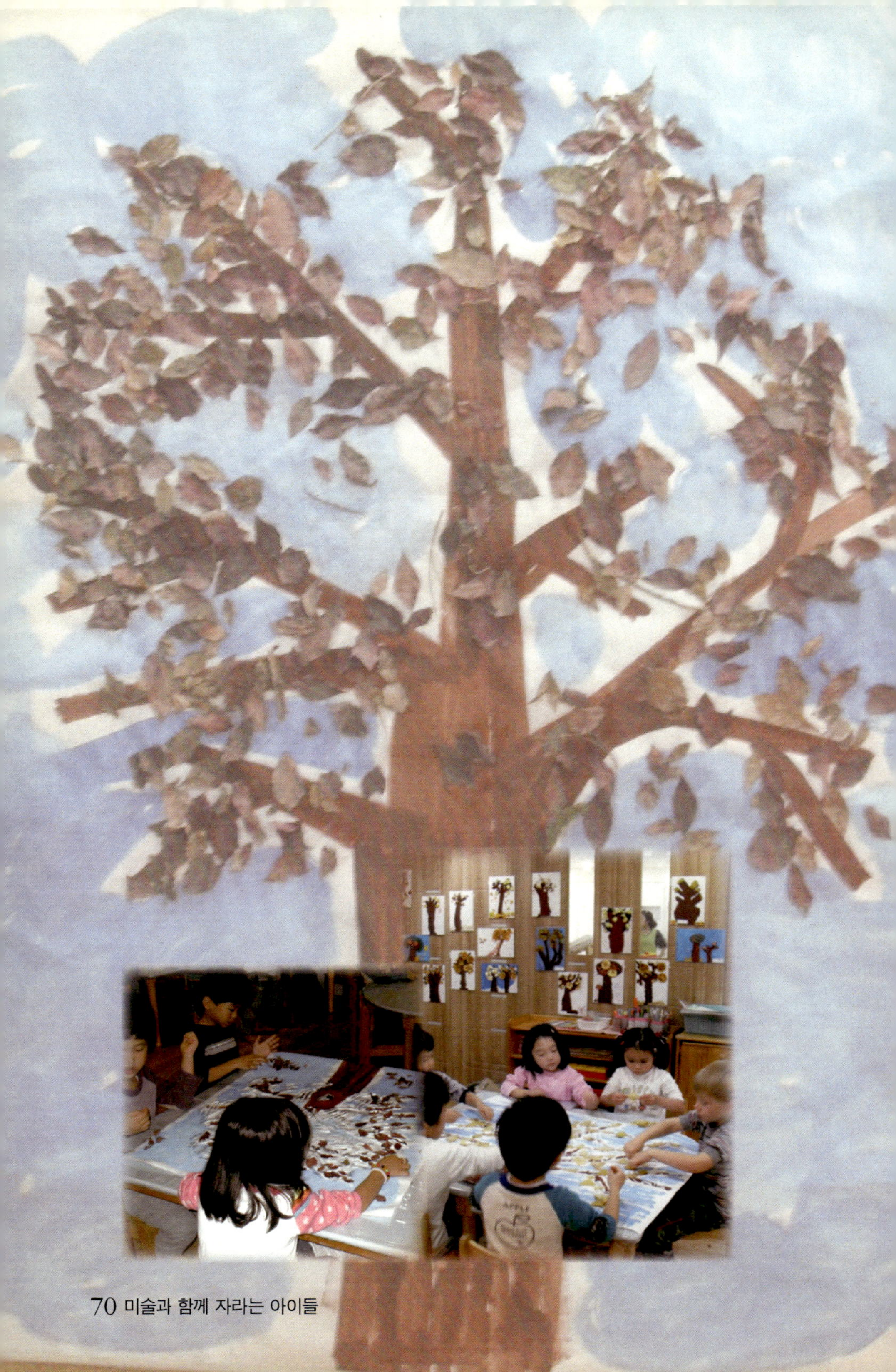
APPLE

말린 열매로 만드는 가을 나무

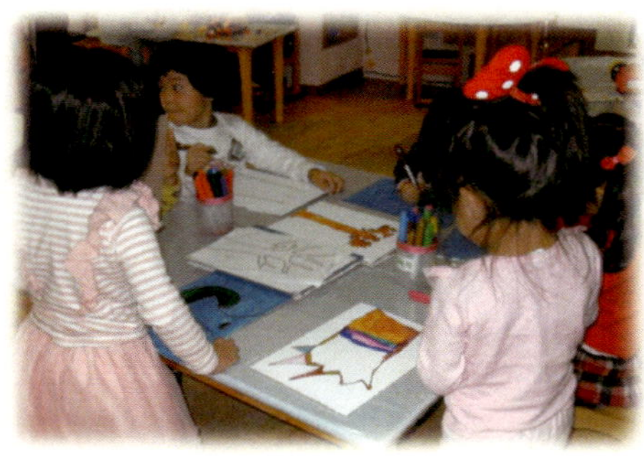

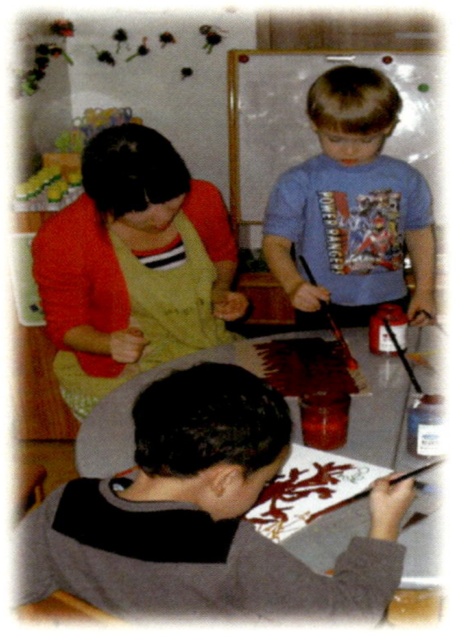

먼저 종이에 가을 나무의 밑그림을 그린 뒤
합판 위에 옮겨 그린 후 물감으로 색칠합니다.

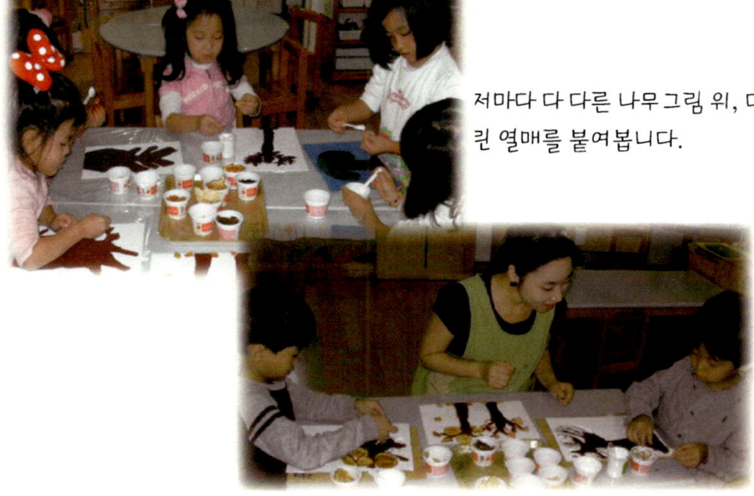

저마다 다 다른 나무그림 위, 다양하게 말린 열매를 붙여봅니다.

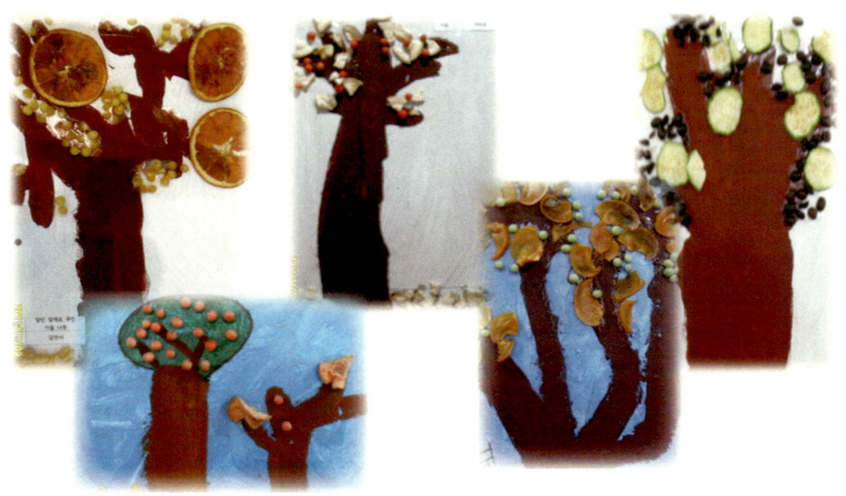

자신의 생각대로 나무를 그린 후 말린 열매들을 이용해 꼴라주 활동을 한 후 가을 나무를 교실 벽면에 전시하며 감상했습니다.

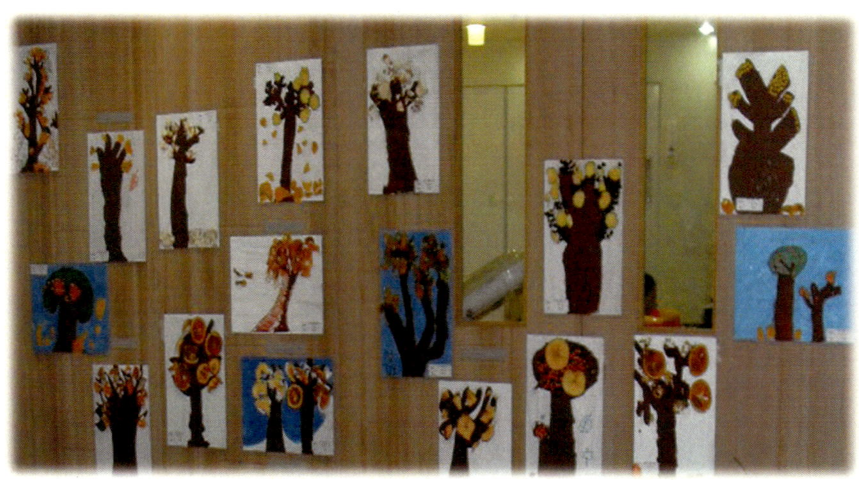

교실 벽면에 전시된 모습

학부모와 함께하는 지구반의 아름다운 가을

오유정 교사 : 이번에 부모참여수업 행사가 있는 데 어떻게 준비하면 좋을까요?

이민경 교사 : 이번 달 주제인 '가을'과 연계해서 하는 것이 좋을듯해요.

오유정 교사 : 네. 그런데 가을이라고 하면 날씨, 추수, 자연도 등 여러 가지가 포함되는 넓은 주제라서 준비하기 어렵지 않을까요?

이민경 교사 : 그럼 가을을 잘 표현할 수 있는 한가지를 정해서 그것을 중심으로 활동을 확장시켜보면 어떨까요?

오유정 교사 : 좋은 생각이에요! 우리 나무로 하면 어떨까요? 가을나무에는 날씨와 계절의 변화, 열매, 색의 변화 등이 모두 포함될 듯해요.

이민경 교사 : 그래요. 그럼 가을나무를 주제로 해서 부모참여수업을 준비해봐요.

지구반 부모참여수업- 부모님과 함께하는 지구반의 아름다운 가을

대집단 활동 : 동화 '아낌없이 주는 나무'

합창 -아름다운 가을노래 발표

자유선택활동

수조작 영역-나뭇잎 줍기
과학영역-식물의 잎맥 관찰하고 탁본 뜨기
미술영역-낙엽 공판화, 아낌없이 주는 나무 만들기
쌓기영역-가을 과수원 만들기
역할양약-가을 장터 놀이
음률영역-가능 동요 따라 부르기
언어영역- 나뭇잎 북아트

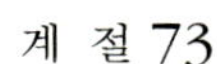

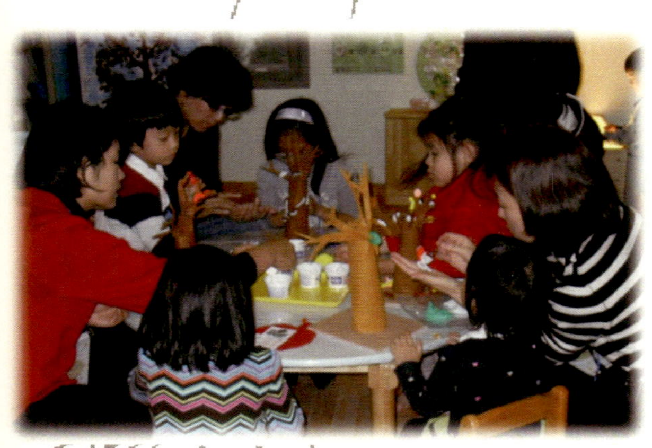

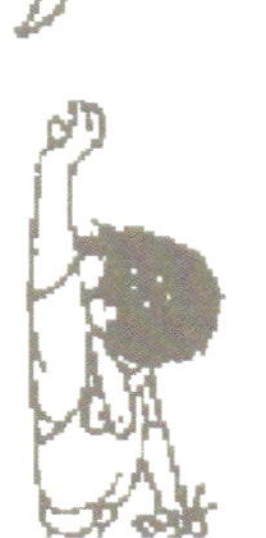

교사가 준비한 나무틀에 부모님과
아이들이 아낌없이 주는 나무의 모습을
상상해보고 폼클레이로 나무를 꾸며본다.

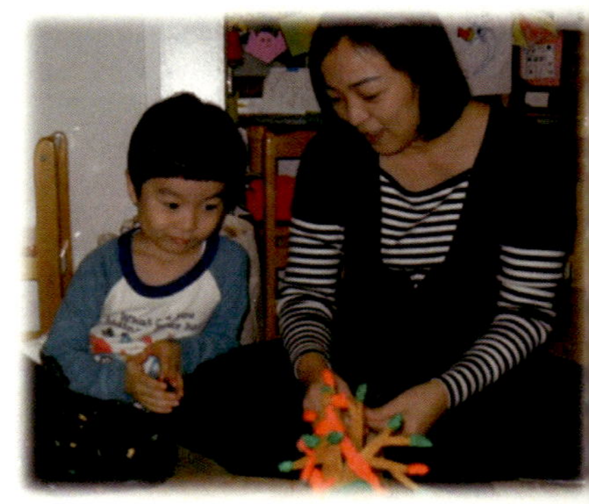

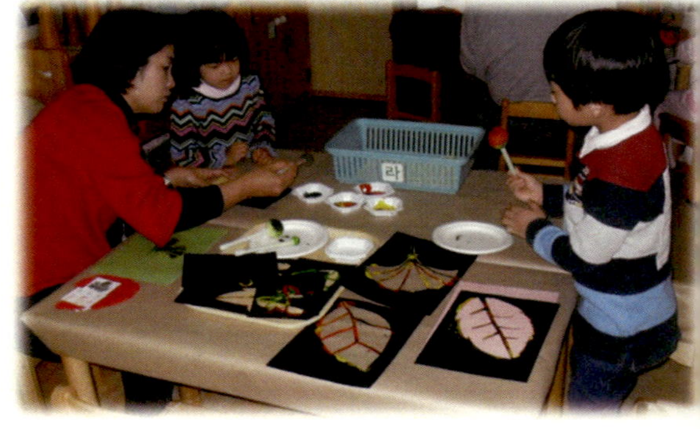

단풍잎, 은행잎 모양으로
판 공판화 틀에 학부모와
아이들이 가을색을 입혀서
가을 나뭇잎을 완성한다.

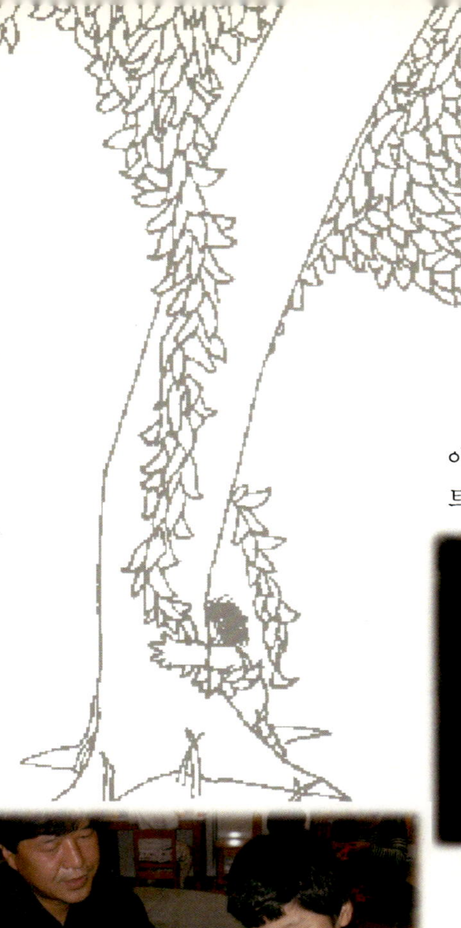

아낌없이 주는 나무OHP동화를 부모님과 라이트테이블에 비춰서 읽어본다.

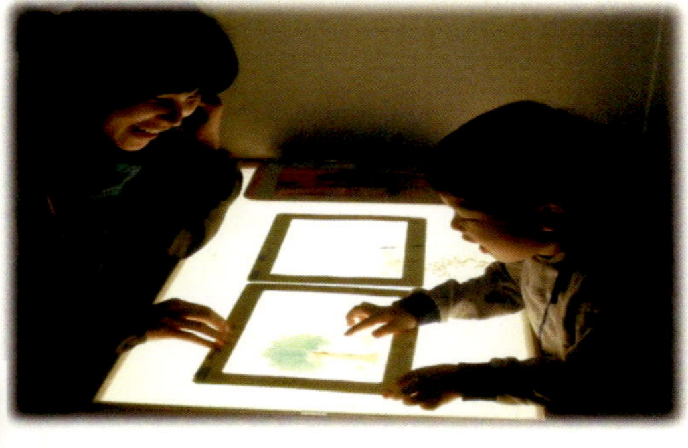

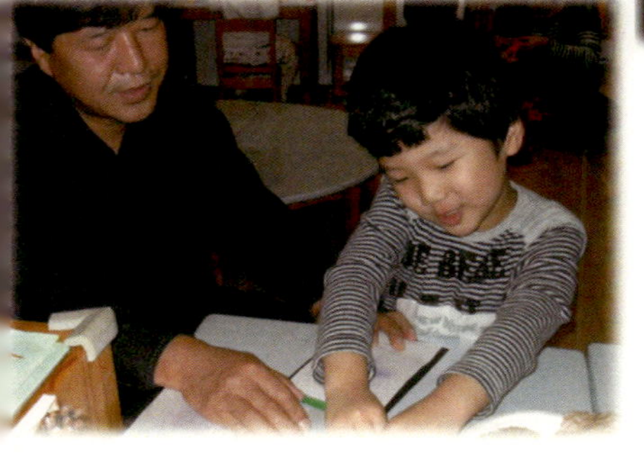

말린 낙엽의 잎맥을 그려보고 먹물을 이용하여 탁본으로 떠본다.

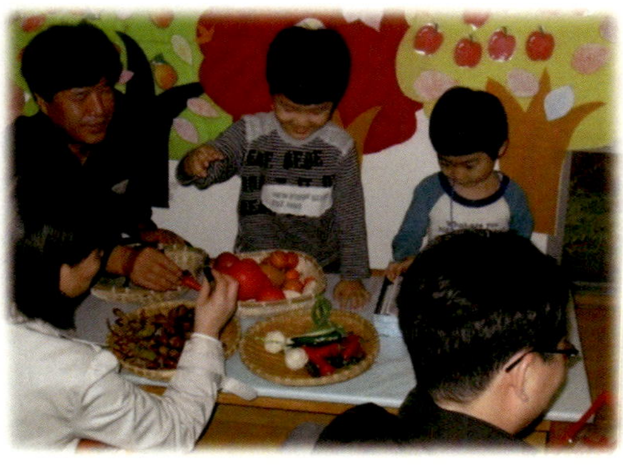

사과, 대추, 밤, 배, 고추 등의 가을열매를 사고파는 가을장터놀이를 역할영역에서 부모님과 함께 한다.

지구반이 만든
반짝반짝 겨울나라

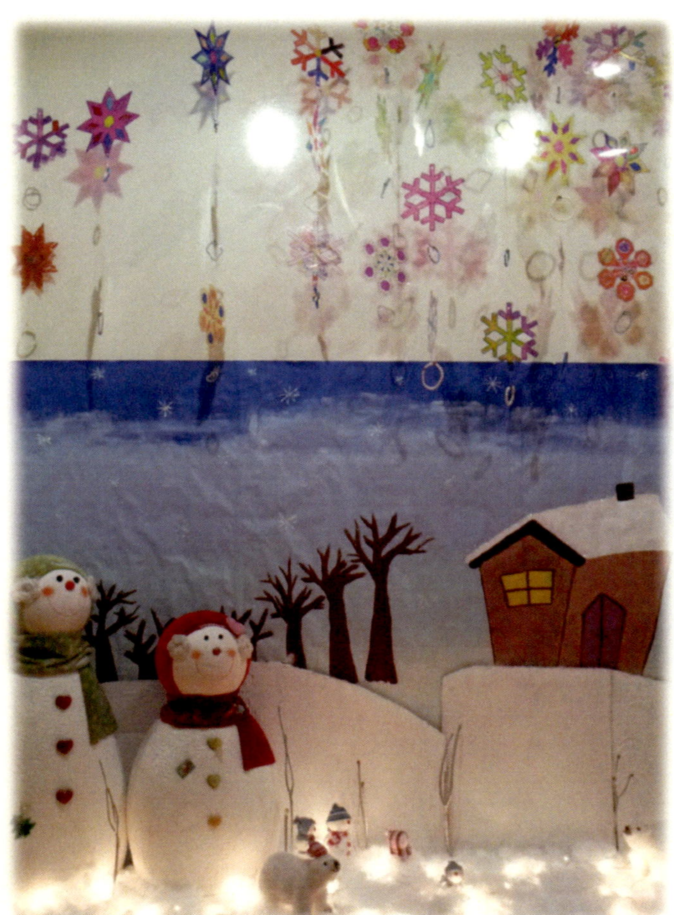

모빌 재료
OHP, 매직, 비즈, 낚시줄, 눈결정체 도안, 와이어

겨울 배경그림 재료
켄트지, 아크릴물감, 붓, 모델링페이스트, 반짝이풀, 솜, 겨울소품, 반짝이전구, 스티로폼

눈송이 모빌

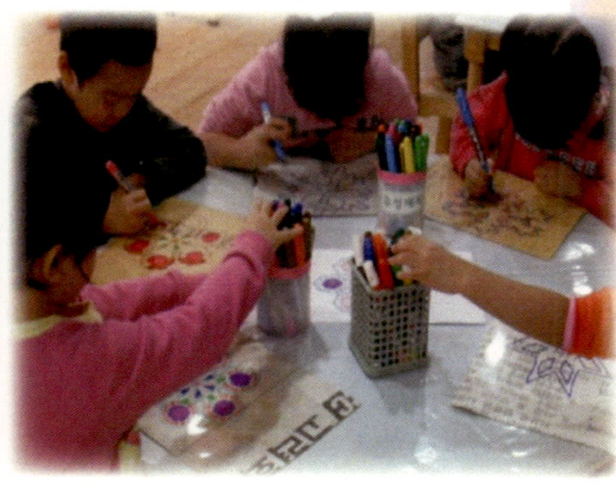

눈송이 도안을 대고 교사가 그린 밑그림을 매직으로 따라 그린다.
그리고 그 공간을 유아들이 매직으로 다양한 무늬를 꾸민다.

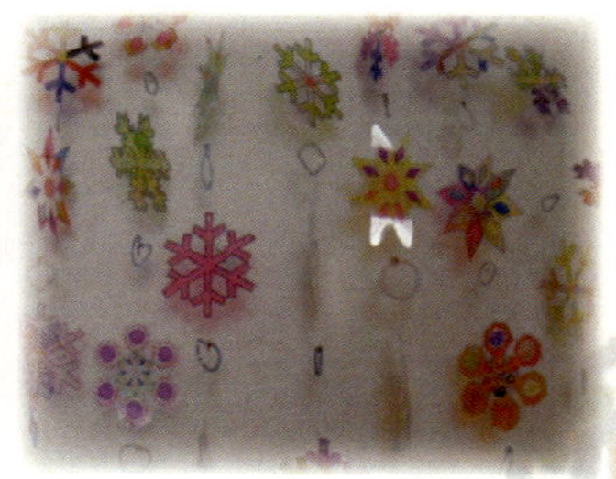

가는 와이어에 비즈를 꿰어서 모양을
만들고 완성된 2~3개의 OHP 눈송이
사이사이를 낚시줄로 엮는다.

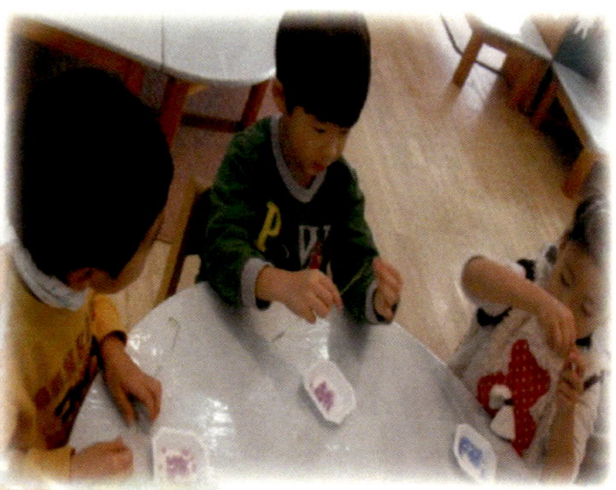

겨울풍경

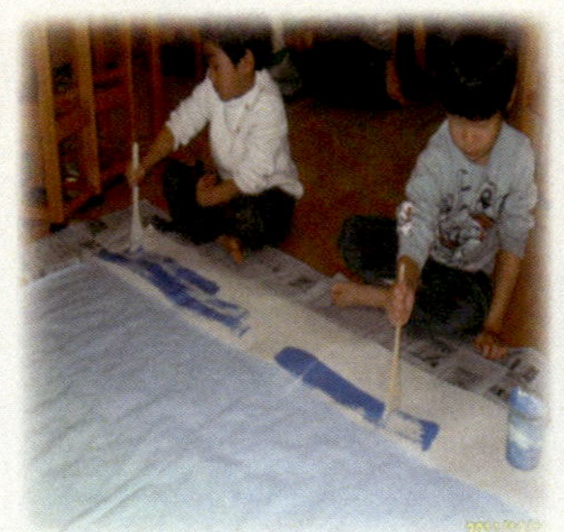

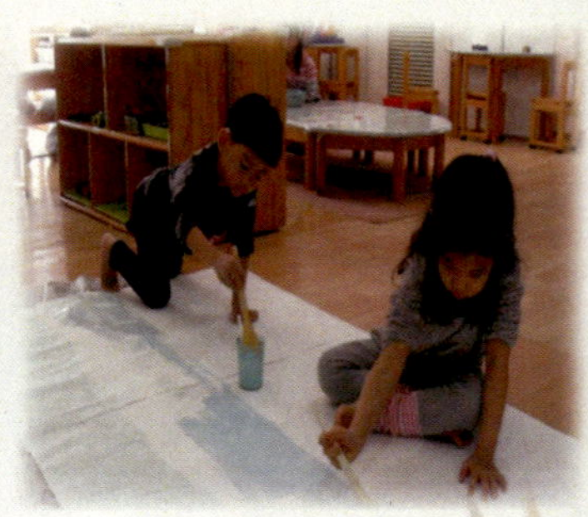

켄트지에 아크릴물감으로 눈이 오는 배경의 바탕색을 칠한다. 푸른색의 밝기를 조절하여 완성한다. 그리고 배경이 되는 집과 나무, 반짝이 풀로 눈을 표현한다.

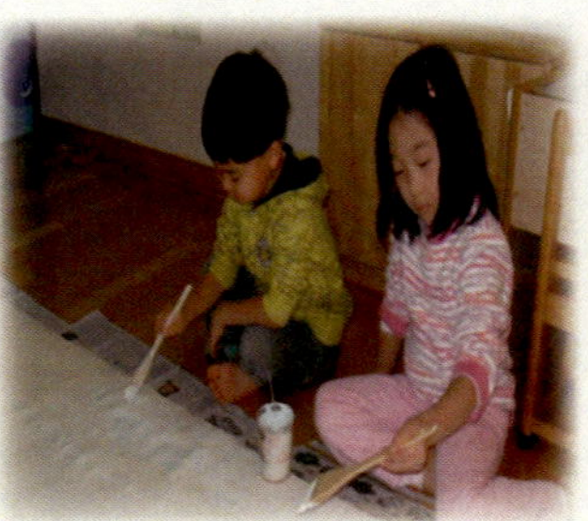

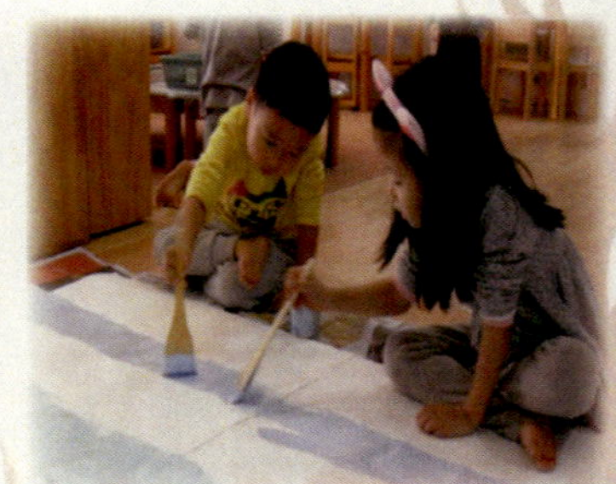

지구반에서 어린이집 2층에 아름다운 겨울나라를 꾸미기 위해 어떻게 하면 좋을까 이야기를 나눈 후 아름다운 눈송이와 눈 오는 풍경을 다 함께 만들기로 했습니다.

눈송이 도안에 아름다운 패턴을 꾸며 넣고 반짝거리는 비즈를 꿰어 2층에 마치 눈이 내리는 것처럼 만들었습니다. 그리고 흰 눈이 내리는 겨울을 상상하며 물감과 여러 재료를 이용해 다함께 겨울나라를 만들어보았습니다.

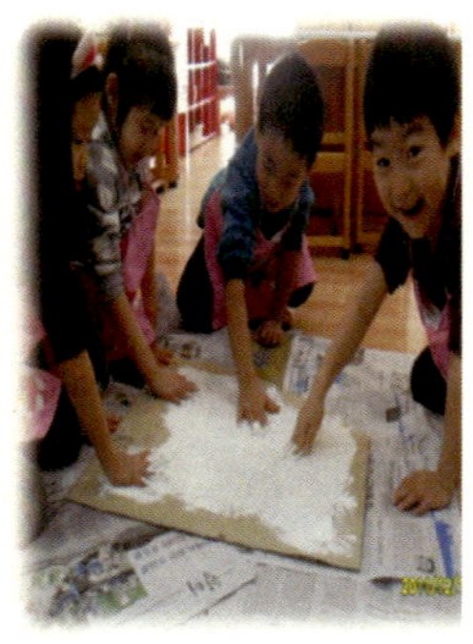

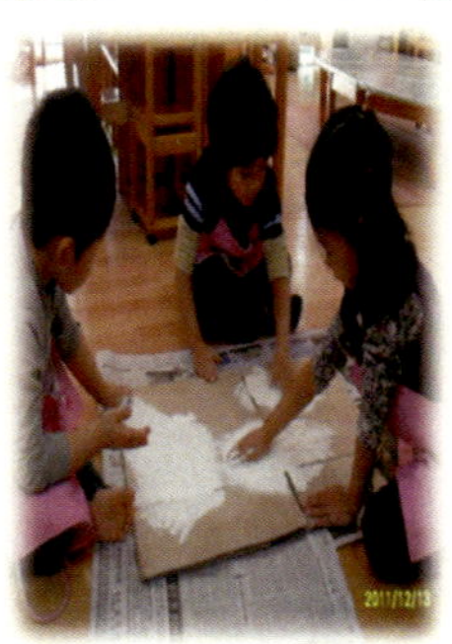

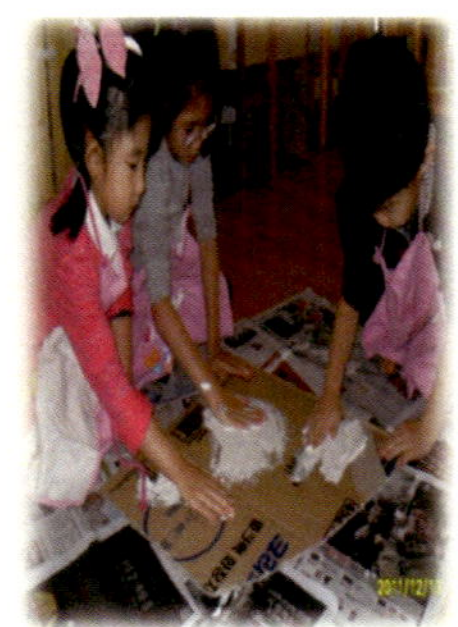

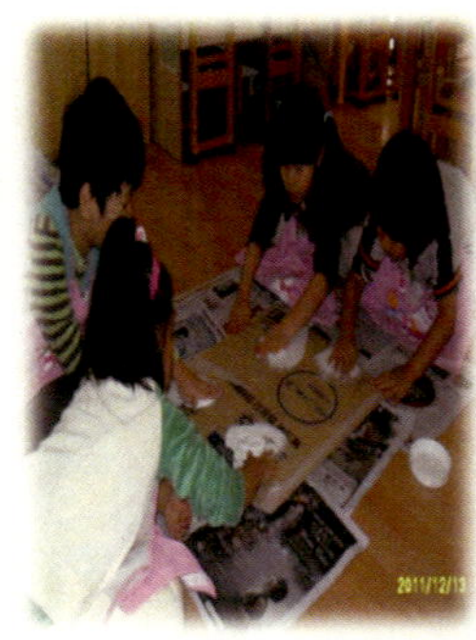

모델링 페이스트를 이용해 눈의 질감을 살려 표현한다.

겨울풍경 속 즐거운 겨울 놀이

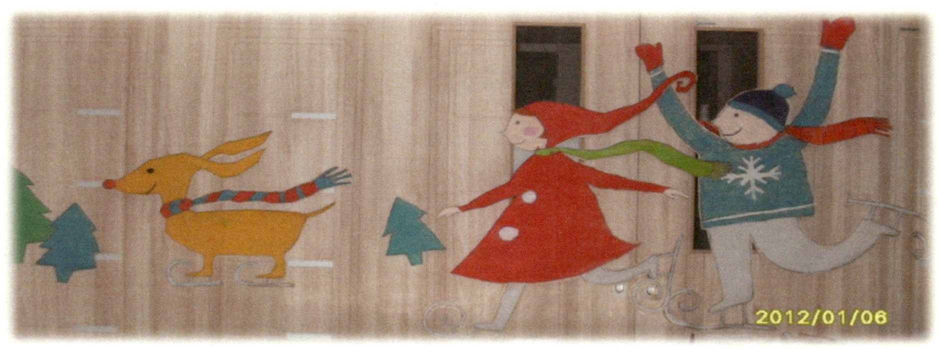

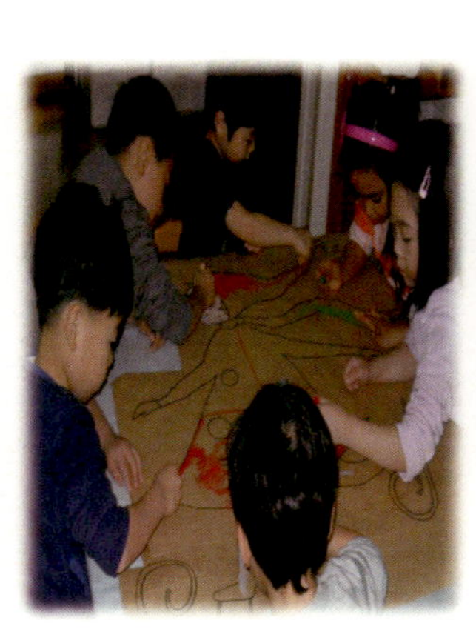

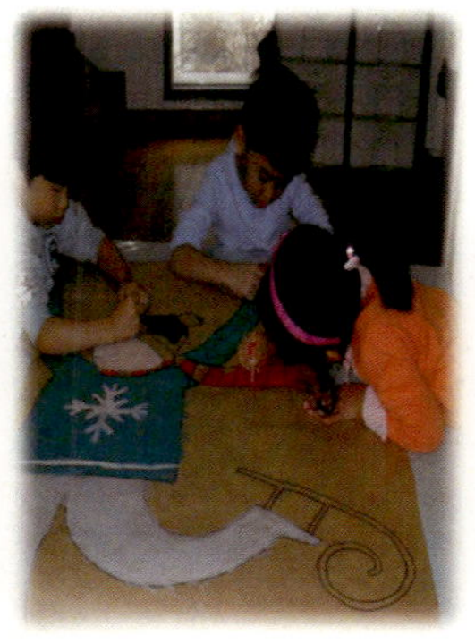

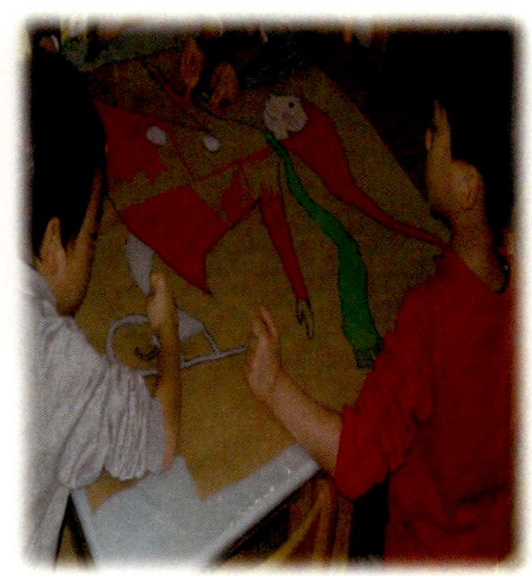

주변에서 흔히 볼 수 있는 겨울그림의 도안을 사용하여 교실의 겨울환경 구성을 한다. 교사가 제시한 도안에 유아들은 크레파스로 색을 칠하고 즐거운 겨울 놀이를 상상할 수 있다.

Merry Christmas

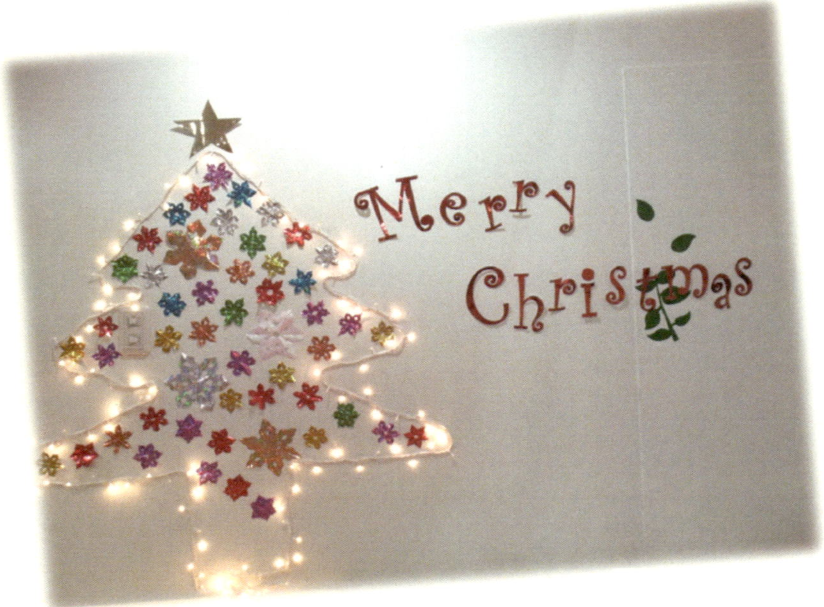

홀로그램 색종이를 접어 눈송이를 오리고 트리의 모습으로 붙인다. 2층 창도 나뭇가지에 내리는 눈 송이를 표현하여 크리스마스 분위기를 살린다.

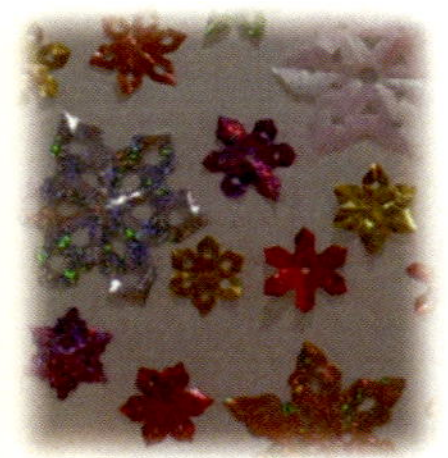

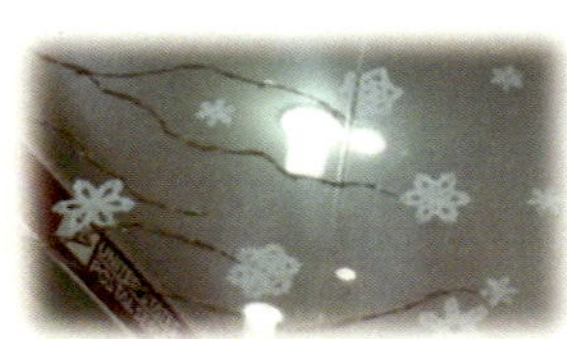

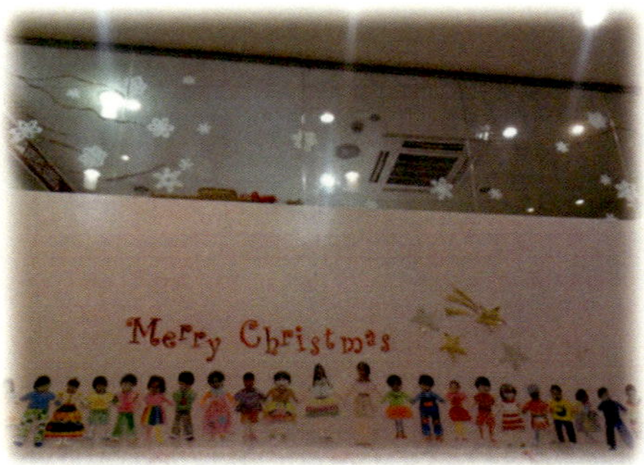

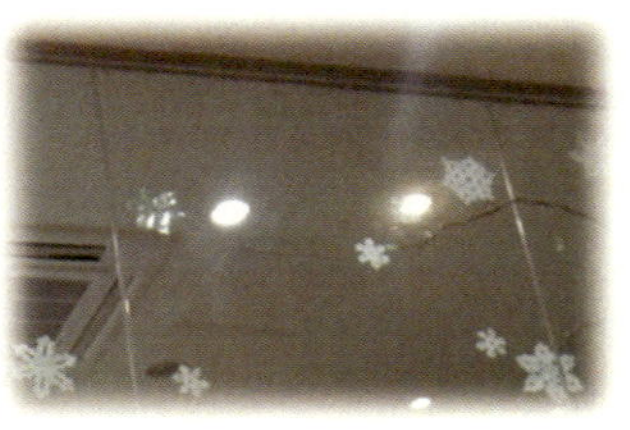

자 연

비오는 풍경 모자이크

또독또독 빗방울

푸르름이 가득한 바다

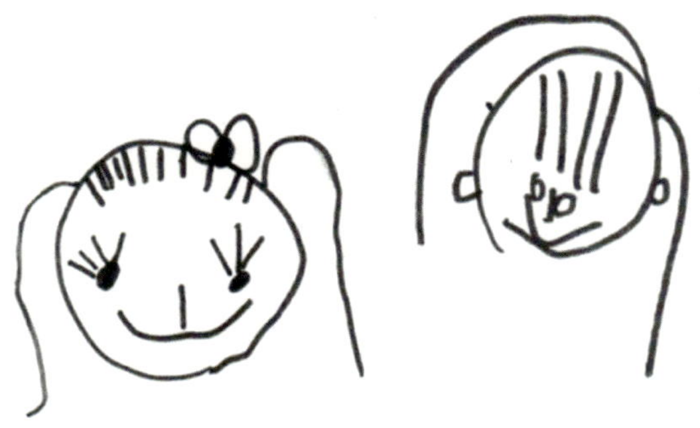

비 오는 풍경 모자이크

오유정 교사 : 요즘 장마철이라 비가 많이 오네요. 오후 시간에 비 오는 풍경 그림 하나 그려볼까요?

이민경 교사 : 제가 밑그림을 그릴게요. 그리고 진짜 비 오는 것처럼 그림에 스프레이로 효과도 주도록 해요.

오유정 교사 : 그러면 커다랗게 그린 뒤에 조각을 나눠서 아이들이 다 함께 참여하도록 해봐요!

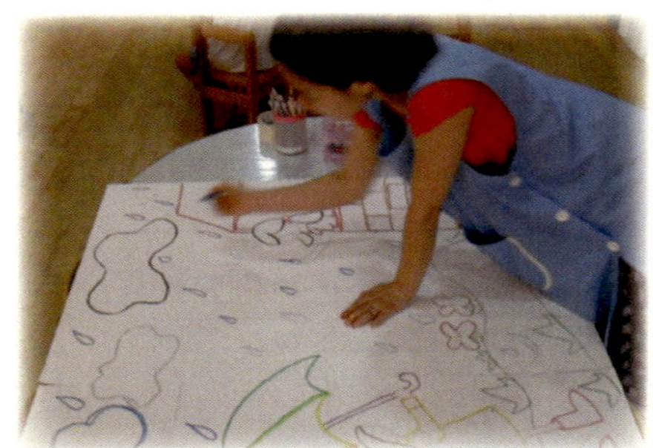

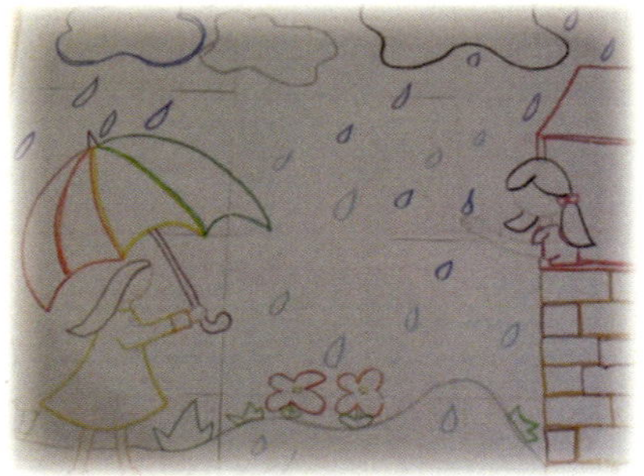

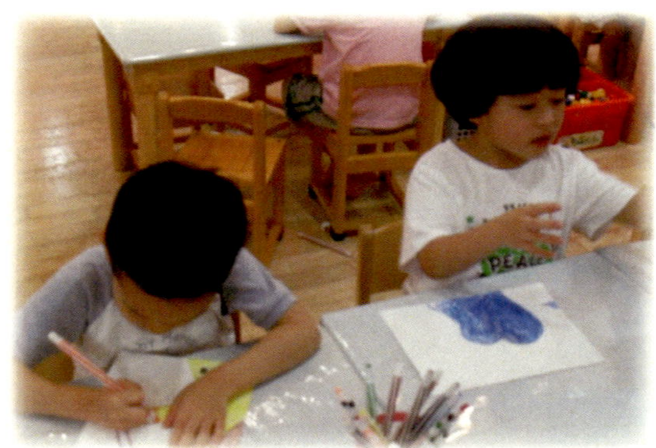

커다란 종이에 비 오는 풍경 밑그림을 그리고 아이들 수대로 조각을 나눈다.
아이들이 각자 원하는 부분을 크레파스, 색연필로 색칠한다.

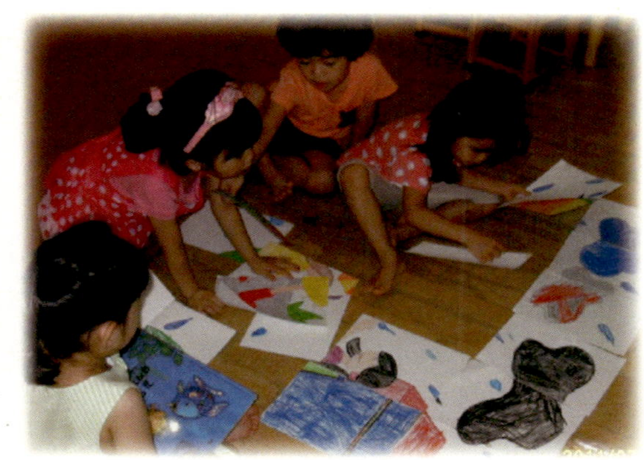

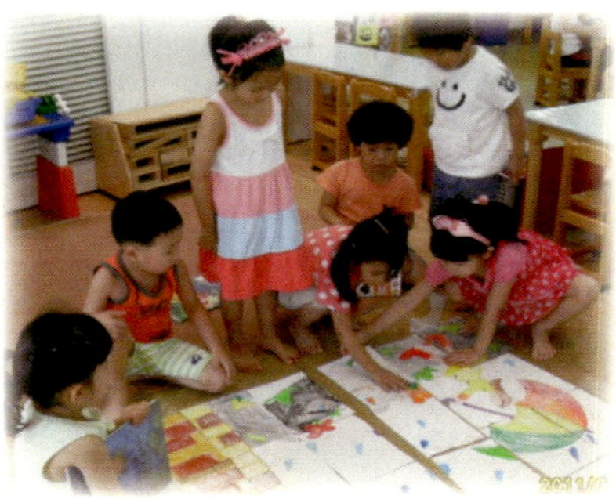

아이들이 자신의 그림을 완성한 후 모여서 퍼즐처럼 큰 그림을 하나로 맞춰본다. 뒷면을 테이프로 고정시킨다.

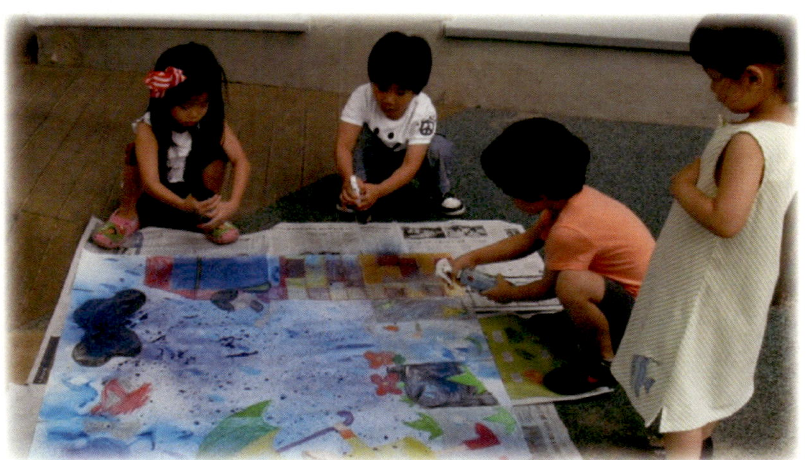

놀이터로 나가서 스프레이에 하늘색, 푸른색 물감을 담아서 비가 오듯이 그림 위에 뿌려준다.

또독 또독 빗방울

오유정 교사 : 곧 우리 전시회가 있는데 전시회에 대해 이야기해봐요.

이민경 교사 : 1학기를 마무리할 수 있도록 그 동안 아이들과 했던 전시물들을 기본적으로 해요.

오유정 교사 : 6월까지의 활동 주제로 했던 작품들과 책이 있어요. 그리고 이런 과정을 설명할 수 있는 패널작업을 함께 했으면 해요. 전시물을 보면서 우리의 교육관과 더불어 진행된 작업들의 설명을 보면 이해하는데 도움이 될 거에요.

이민경 교사 : 좋은 생각이에요. 우리반의 전시회에 하나의 제목을 붙여 통일성을 주는 것도 좋겠어요. 컨셉을 정하는 거죠.

오유정 교사 : 기존에 완성했던 작품과 준비기간에 진행되는 '여름'주제의 활동도 같이 드러나면 좋겠어요. 이 전시의 목적 속에는 아이들이 어떻게 보고 듣고 느낀 것을 구성해나가는 가를 보여주는 거잖아요.

이민경 교사 : 그럼 우리의 월간, 주간의 계획이 연계성이 있고 단계적으로 이뤄진 것이니까 순차적으로 배열하면서 그 중간마다 패널을 설치하면 어때요? 그리고 우리 반의 전시 공간이 넓어 중앙의 공간이 비어있는데 이번 주 '빗방울'에 대한 활동으로 그 분위기를 조성할 수 있겠어요.

오유정 교사 : '빗방울'에 대한 활동을 시작하는 단계니 아이들이 비를 떠올릴 때 가장 먼저 말하는 것이 빗방울, 빗방울소리, 우산 등이었어요. 이를 나타낼 수 있도록 이야기를 나눠봐야겠어요.

이민경 교사 : 네, 아이들과 이야기를 나눈 후 스토리를 갖도록 하며 더 좋겠어요.

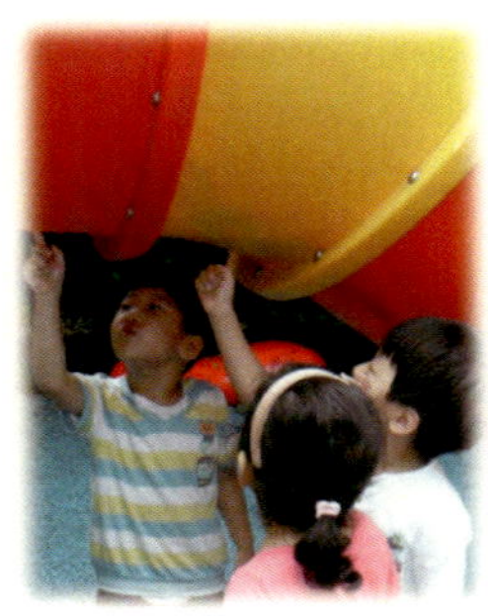

비가 내린 날,
빗방울이 맺혀있는 모습을 발견하며 아이들은 즐거워합니다. '비' 에 대한 호기심을 가져봅니다.

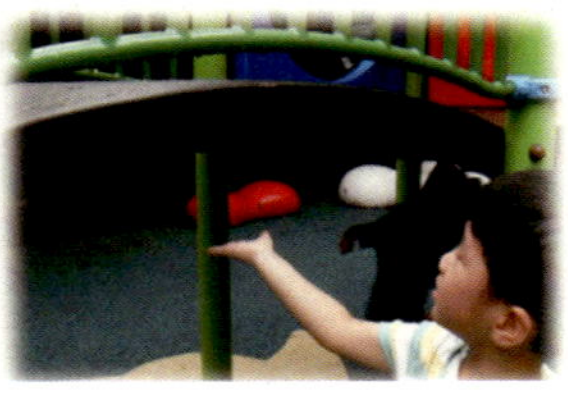

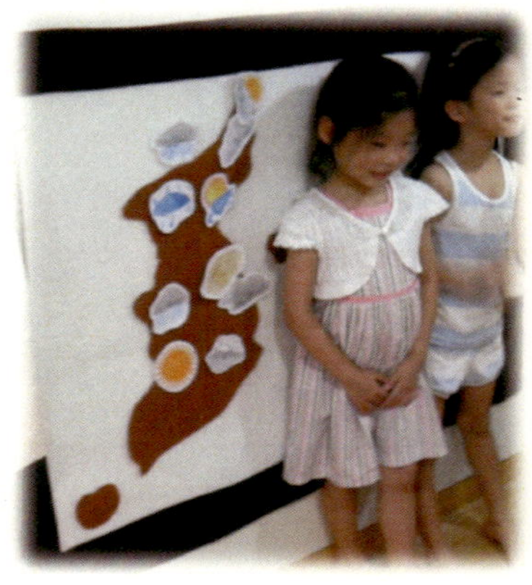

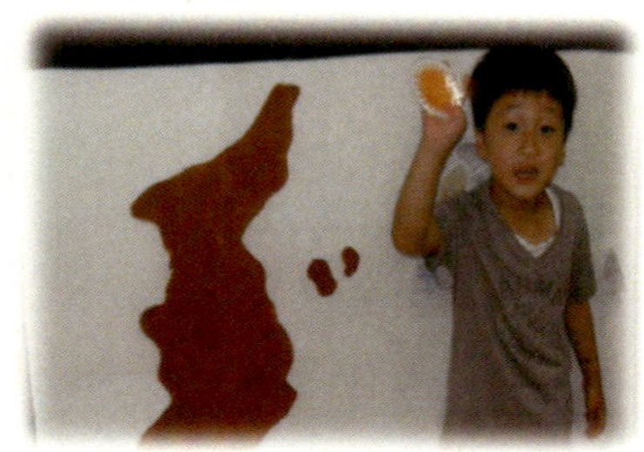

날씨에 대한 관심을 가지고 기상캐스터가 되어 날씨를 알려주는 놀이를 합니다. 다양한 날씨에 관심을 가져보고 적절한 표현도 키워봅니다.

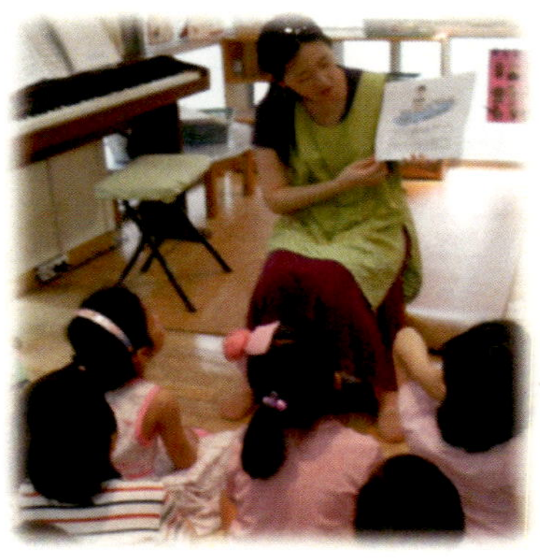

'빗방울의 여행' 이란 동화를 보며 빗방울이 이동하게 되는 경로와 물의 상태변화를 동화를 통해 알아봅니다. 상태가 변하면서 빗방울의 모양은 어떻게 될까 상상해보기도 합니다.

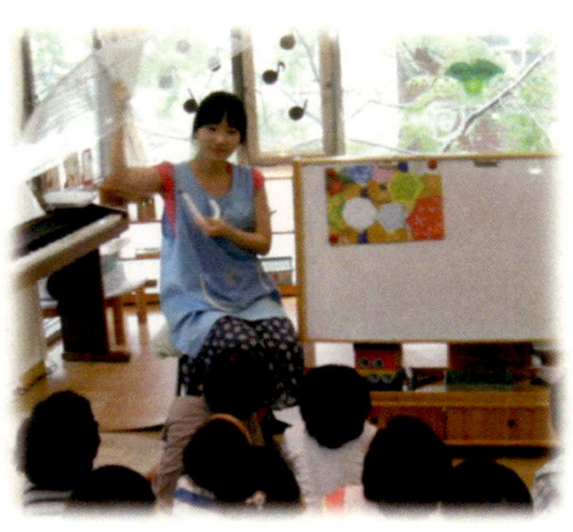

동시 '우산' 의 삽화를 보며 음악동화인 '노란우산' 의 음악을 함께 들어봅니다. 음악소리를 통해 빗방울 소리와 리듬을 느끼고 삽화 속 우산을 보며 아름다운 디자인에 대해서도 생각해봅니다. 그리고 우산을 쓰고 가는 나의 모습과 기분도 상상할 수 있어요.

"비 오는 날 예쁜 우산을 쓰고 걸어가면 기분이 좋아요."
"내 우산에는 내가 좋아하는 그림도 있어."
"빗방울이 우산 위에 톡톡 떨어지지?"
"어~ 어떨 때는 더 크게 떨어질 때도 있어"
"맞아. 나도 그랬어. 그리고 발로 차면서 가기도 해."

- 이야기를 나누는 중 -

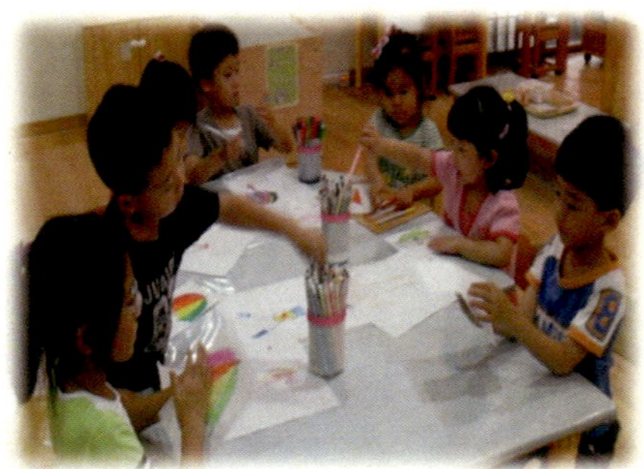

아름다운 우산을 생각하며 원하는 디자인을 직접 그려 넣어봅니다.

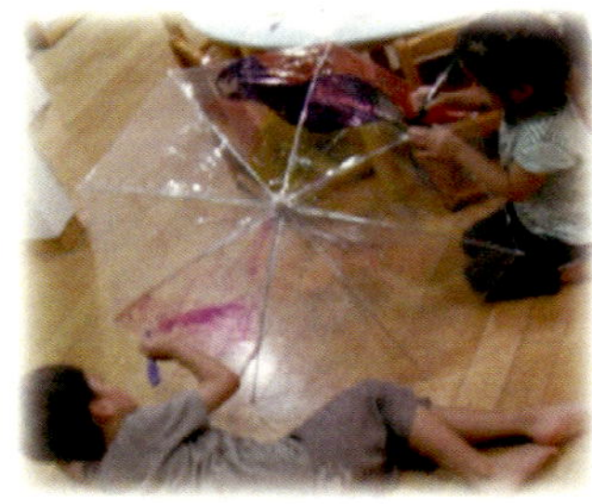

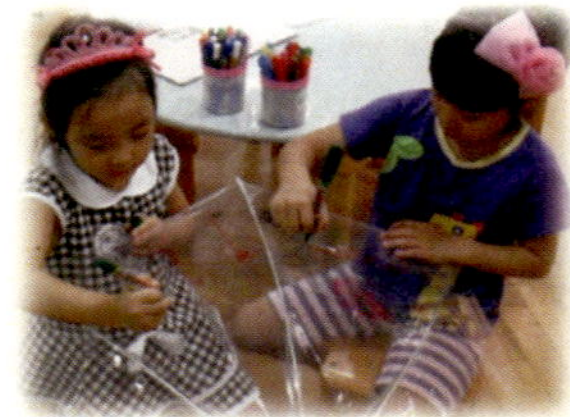

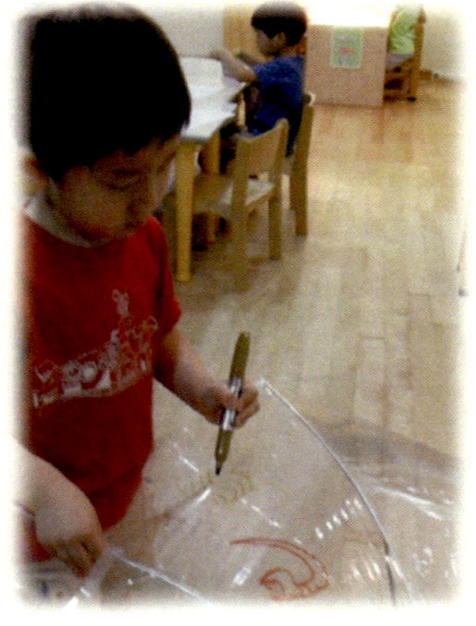

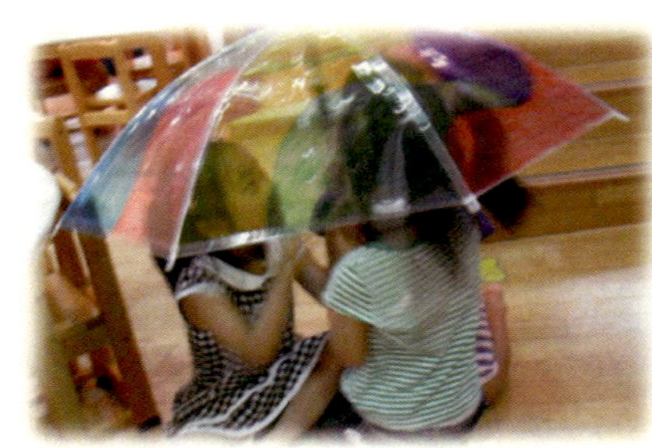

실제 비닐우산을 이용해 유아들은 매직으로 원하는 디자인을 우산에 그려 넣어봅니다.

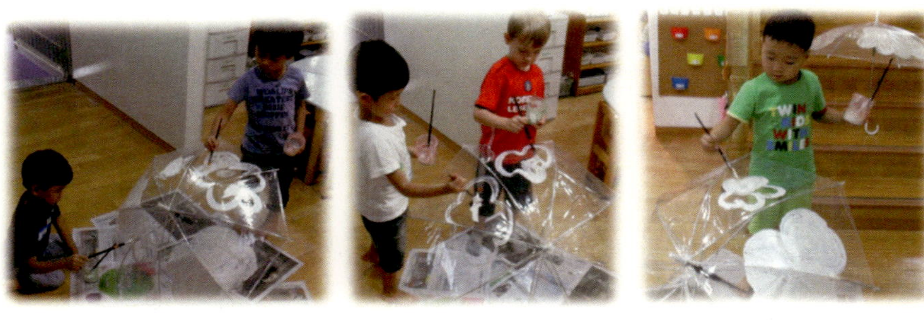

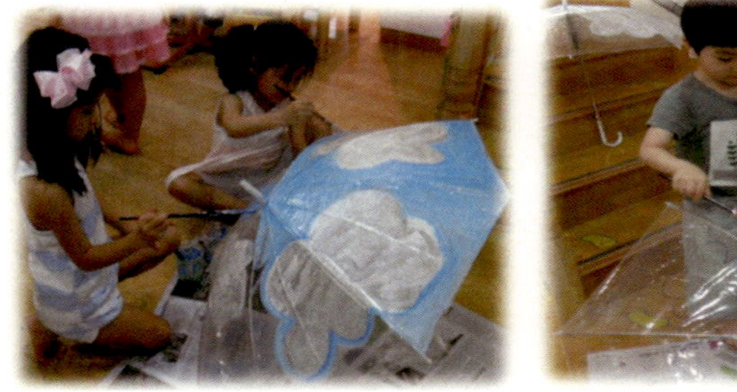

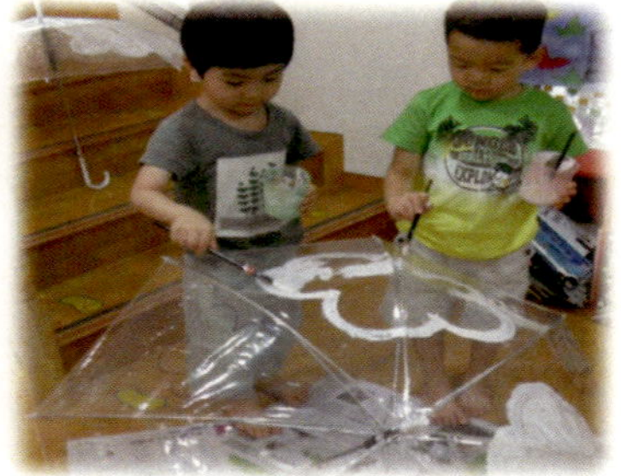

아크릴 물감으로 우산을 꾸며봅니다. 밑그림을 그린 후 색을 칠하며 우산을 불투명하게 꾸며봅니다.

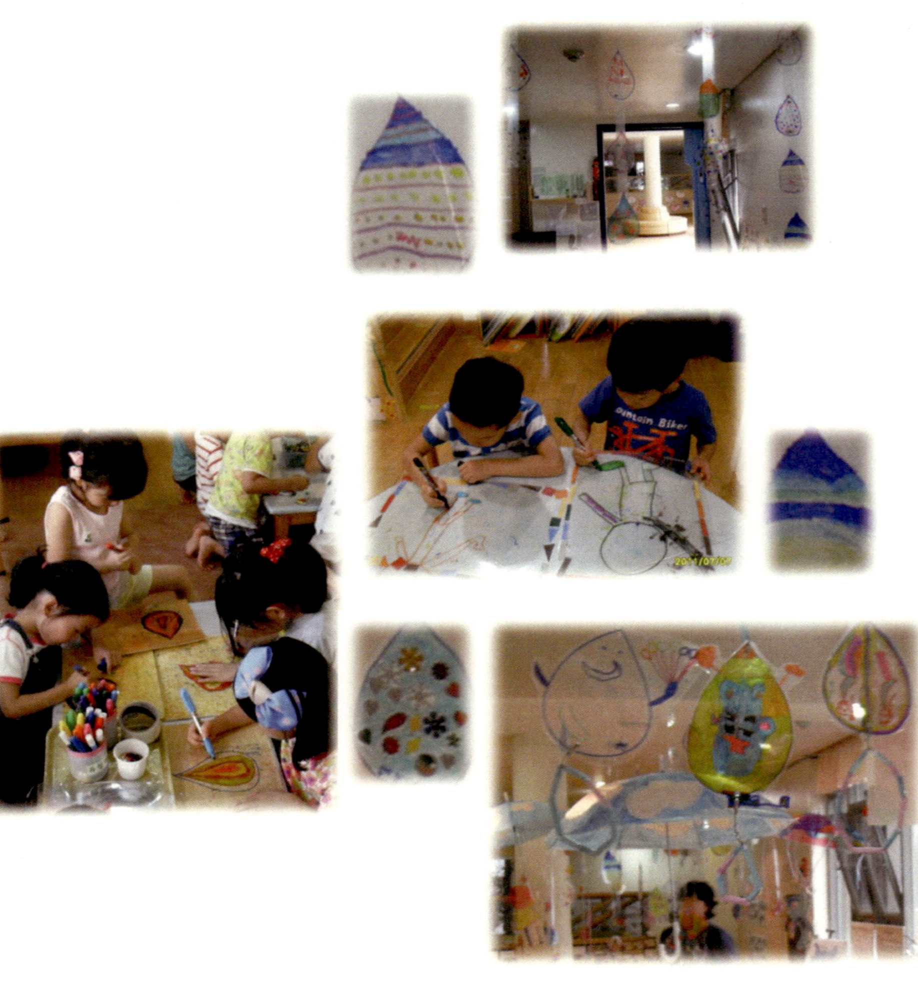

OHP에 매직을 이용해 빗방울을 꾸며봅니다. 아이들은 다양하게 꾸미고 교실 밖과 안의 천정에 비가 내리듯 모빌로 엮어 전시합니다.

푸르름이 가득한 바다

오유정 교사 : 오늘 조개를 가득 담아온 친구가 있어요. 바닷가에 놀러 갔다 왔나 봐요.

이민경 교사 : 어머! 새하얀 조개네요. 아이들이 좋아하겠어요. 여름에 대한 주제 와도 잘 맞는 재료가 될 것 같아요.

오유정 교사 : 예전에 조개를 이용한 장식품 만들기 활동을 한적이 있는데 계절감도 있고요.

이민경 교사 : 네. 조개를 이용한 활동과 바다를 다양한 방법으로 나타내면서 자연스럽게 다음 주제인 교통으로 진행될 수 있을 것 같아요.

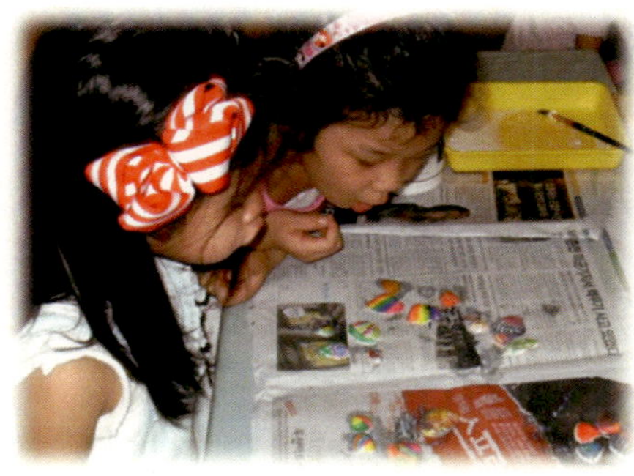

바다에서 나는 자원인 소금, 조개를 이용해 활동합니다. 소금은 바다를 연상하는 색으로 물들여봅니다. 그리고 흰 조개는 알록달록 색을 입혀봅니다.

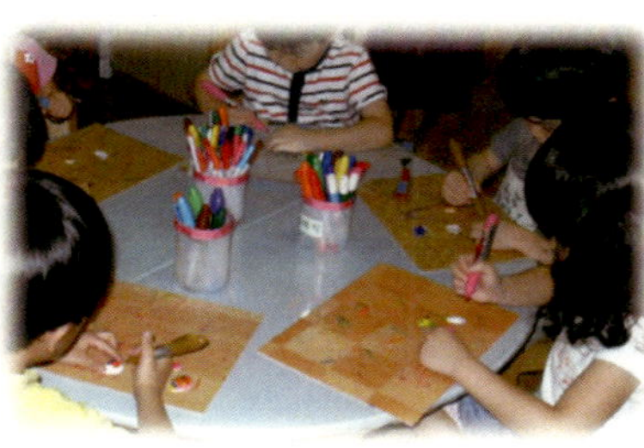

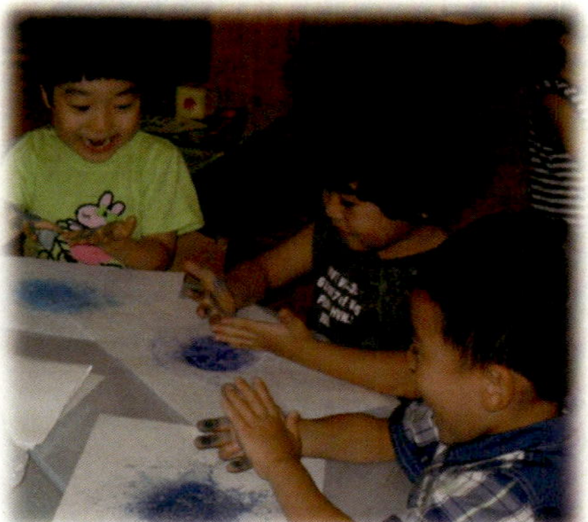

바다 색을 만들자

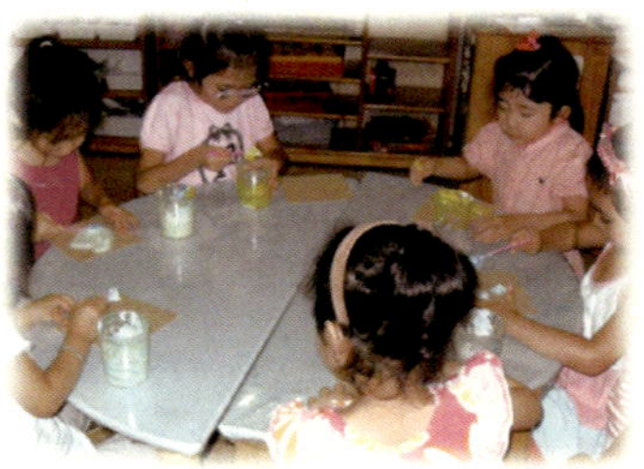

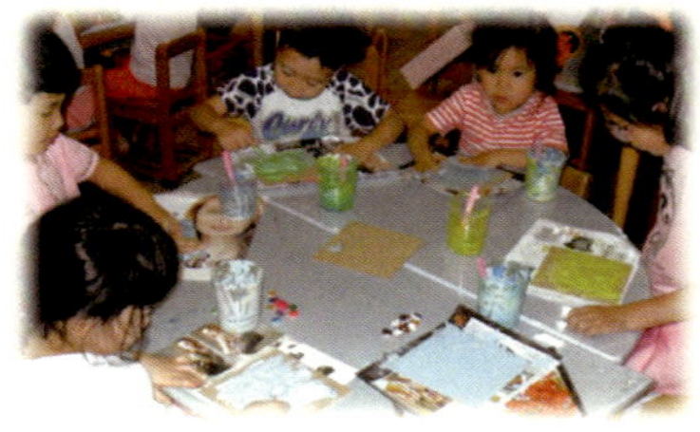

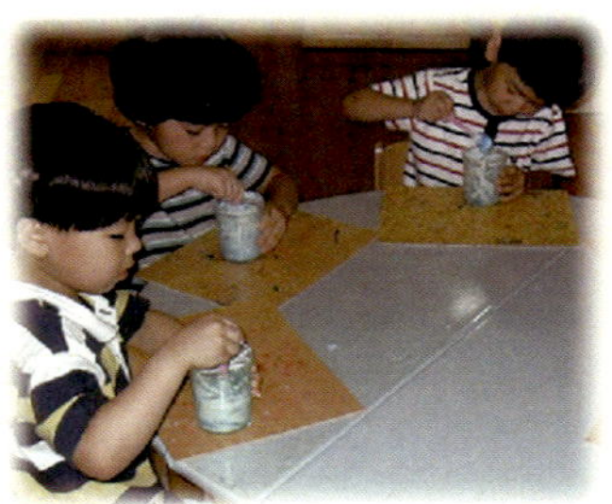

핸디코트에 물감을 섞어 바다의 색을 만들어봅니다.
진한 파란색, 연한 하늘색, 초록색 등 바다색을 생각하며
물감의 양을 조절하여 바다색을 만들어봅니다.
그리고 정사각형의 합판 위에 펴 발라 마르기 전에 우리가 색칠한 조개들을 고정시켜봅니다.

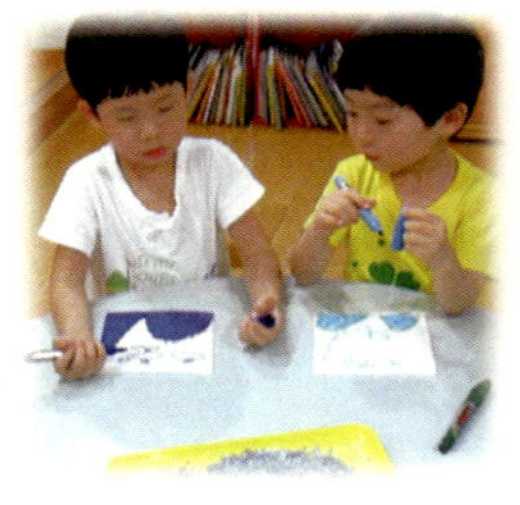

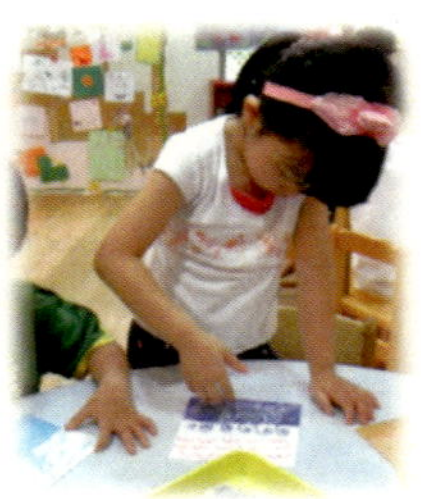

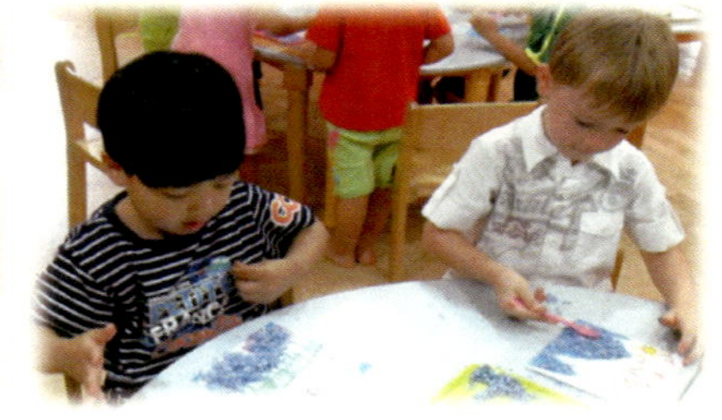

"바닷물은 반짝이기도 하지? 그래서 예쁘지?"
반짝이는 바닷물을 기억하는 유아들, 미리 만들었던 색 소금을 이용해 바다를 그린 후 뿌려서 표현합니다,

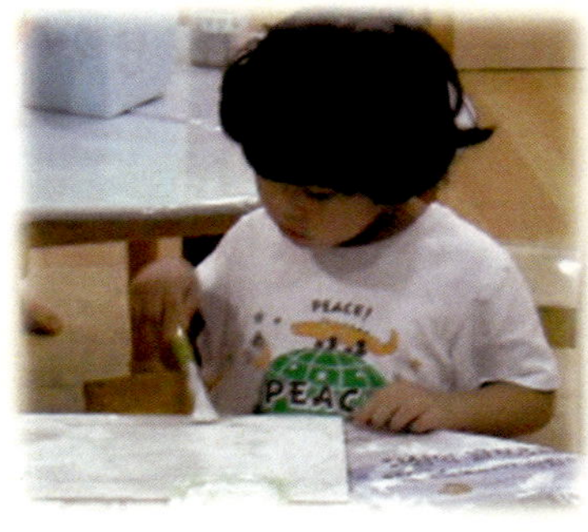

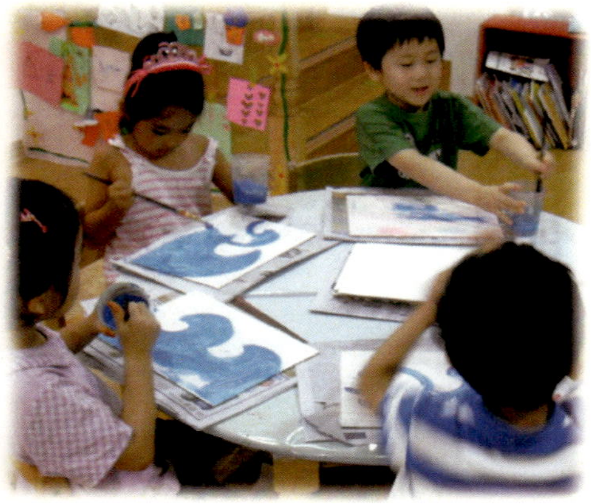

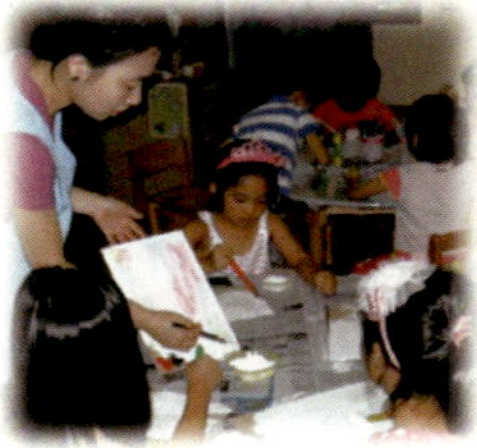

유아들과 먼저 합판을 배열한 후 밑그림을 그린다. 합판뒤에 번호를 적어 순서를 기억하도록 한 후 밑그림을 그렸던 합판 위에 아크릴물감으로 칠한다.

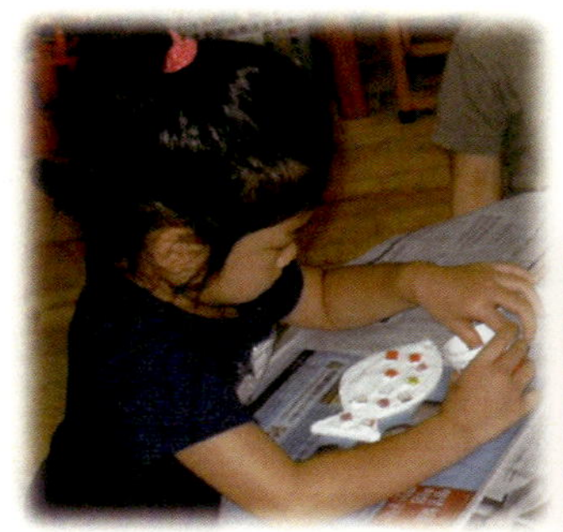

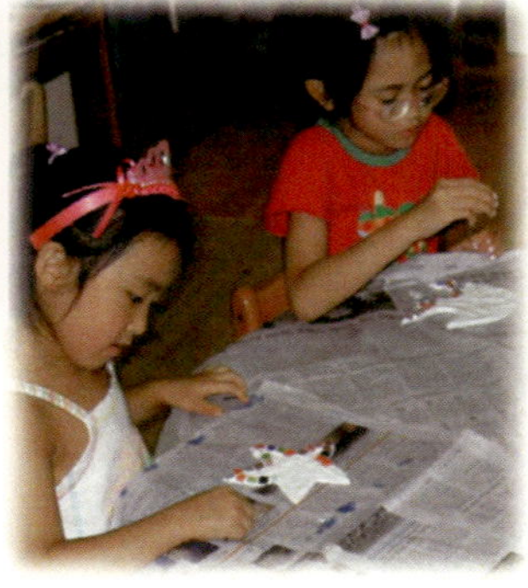

바다 속 생물은 반짝이는 타일을 이용하여 만들어봅니다. 먼저 무엇을 만들지 정한 후 색 타일을 차례대로 배열해봅니다.

출렁출렁 파도 치는 바다, 그리고 그 속엔 무엇이 있을까?

살아있는 바다 속 이야기

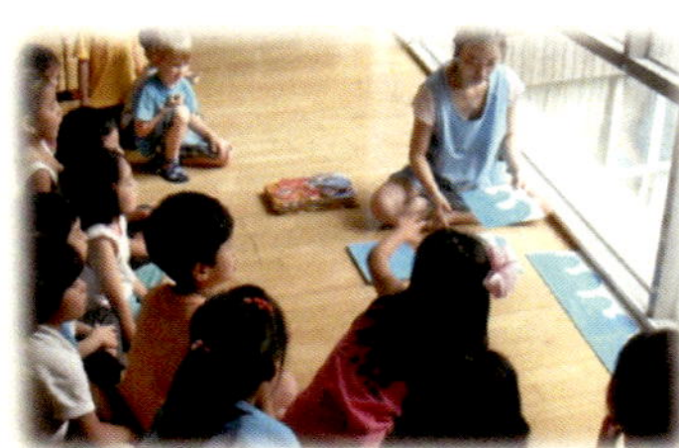
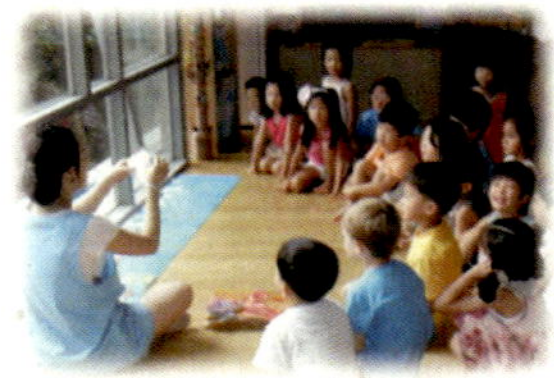
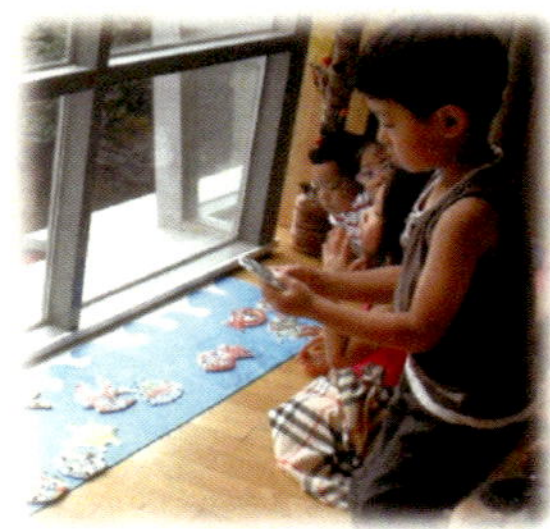
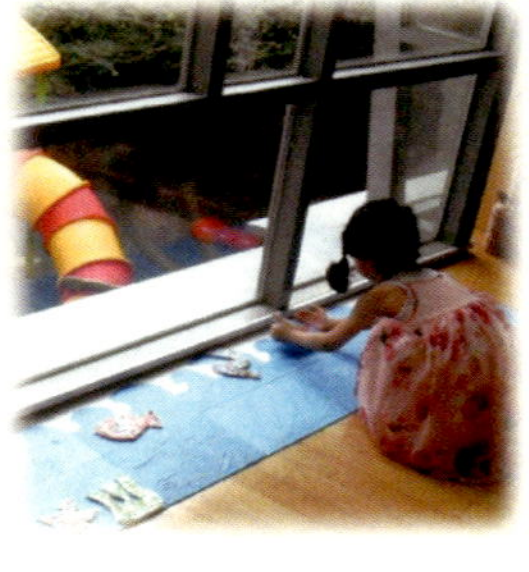

우리가 함께 물감으로 칠한 바다의 조각들을 맞춘 후 바닷 속 생물을 소개합니다. 배, 해초, 물고기, 잠수함, 거북이 등을 소개한 후 바다 위에 배치하며 감상해봅니다.

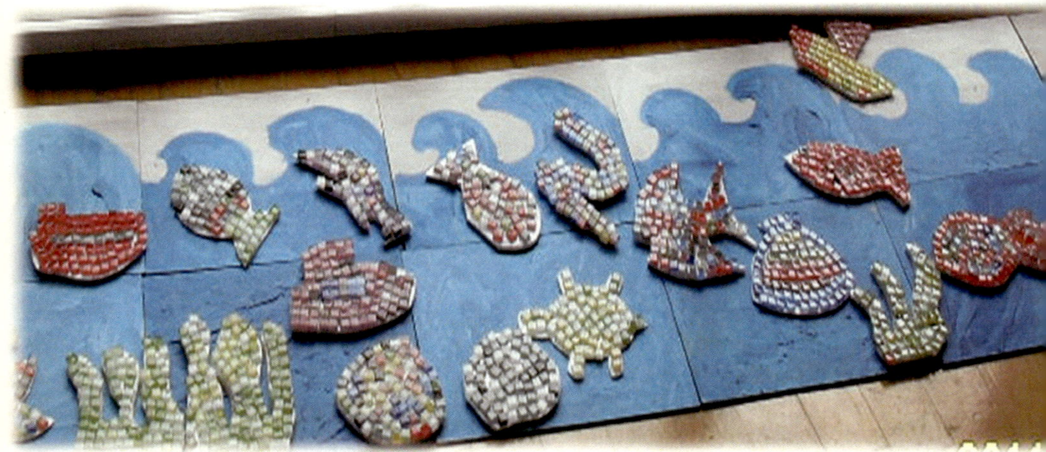

생활 속의 도구

기차는 길어

세밀화

목탄그림

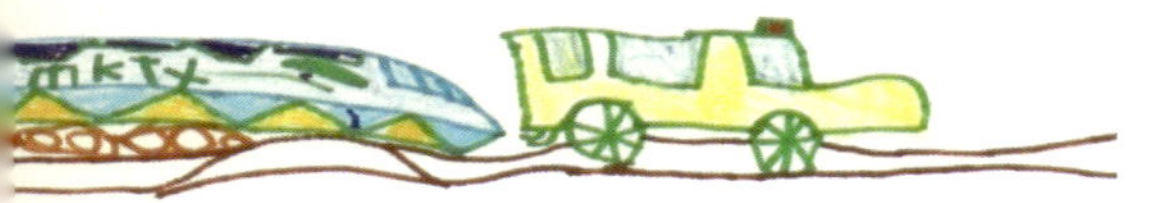

기차는 길어~

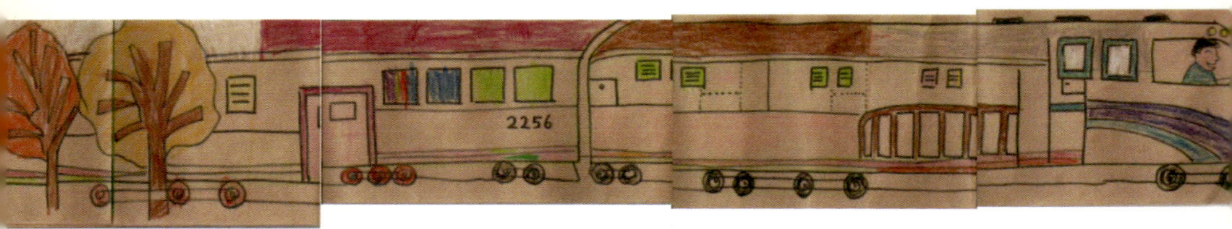

오유정 교사 : 이번 주제는 교통기관인데, 아이들이 평소에도 자동차, 지하철, 기차 등의 교통 기관을 참 좋아하지요?

이민경 교사 : 네. 그래서 공동작품으로 커다랗고 새로운 형식으로 공동작품을 만들어 볼까 해요.

오유정 교사 : 우선 기차는 아주 길게~ 길게~ 해보면 재미있을 것 같아요. 교실에 전시할 때도 교실 한 면을 가득 채우는 길이로요.

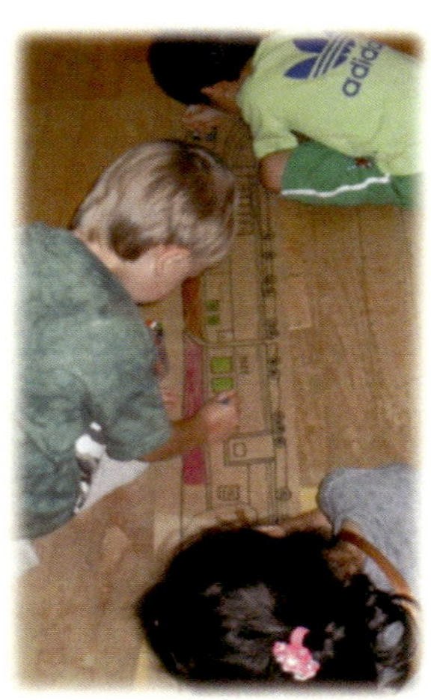

소포지를 잘라 길게 이어 붙인 뒤 기차 도안을 검정 펜으로 진하게 그린다. 아이들과 부분을 나누어서 기차와 기찻길 주변의 풍경을 색칠해준다. 다양한 색깔표현을 위해 크레욜라로 꼼꼼히 칠해준다.

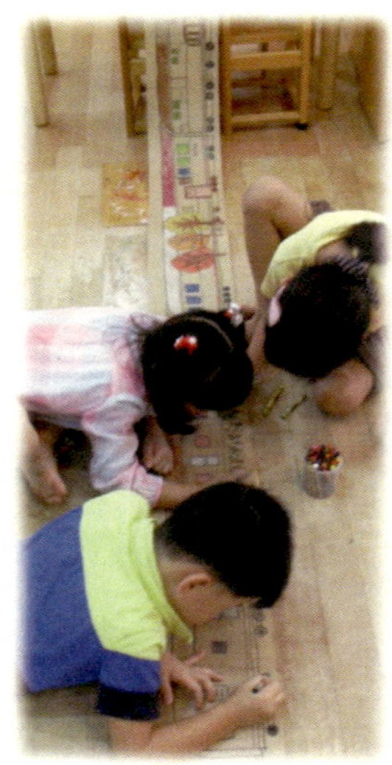

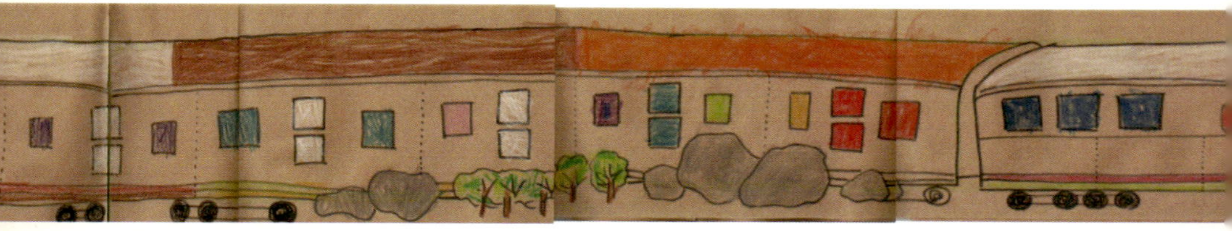

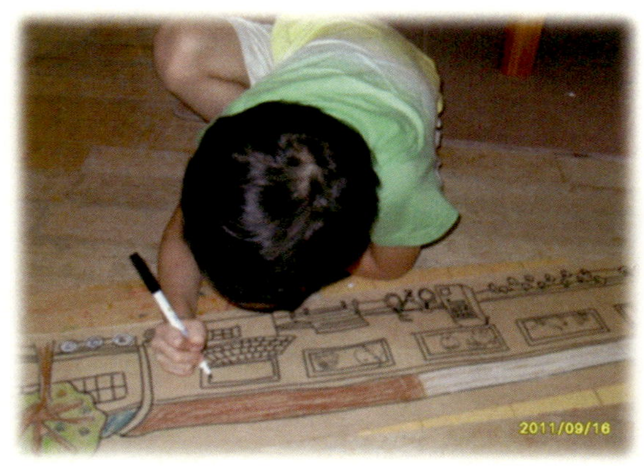

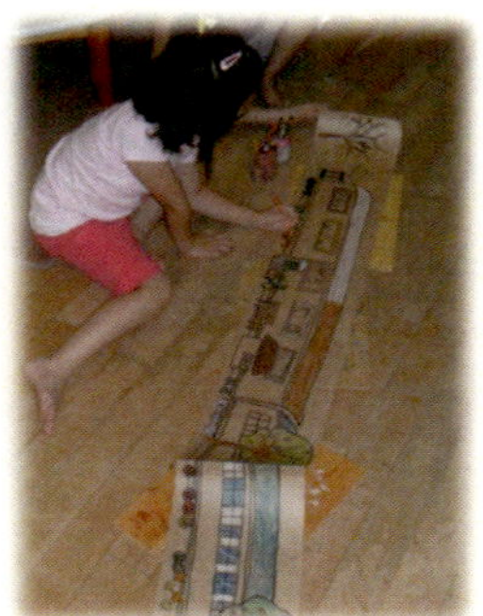

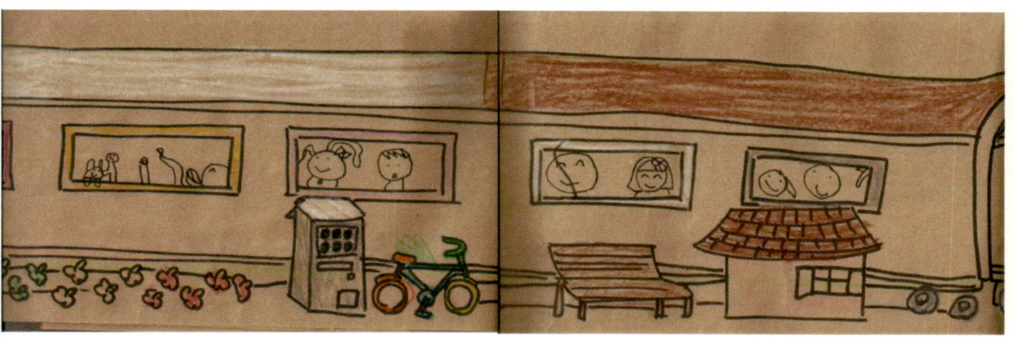

기차 주변이 벤치, 자판기, 자전거, 창문에서 보이는 승객이 더 있으면 좋겠다는 아이들의 의견을 반영하여 추가로 더 그려 넣는다.

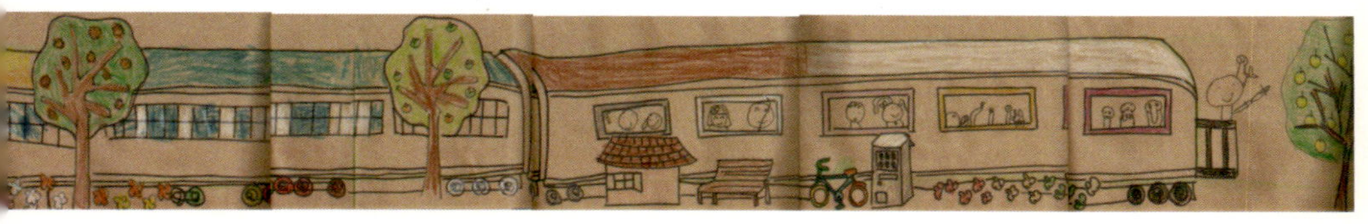

함께 그리는 자동차~

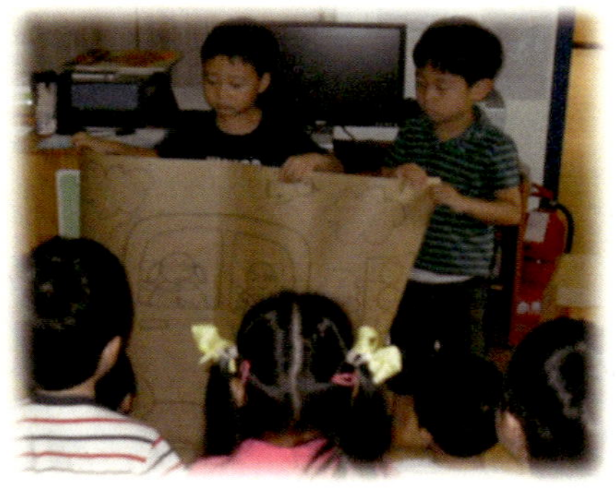

아이들을 두 팀으로 나눠서 한 팀은 기차를 크레욜라로 색칠하고 나머지 한 팀은 크레파스로 자동차 그림 모자이크를 그려보기로 한다.

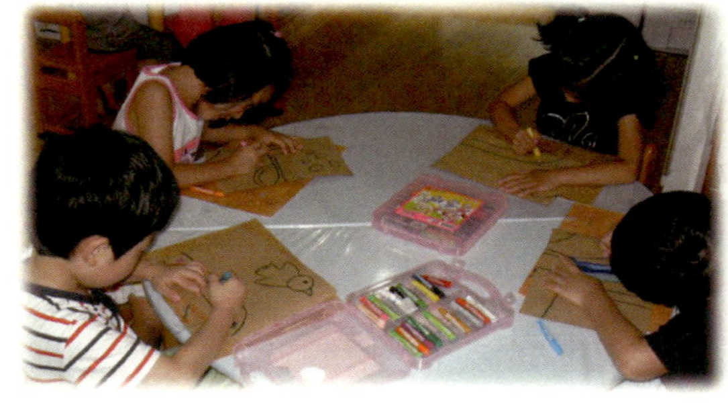

다 함께 모여서 전체 그림을 익히고 부분으로 나눠서 각자 맡은 부분을 정성껏 칠한다.

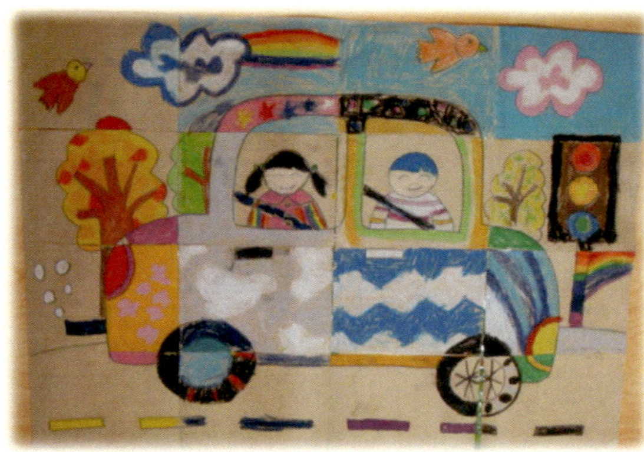

아이들의 조각그림을 모아서 순서대로 붙이고 교실벽에 전시한다.

반짝반짝 탈 것

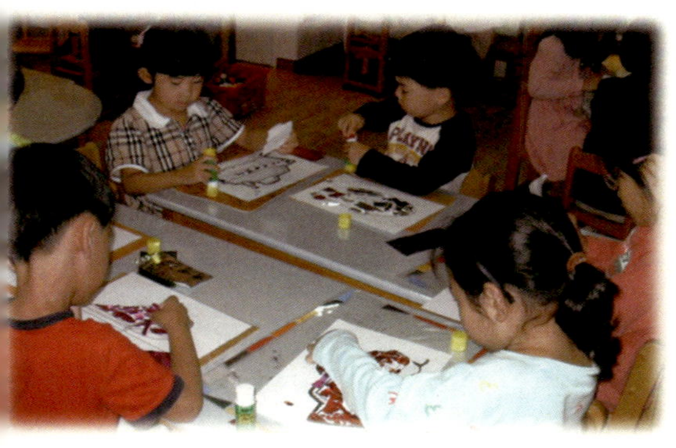

오유정 교사 : 오늘은 기차, 자동차, 배, 비행기 등의 교통수단을 모자이크로 표현해보자.

반짝이 종이를 찢어서 테두리 안에 붙여보자.

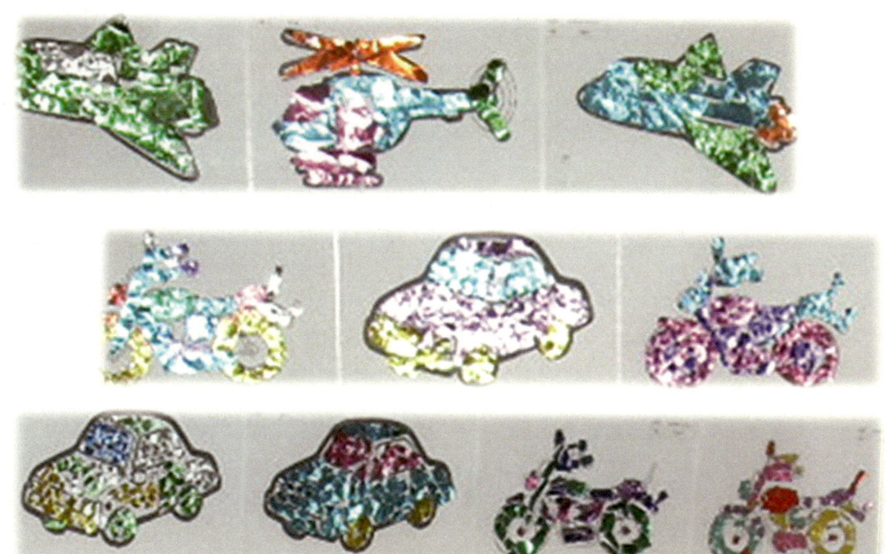

점으로 그려요

이민경 교사 : 오늘은 해상교통수단 공동작품을 할 차례인데, 조각배를 주제로 한 명화가 있어서 수업에 응용하면 좋을 듯해요.

오유정 교사 : 그림에 배도 나오고 점묘화 기법도 설명해 주면 좋을 듯하네요!

이민경 교사 : 대집단 시간에 명화 감상을 하고 나서 점묘화 모자이크를 해볼까 해요.

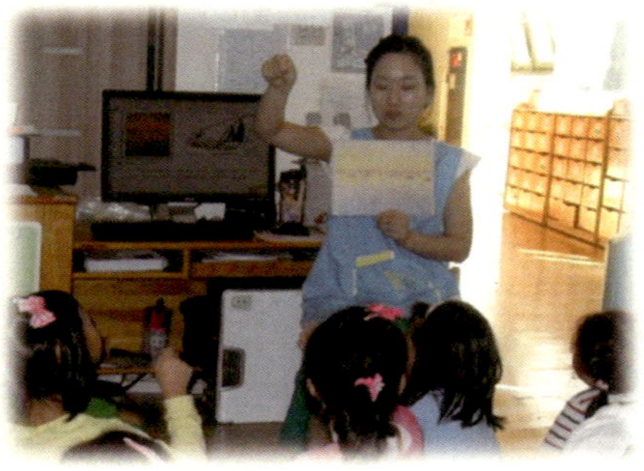

아이들과 그림의 내용과 기법에 대한
이야기를 나눈다

명화를 흑백으로 연하게 16분할로
프린트하여 준비해 둔다. 아이들과
원본 칼라 그림을 보면서 각 1장씩 면봉에 물감을 찍어서 그림을 표현한다.

명화에서 관찰한 것처럼 바닷물 색깔을 푸른 계열의
여러 가지 색의 점으로 표현한다.

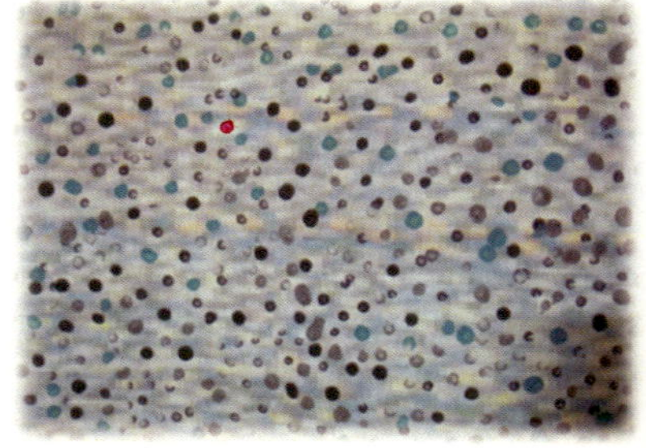

해가 지는 석양의 색을 살펴보고 노란색 계열로 먼저 점을 찍어 표현한다. 그리고 바닷물이 만나는 지점에서는 연한색부터 진한색의 순서로 표현한다.

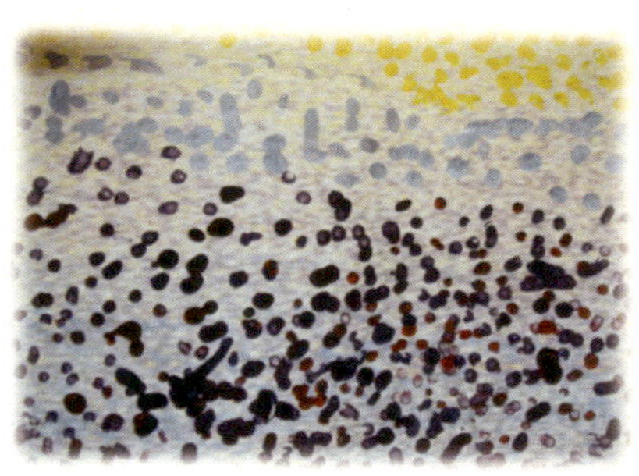

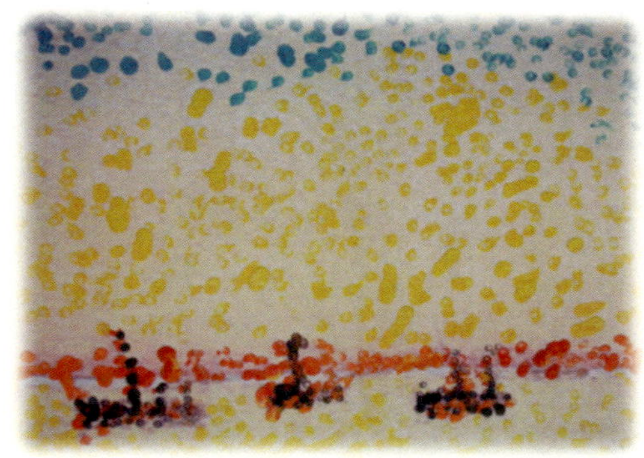

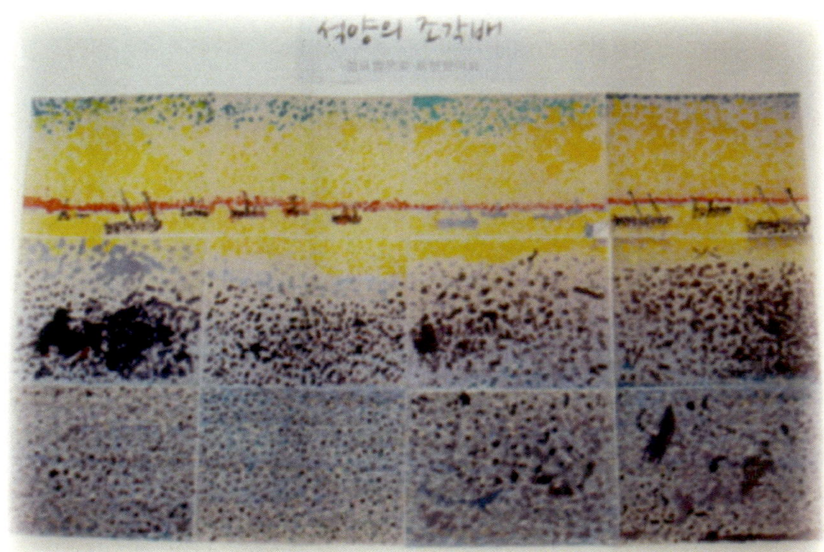

기계 속에는 뭐가 있을까?

이민경 교사 : 이번 주에는 기계와 도구인데, 어떻게 하면 기계에 흥미도 느끼고 기계 매커니즘도 이해할 수 있을까요?

오유정 교사 : 아이들에게 실물 기계를 접하게 해보면 좋은데, 사실 기계를 열거나 부셔보기가 위험하기도 하고 쉽지 않은 듯해서… 아이들 백과사전 같은데 보면 나오는 기계 내부 그림을 활용해 보면 어떨까요?

이민경 교사 : 좋은 생각이에요. 한가지 사물을 관점에 따라서 다르게 표현해보면 좋을 듯해요. 기계 하나를 가지고 처음에는 겉모습 꾸미기, 그 다음에는 기계 속에 뭐가 있을지 상상해서 표현하기, 마지막으로는 진짜 기계 속 모습을 따라 그려봐요.

오유정 교사 : 그러면 3가지 그림을 비교해서 볼 수 있도록 일정한 테두리를 교사가 제공해 주는 것이 좋겠어요.

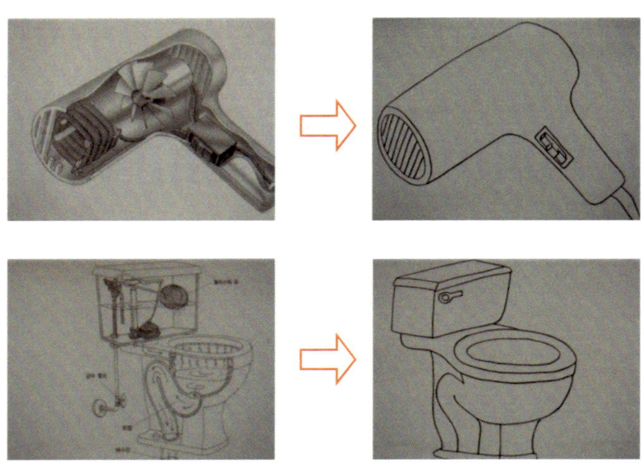

교사가 기계 그림을 보고 진한 검정 펜으로 흰 종이에 기계 테두리 그림을 그려서 여러 장 복사해둔다.

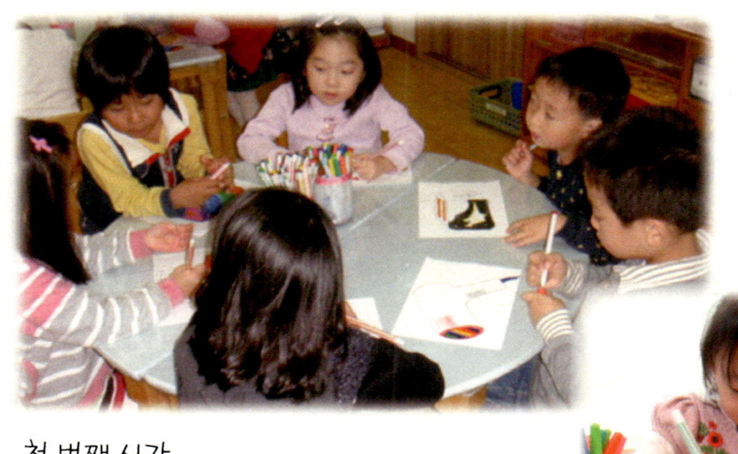

첫 번째 시간

내가 고른 기계 테두리 그림을 아름답게 꾸며보자!

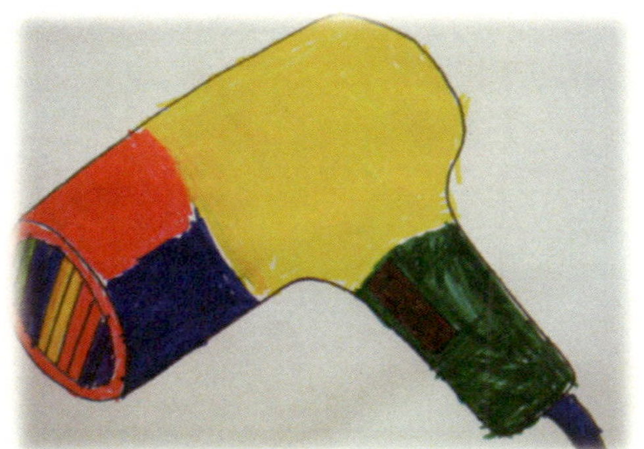

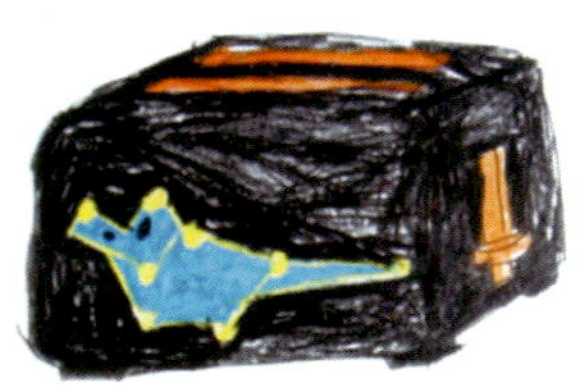

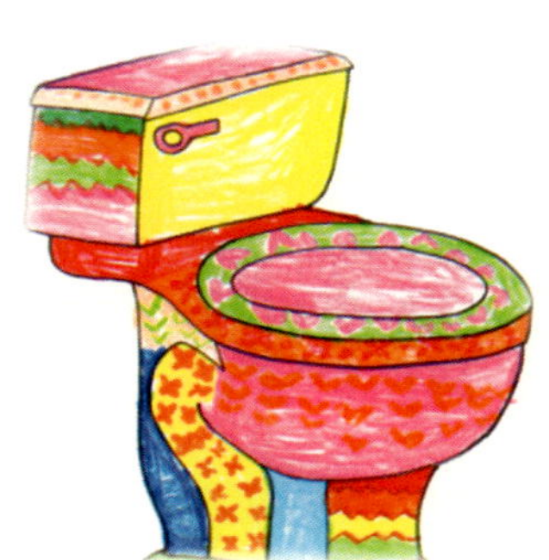

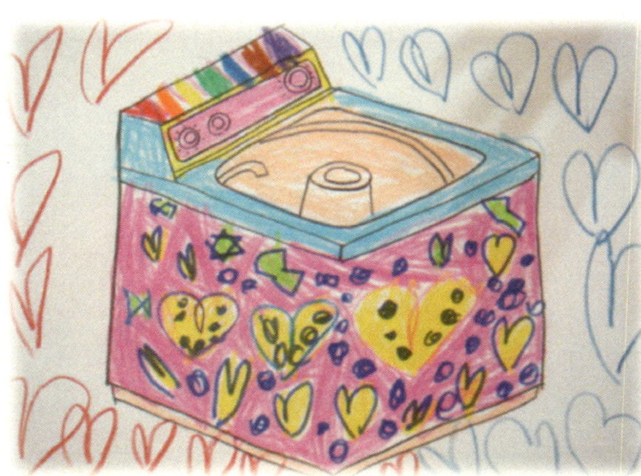

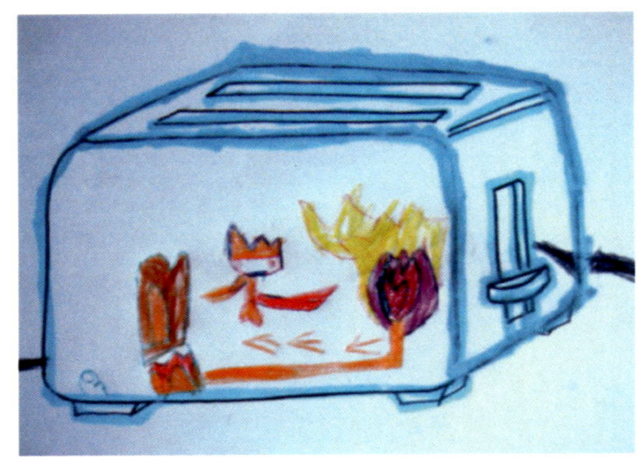

두 번째 시간

기계 속에는 어떤 모습일지, 무엇이 들어 있을 지 머릿속으로 상상하여 테두리 그림 속에 표현해보자

토스트기 – 기계 속에 불 도깨비가 불로 빵을 굽고 있을 것 같아요!

세탁기 – 세탁기 안에 물이 가득 차 있고 빨래들이 둥둥 떠다녀요. 그리고 전기 코드가 있어요.

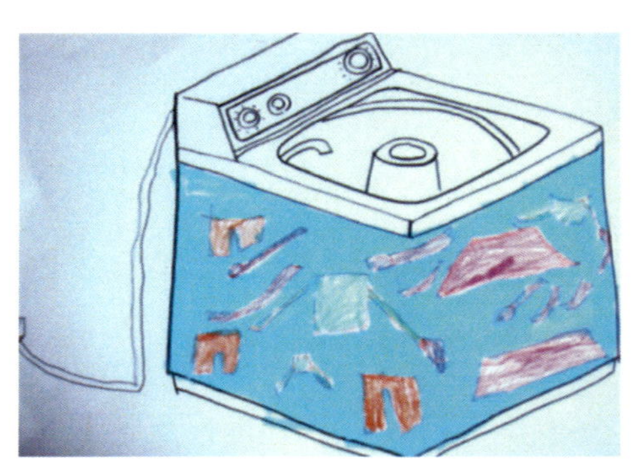

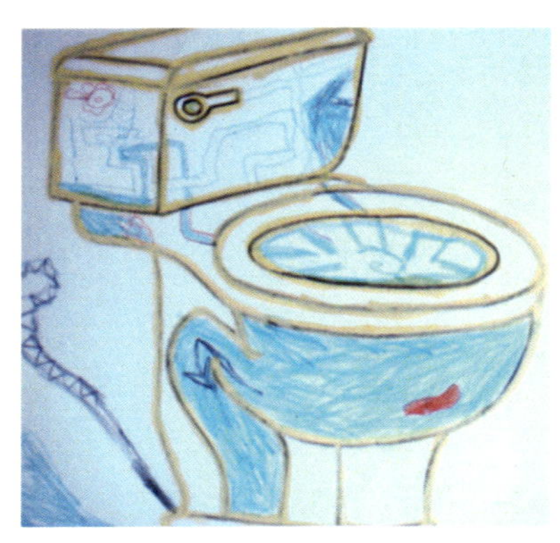

변기 – 수도와 변기가 이어져 있고 어떤 선을 따라서 변기 속에서 물이 왔다 갔다 할 것 같아요.

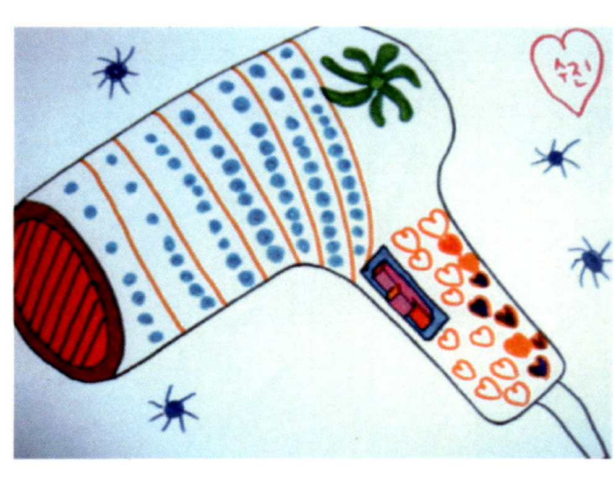

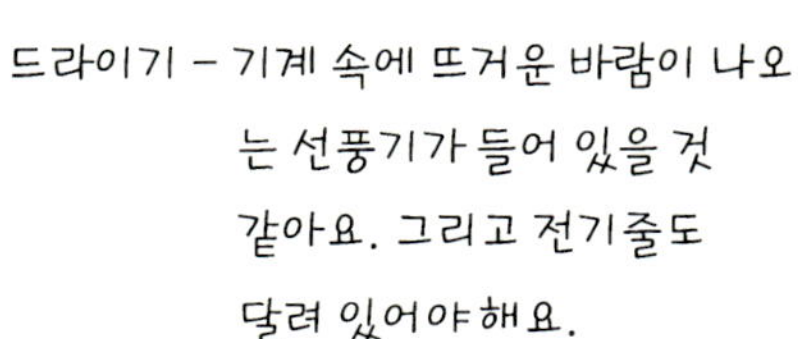

드라이기 – 기계 속에 뜨거운 바람이 나오는 선풍기가 들어 있을 것 같아요. 그리고 전기줄도 달려 있어야 해요.

세 번째 시간

기계 내부 그림을 보고 검정 펜으로 테두리 그림 속에 그대로 따라 그려보자!

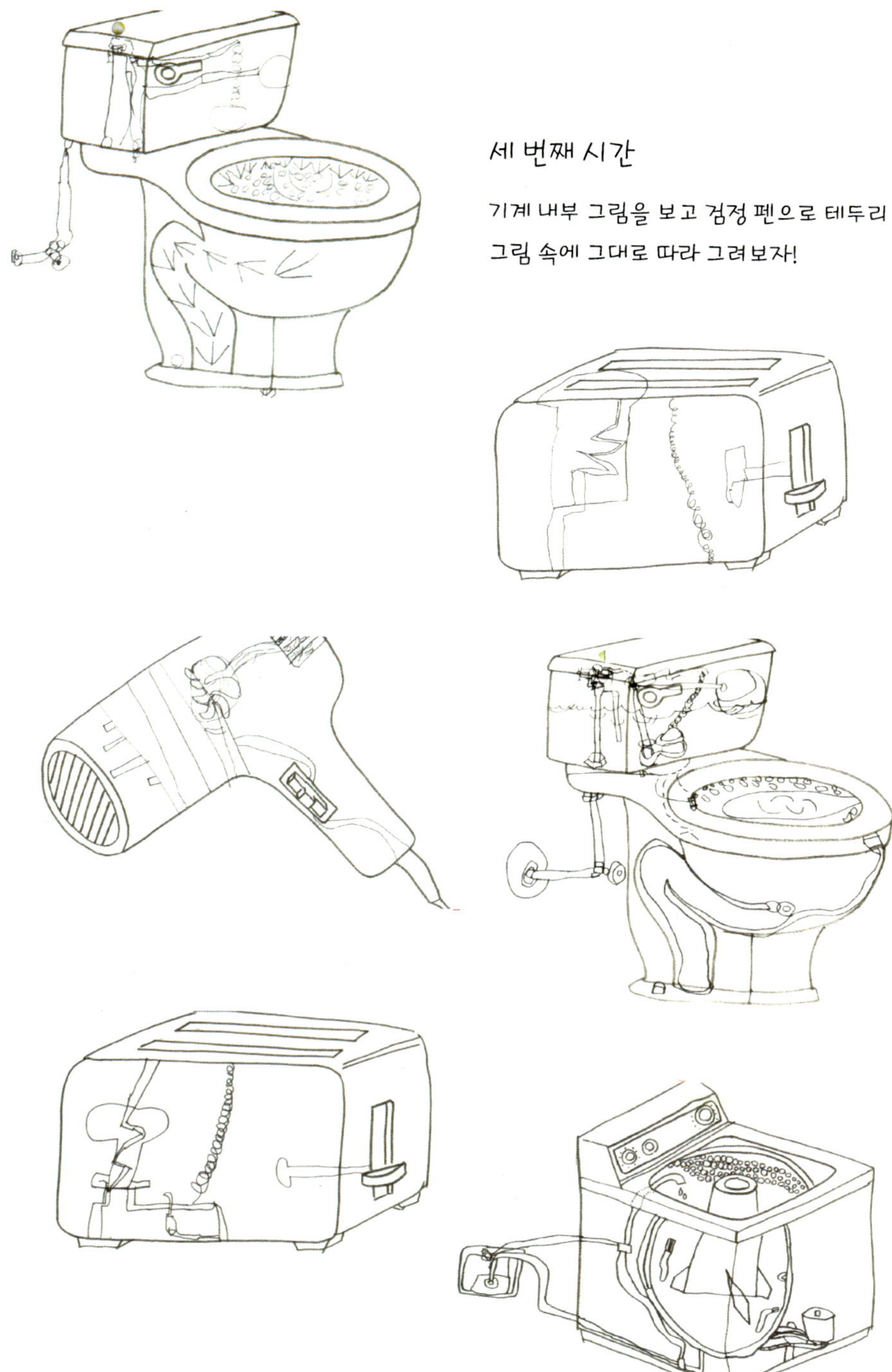

목탄 그림

오유정 교사 : 이번에 도구와 기계 단원에서 에너지에 대해 아이들과 함께 알아 볼까 해요. 미술 재료 중에서 에너지나 도구와 연관된 것이 어떤 것이 있을까요?

이민경 교사 : 목탄이나 4B연필 어때요? 목탄은 화석연료와 유사한 방법으로 만들어져서 탐색도 하고 미술에 활용하면 아이들이 이해하기 좋을 듯 해요.

오유정 교사 : 요즘 아이들이 주유소나 가스렌지를 본 경험으로 석유나 가스는 알고 있는데, 석탄이나 연탄에 대해서는 잘 모르는 듯 해요. 이번 수업에서는 목탄을 구해서 아이들과 활용해봐요.

발전소, 전봇대, 에스컬레이터, 보일러 등의 기계의 내부 구조가 있는 그림을 보면서 아이들과 이야기 나누기를 한다.

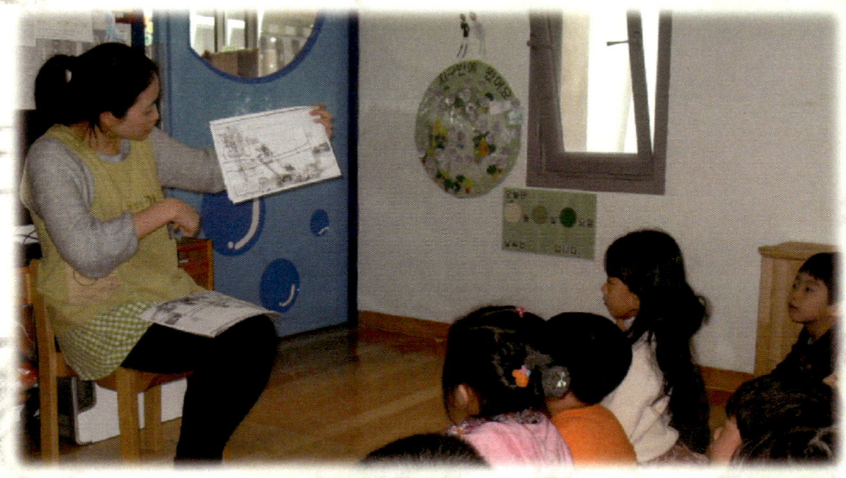

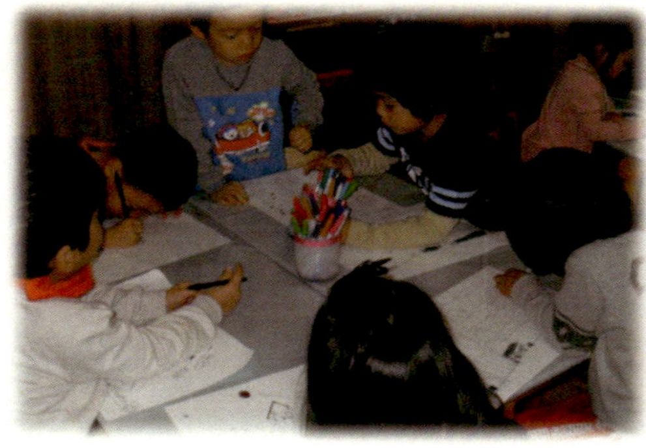

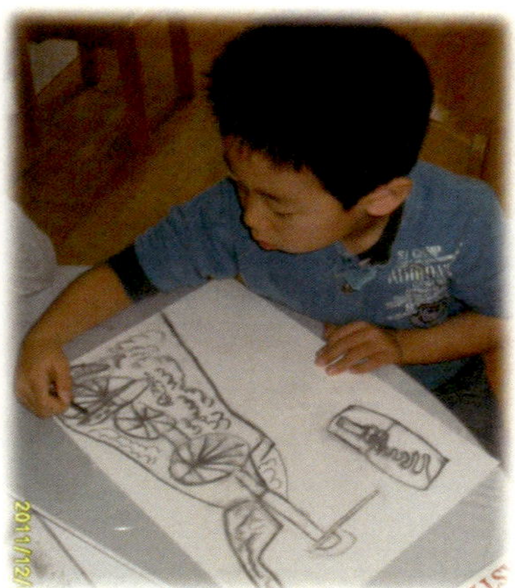

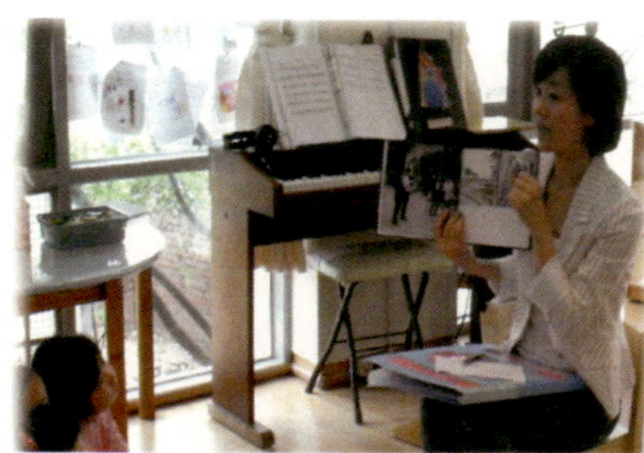

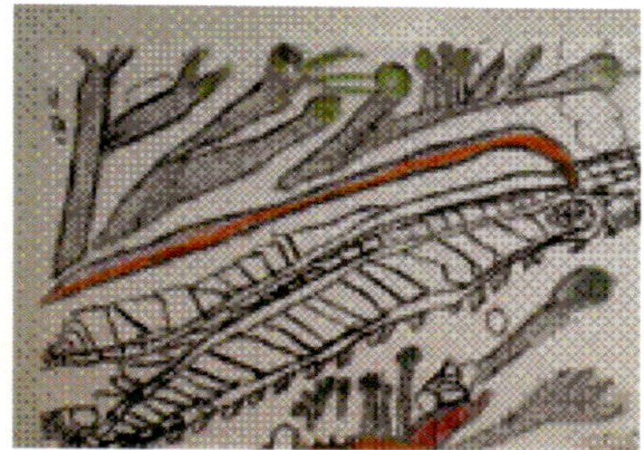

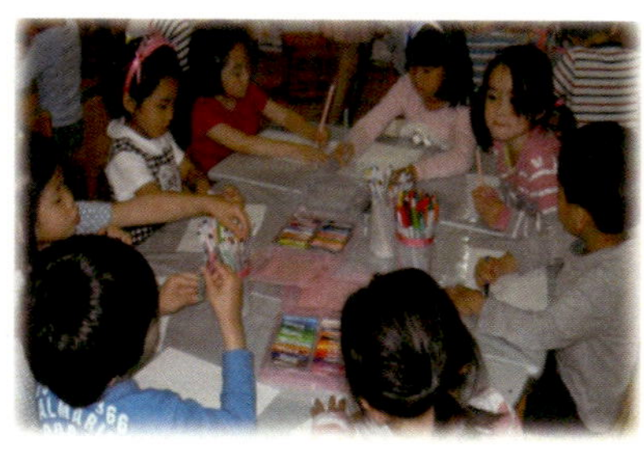

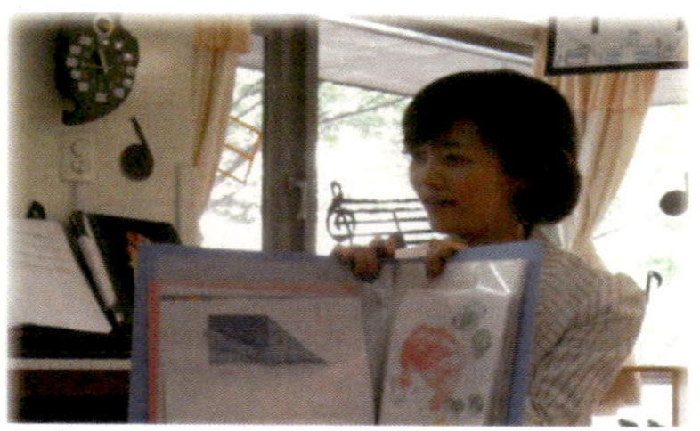

아이들이 목탄으로 기계 그림을 따라 그리고 파스텔로 채색하여 완성한다.

지역사회

우리반 가족신문

다같이 돌자 동네 한바퀴

우리 엄마 아빠의 직업을 알아봐요

나는 나는 자라서 무엇이 될까요

함께 만드는 기와집

지구반이 만든 세계지도

다른 나라에는 무엇이 있을까?

우리반 가족신문

가장 즐거웠던 일을 소개합니다.

이민경 교사 : 나와 가족을 주제로 하여 아이들이 가족에 대해 알아보고 자신의 가족을 소개하는 활동을 해볼까 해요.

오유정 교사 : 한 주 동안 가족에 관련 된 활동을 하고 마지막 금요일에는 아이들이 친구들 앞에서 가족을 소개하는 발표 시간을 가져봐요. 그런데 아이들이 효과적으로 자신의 가족에 대해 발표하기 위해 어떤 형식으로 하면 좋을까요?

이민경 교사 : 가족신문을 만들어 보면 어떨까요? 아직 6세 초반이라 발표하는 것을 낯설어 하는 아이들도 있으니 먼저 글과 그림으로 생각을 정리하고 친구들 앞에서 소개해보기로 해요.

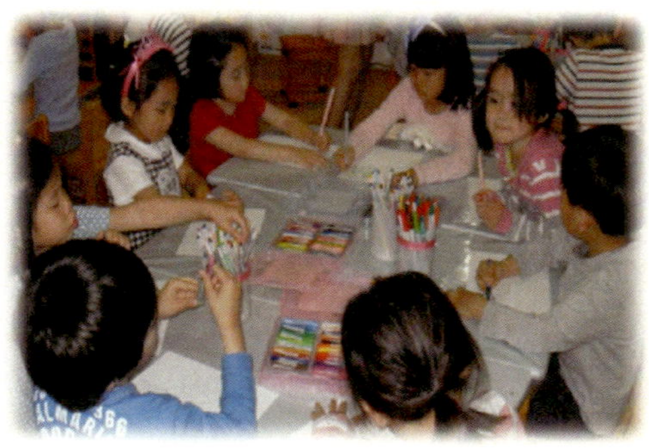

아이들과 신문이 어떤 것인지에 대해 이야기 나누고 가족신문을 만들 것에 대해 설명한다. 각자 우리가족이 가장 즐거웠던 일을 생각하여 그림을 그리고 이야기하여 신문을 완성한다.

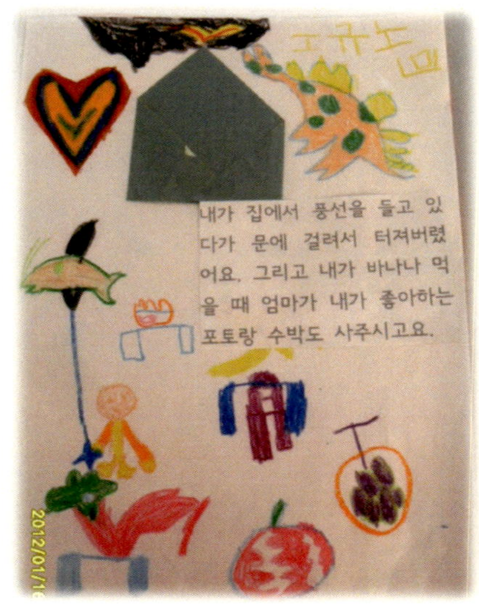

내가 집에서 풍선을 들고 있
다가 문에 걸려서 터져버렸
어요. 그리고 내가 바나나 먹
을 때 엄마가 내가 좋아하는
포토랑 수박도 사주시고요.

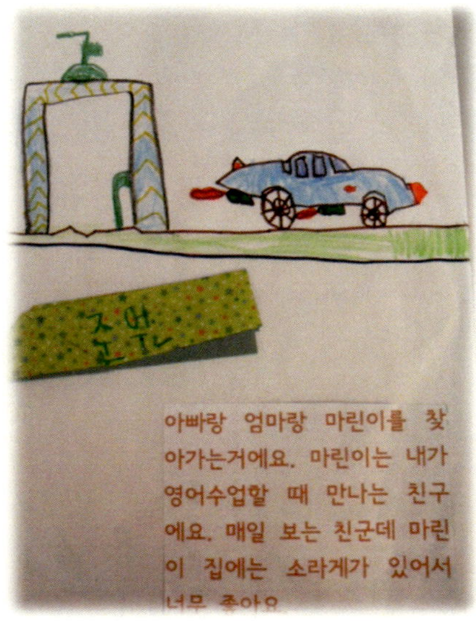

아빠랑 엄마랑 마린이를 찾
아가는거에요. 마린이는 내가
영어수업할 때 만나는 친구
에요. 매일 보는 친군데 마린
이 집에는 소라게가 있어서

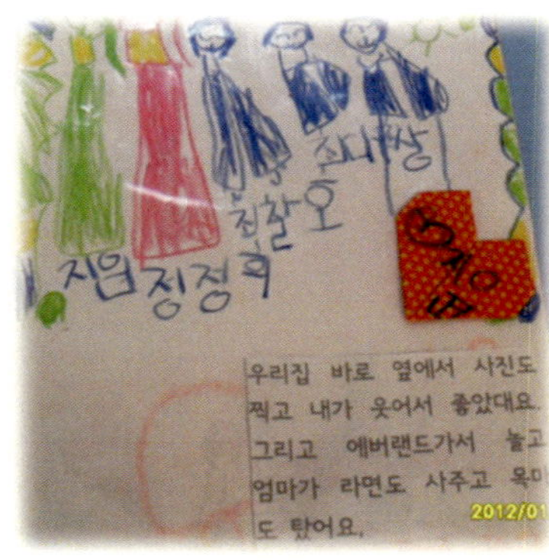

우리집 바로 옆에서 사진도
찍고 내가 웃어서 좋았대요.
그리고 에버랜드가서 놀고
엄마가 라면도 사주고
도 탔어요.

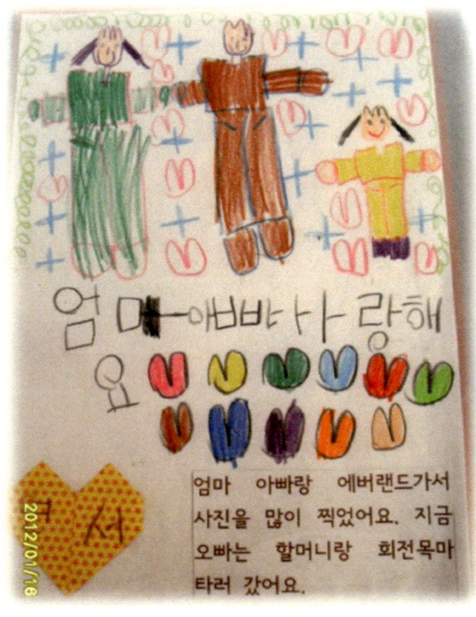

엄마 아빠 사랑해 요
엄마 아빠랑 에버랜드가서
사진을 많이 찍었어요. 지금
오빠는 할머니랑 회전목마
타러 갔어요.
2012/01/16

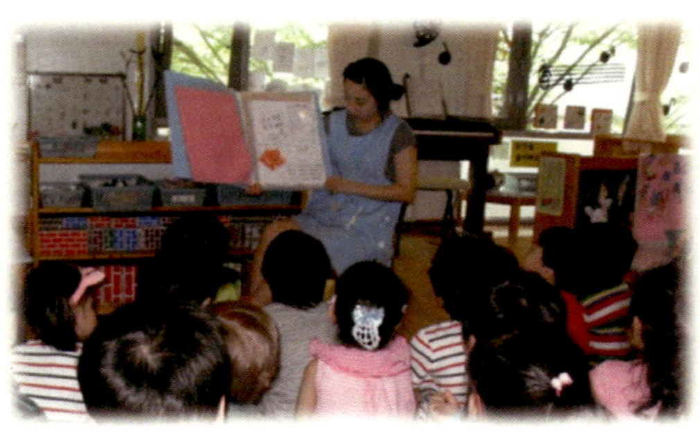

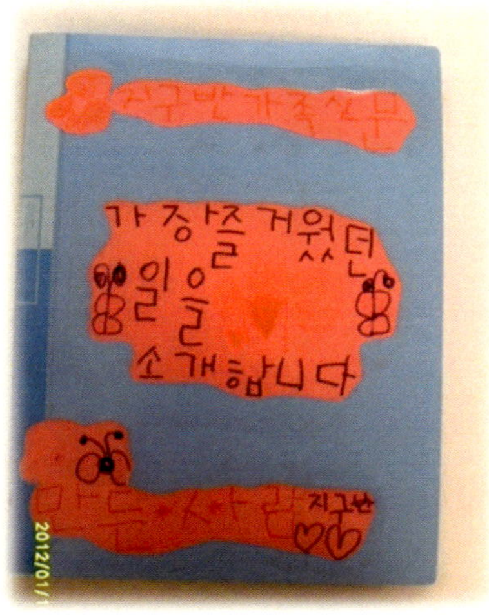

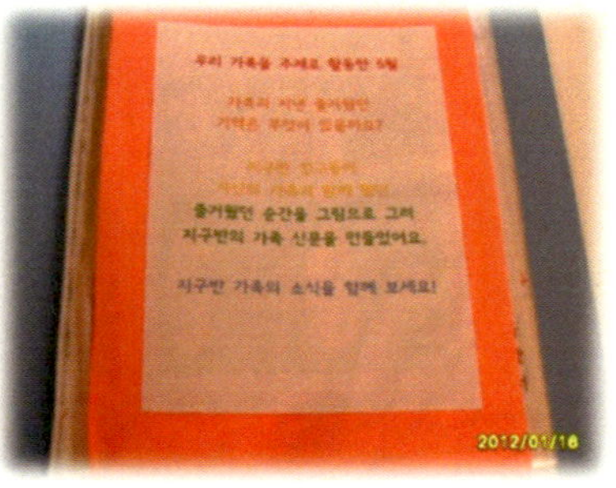

아이들이 한 장 씩 완성한 종이를 파일에 모으고 제목과 속지를 만들어서 신문을 만든 뒤 친구들 앞에서 발표하고 책꽂이에 꽂아둔다.

우리 가족을 주제로 활동한 5월
가족과 즐거웠던 기억은 무엇이 있을까요?
지구반 친구들이 자신의 가족과 했던'즐거웠던 순간을 그림으로 그려
지구반 가족신문을 만들었어요.

지구반 가족의 소식을 함께 보세요!

다 같이 돌자, 동네 한 바퀴

이민경 교사 : 아이들이 여러 가지 직업에 대한 관심을 갖는데 어머님, 아버님들의 참여가 매우 효과적이었죠?

오유정 교사 : 그럼요, 누구의 엄마가 아닌 전문가로 오신 부모님에게 유아들도 진지한 자세로 임했던 것 같아요.

이민경 교사 : 맞아요. 그래서 그런지 아이들은 요즘 직업과 일하는 곳(기관)을 연관 짓는 것에도 큰 관심일 보여요. 특히 산책을 나가면 더 뚜렷하게 보이죠.

오유정 교사 : 자연스럽게 아이들은 직업과 기관을 연결하고 있지요.

이민경 교사 : 네, 다른 때 보다 더 역할놀이도 활발하고…..아…선생님 혹시 요즘 여러 친구들이 지도 그림을 많이 그리던데 보셨어요?

오유정 교사 : 네, 집으로 가는 길, 어린이집에 오는 길 등을 그림으로 많이 그려요.

이민경 교사 : 아이들이 가장 익숙해하고 많은 시간을 보내는 곳을 사실적으로 그리기도 하지만 보물지도처럼 매우 상상에 의한 그림도 많이 그려요.

오유정 교사 : 보물지도를 그리기 위해 함정을 파기도 하고 또 옛날 공룡시대를 재현하기도 하고 주제가 무한대이고 표현하는 것도 무제한적이죠.

이민경 교사 : 그래서 지난주까지 함께 진행했던 여러 가지 직업과 장래희망 등 직업에 대한 활동에서 좀 더 확장한다면 동네, 동네의 기관들, 지도, 상상 속의 지도로 나아갈 수 있을 것 같아요. 매우 사실적인 부분도 있지만 아이들이 좋아하고 즐기는 상상 속의 세계도 표현할 수 있겠죠.

오유정 교사 : 무엇보다 아이들의 활동과 흥미가 이어져서 진행될 수 있어 매우 자연스럽고 또 아이들의 사고도 확장될 수 있을 것 같아요.

지난 시간은 가족과 함께 했던 즐거웠던 기억을 신문으로 만들어봤습니다. 가족과 함께 갔던 곳을 통해 자신의 주변 환경에 관심을 가져봅니다. 자연스럽게 가족을 소개하면서 엄마 아빠의 직업, 내가 나라서 되고 싶은 것 등을 이야기 나누게 되었습니다. 이런 과정 속에서 직업과 기관을 연관 지어 사고하게 되고 여러 기관들이 모여있는 동네, 동네 길, 지도로 점차 확장된 사고를 통해 활동을 합니다.

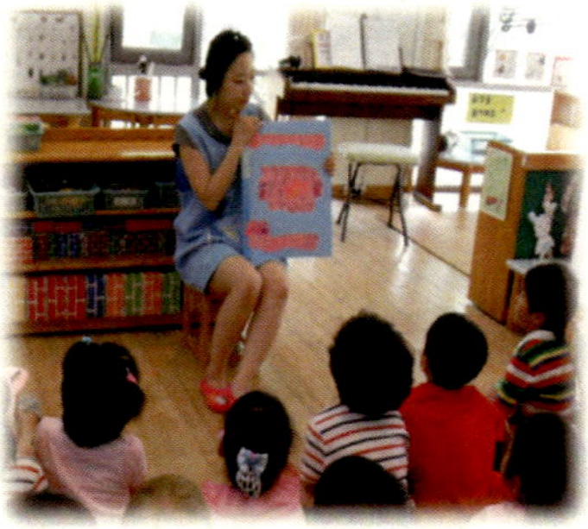

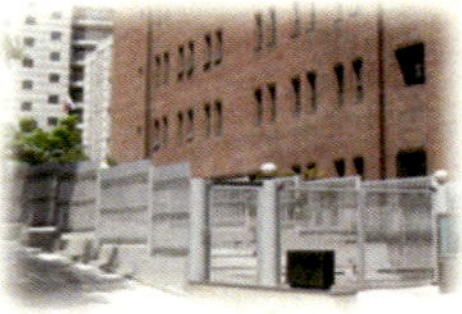

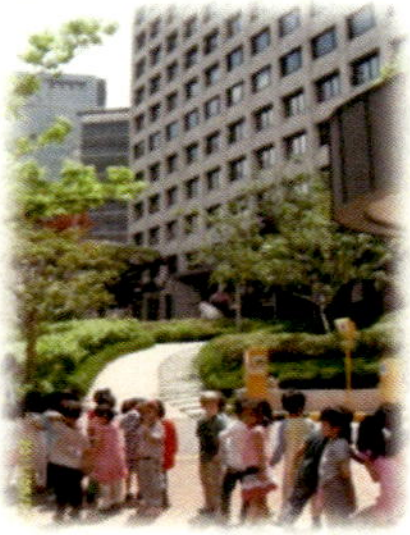

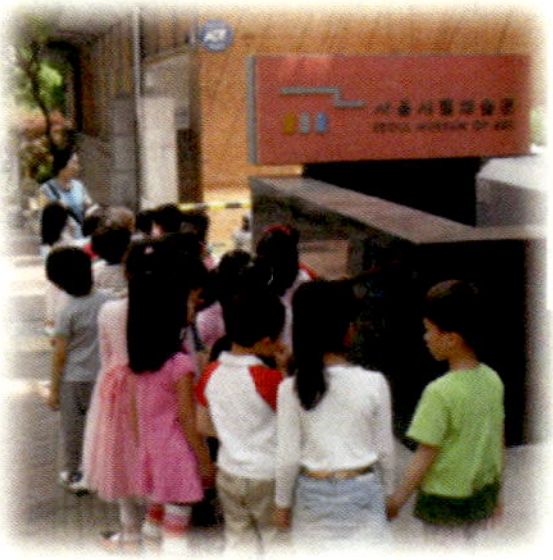

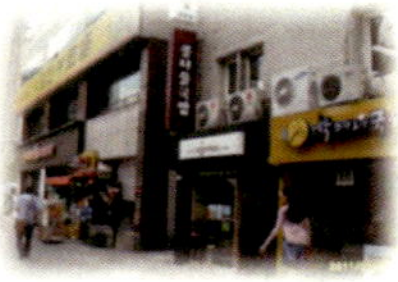

다양한 건물, 기관들을 산책 중 경험한다.

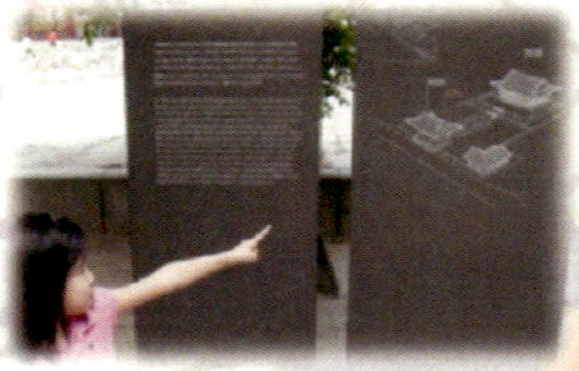

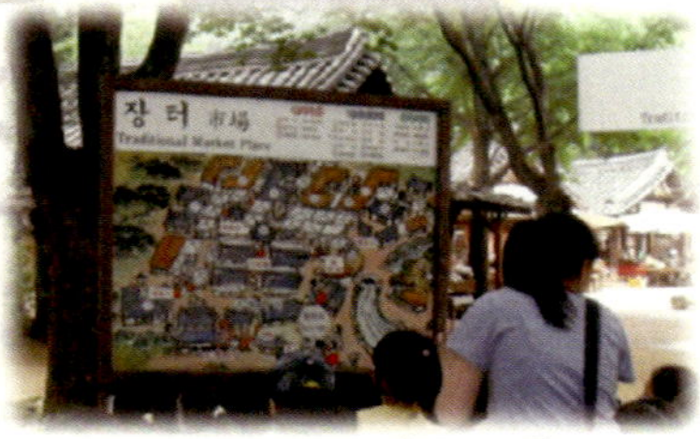

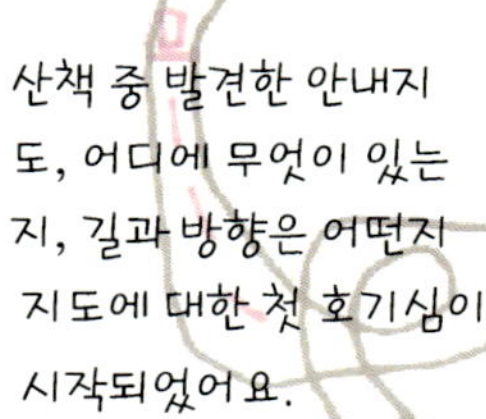

산책 중 발견한 안내지도, 어디에 무엇이 있는지, 길과 방향은 어떤지 지도에 대한 첫 호기심이 시작되었어요.

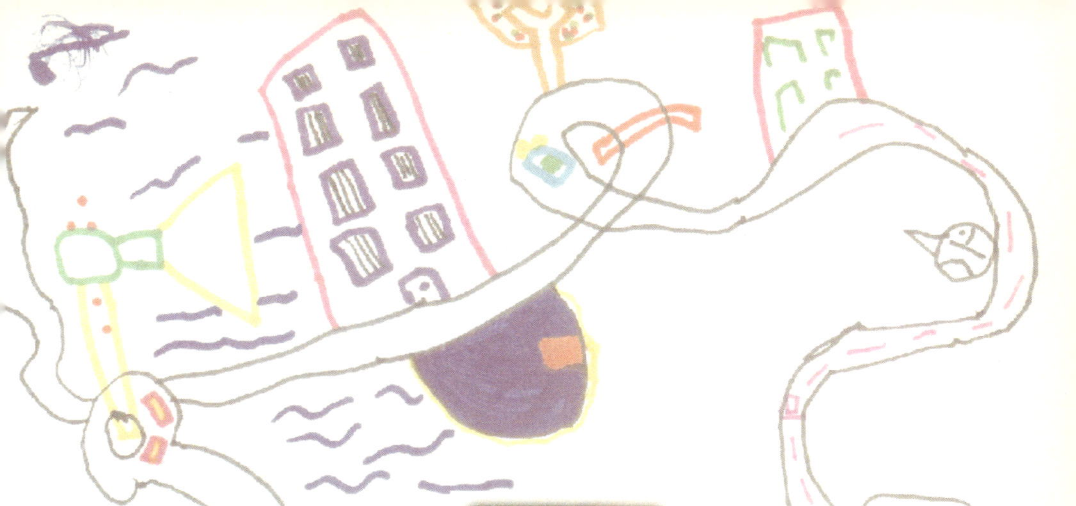

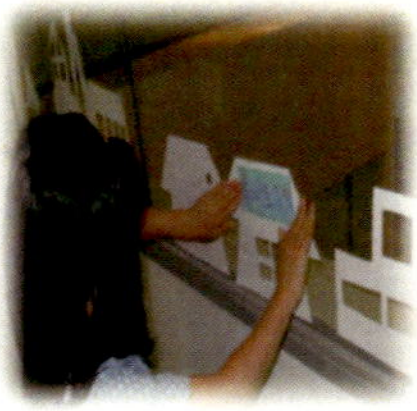

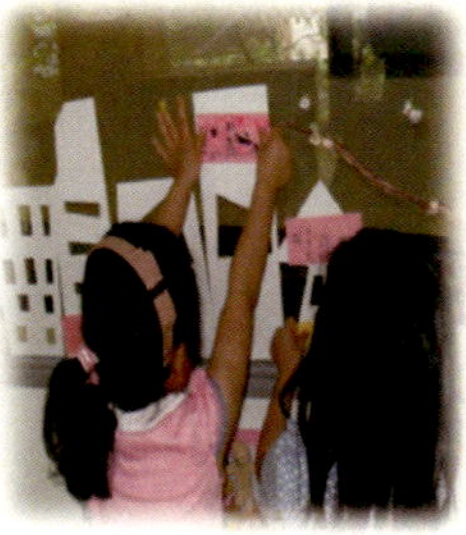

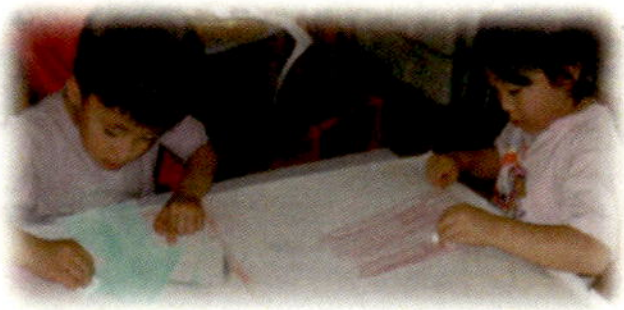

산책을 다니면서, 우리집과 어린이집을 오가면서
보았던 많은 직업과 가게, 기관들,
우리 교실에서도 찾을 수 있도록 여러 가지 모양의
건물을 잘라 파스텔로 물들입니다.
그리고 병원, 미술관, 경찰서 등 간판을 만들어
직접 붙여 꾸며봅니다.

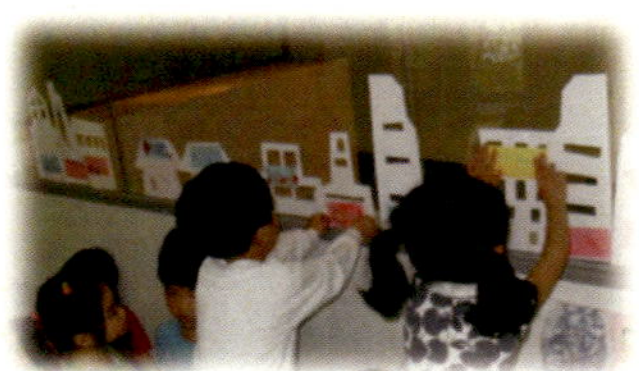

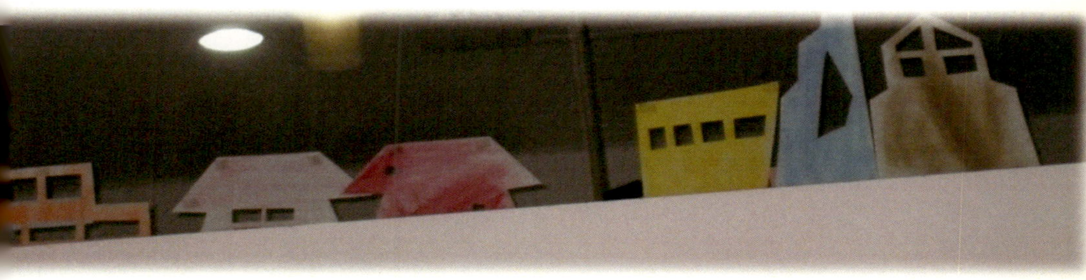

우리 반을 변신시키자!

장난감 가게

식물관찰회사

미술관

지구마트

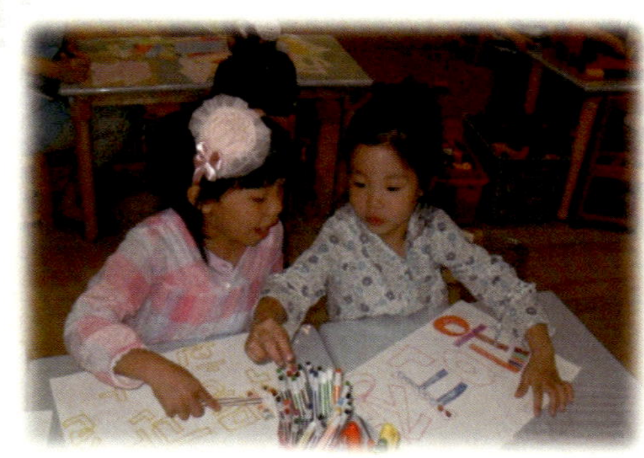

지구반의 새로운 영역 이름을 소개합니다!

우리 동네에 대해 알아가면서 기관과 건물에 대해 이름과 하는 일을 알아봅니다.

그리고 우리가 알아본 기관과 직업 놀이를 교실에서도 해볼 수 있었습니다. 그렇다면 우리 반의 영역들 이름을 바꿔볼 수 있을까?

"역할영역은요, 음식도 만들어서 식당도 되고 커피를 파는 가게도 되요."

"옷이랑 물건도 많아서 마트 같아요."

"쌓기 영역은요. 블록으로 뭐든지 만들 수 있으니까 공장 같아요. 장난감 공장같이."

"언어영역에는 책이 많잖아요. 빌려주기도 하고 보기도 하는 도서관이랑 같아요."

"미술영역은요. 우리가 그림도 그리고 만들기도 하고 전시도 하고…미술관 같아요."

여러 일을 하는 기관의 이름과 우리 교실에서 구분된 영역을 비교면서 새로운 이름을 지을 수 있었다. 각 영역에 대해 새로운 이름을 지어보면서 아름답고 재미있고 또 그 곳에서 하는 일을 잘 알 수 있는 명칭을 지어보고 생활 속에서 불러봅니다

평면으로, 입체로 만들어보는 우리 동네 길

전지에 함께 길을 그립니다. 길이 만나도록 함께 같은 색으로 길을 그리고 그 주변에 우리가 산책하며 지나갔던 곳을 차례대로 생각해보고 작은 종이에 그려서 오려 붙여 평면의 지도를 완성합니다.

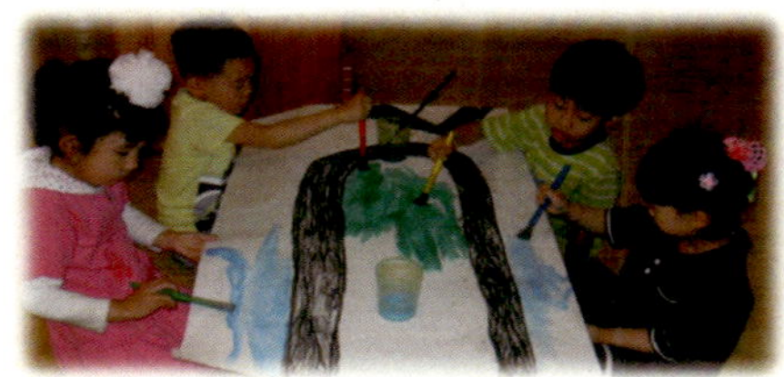

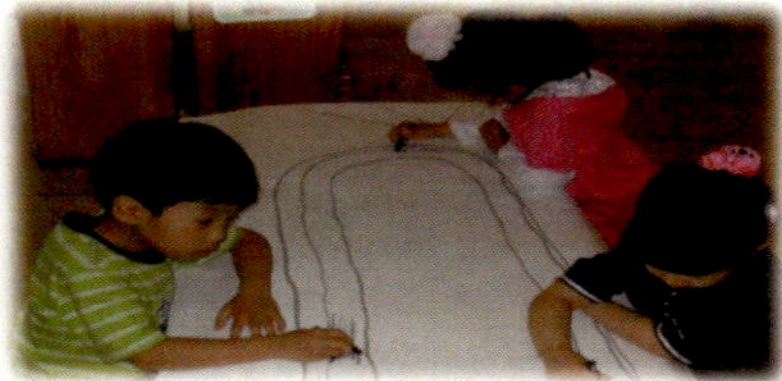

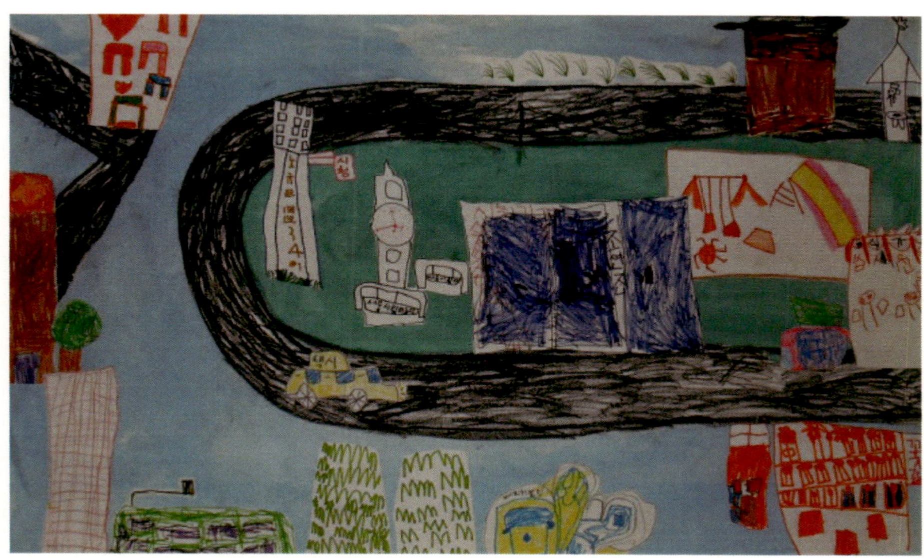

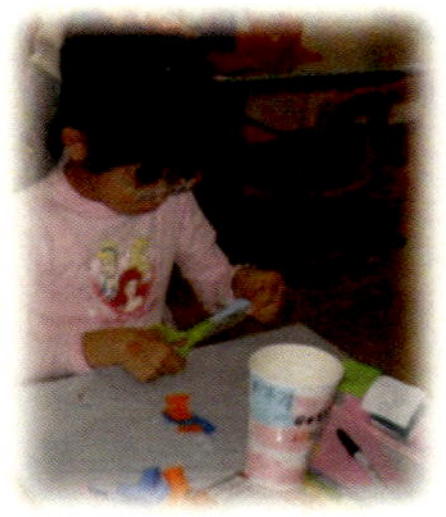

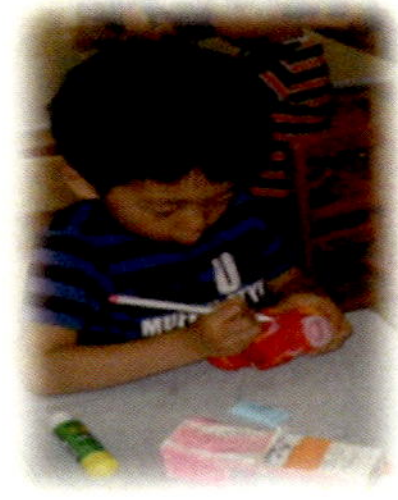

재활용품으로 입체적인 건물을 만들고 글씨를 써서 붙여봅니다. 그리고 길을 그린

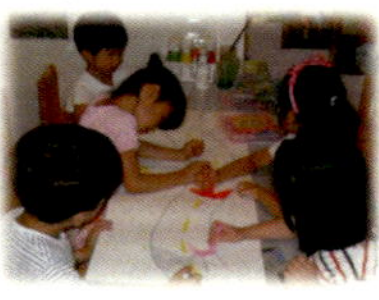

후 그 위에 세워 입체적인 동네길이 만들어졌어요.

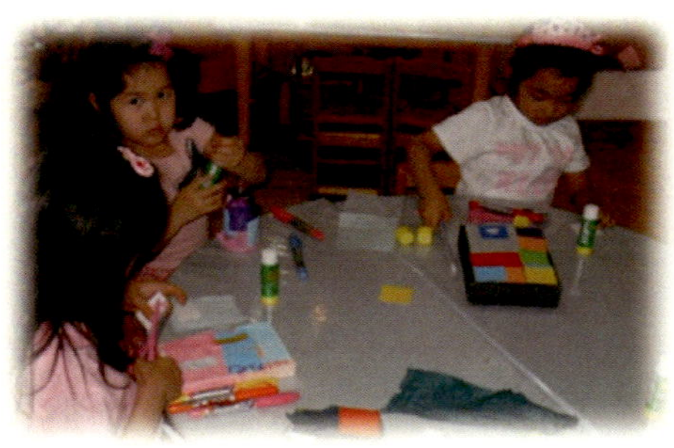

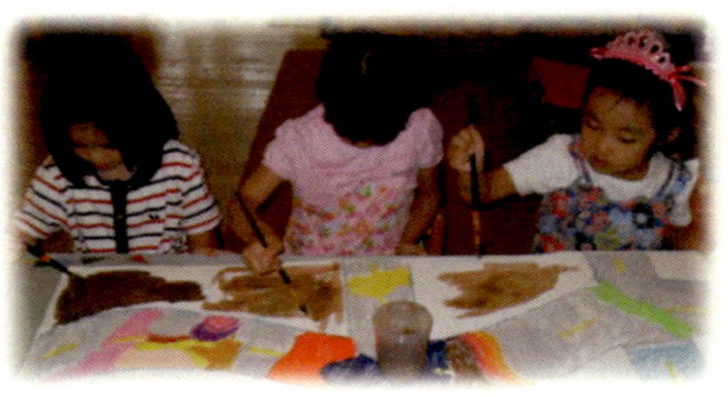

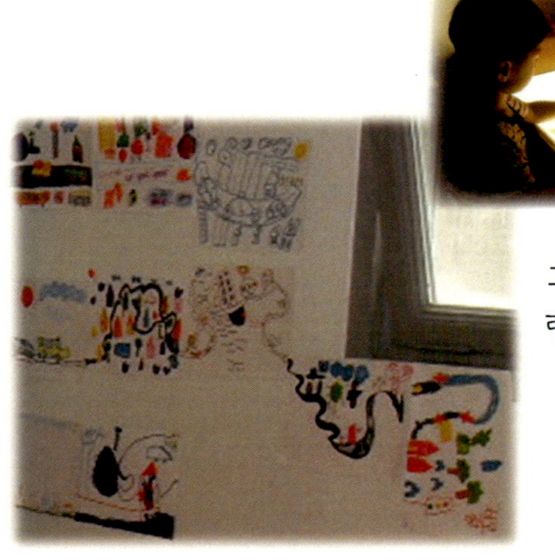

그 이외에도 지도를 이용한 놀이나 자연스럽게 상상하는 지도를 그리기 시작합니다.

꼬불꼬불 미로 같은 보물지도

이민경 교사 : 선생님, 아이들의 지도가 참 재미있지요?

오유정 교사 : 자유롭게 그린 것을 자세히 보면 자신이 좋아 하 는 것, 아니면 자주 가는 곳이 나타나있기도 해서 재미있어요.

이민경 교사 : 요즘 보물이라면서 길을 그리고 X표시를 해두기도 하고 함정이라면서 폭탄이나 무서운 공룡들을 그리기도 하더라구요.

오유정 교사 : 네, 아이들이 서로의 그림을 보며 자신의 그림이나 그 내용을 발전시켜나가는 것 같아요.

이민경 교사 : 네 그리고 더 어렵게 하기 위해서 함정이나 방해물을 그려넣는 것을 보면 미로게임이나 지도에 대한 이해도 높은 것 같아요.

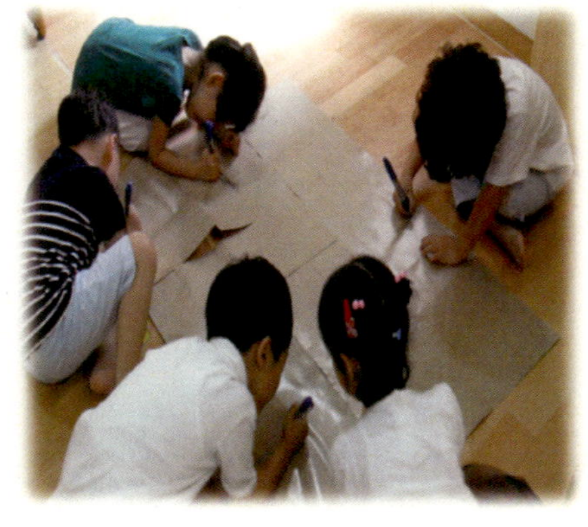

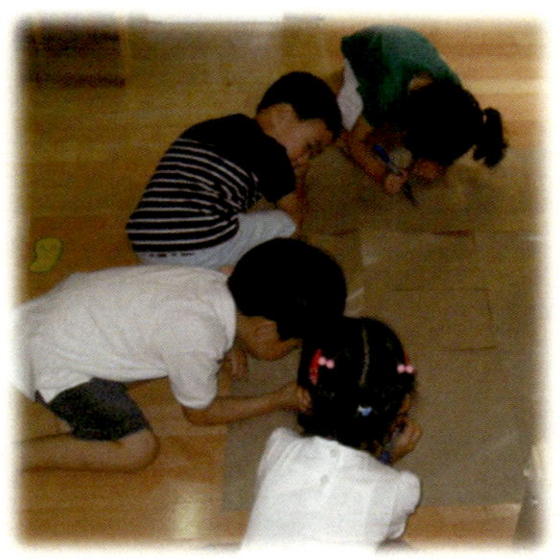

총18조각으로 된 종이를 미리 연결한다. 유아들이 빙 둘러앉아 지도를 그린다. 어떠한 제한이나 지시 없이 그리고 싶은 대로 자유롭게 그리도록 한다. 다만 지도에서 길이 닿기도 하고 갈라지기도 하고 끊어지기도 함을 이야기나누며 밑그림을 그린다.

먼저 밑그림으로 길만 그린 큰 지도를 다시 처음처럼 18등분을 합니다. 조각 난 18조각의 종이를 나눠서 자세히 그리기 시작합니다. 신호등, 수영장, 놀이터 등을 그리고 색칠도 합니다. 모두 마무리한 후 그 그림을 모아 길을 이어가면서 퍼즐을 맞추듯 맞춰갑니다. 완성된 큰 지도는 모두 나눠 그렸지만 하나의 길로 이어지며 구불구불 멋진 미로 지도로 재탄생 합니다.

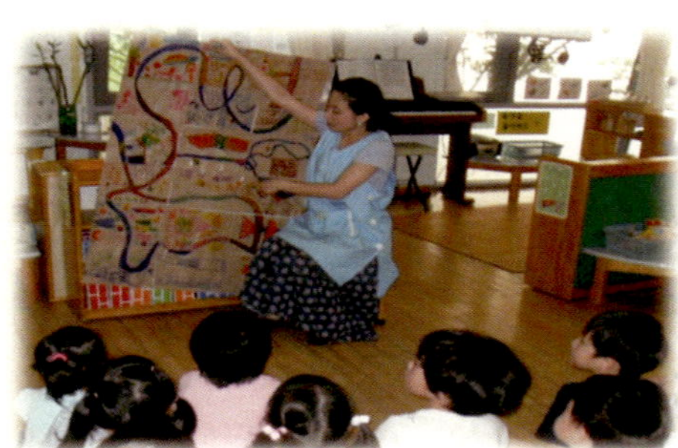

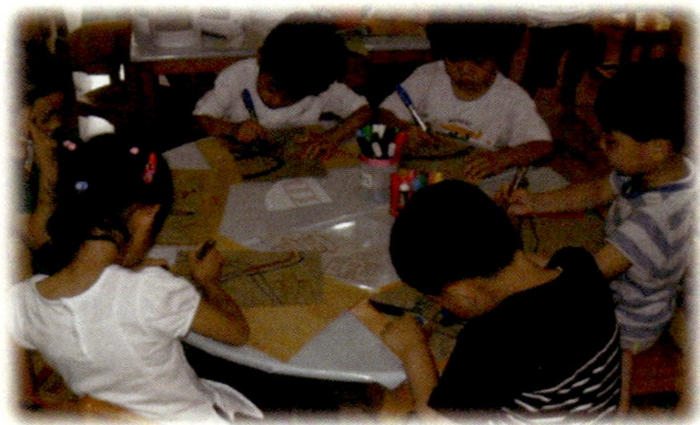

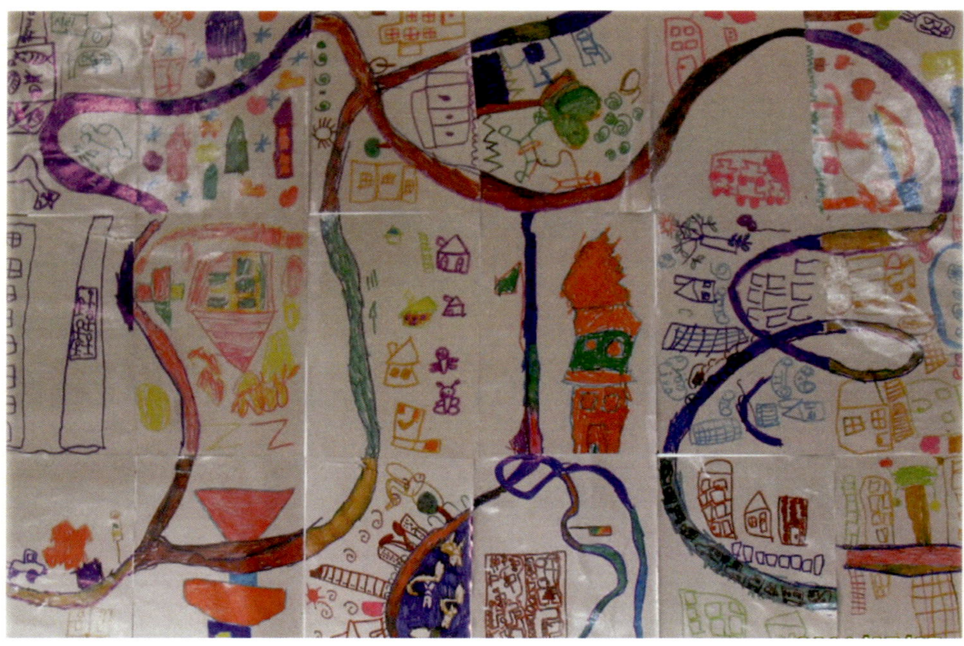

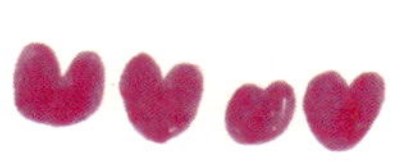

우리 엄마 아빠의 직업을 알아봐요

오유정 교사 : 직업에 대해 알아보면서 다양한 직업을 가지고 있는 분들을 직접 교실로 초대해서 아이들과 이야기 나누기를 하면 아이들이 흥미로워할 듯해요.

이민경 교사 : 그럼 우리반 학부모님들을 교실에 초대하는 것은 어떨까요? 아이들도 좋아하고 부모님들께도 즐거운 추억이 될 듯 해요.

오유정 교사 : 좋아요. 이번 주제가 진행되는 동안은 학부모님들이 교실에 오셔서 아이들과 이야기 나눠 주시는 것으로 수업을 계획해봐요.

악기를 연주하는 직업이 있어요
-전통 악기를 연주해요-

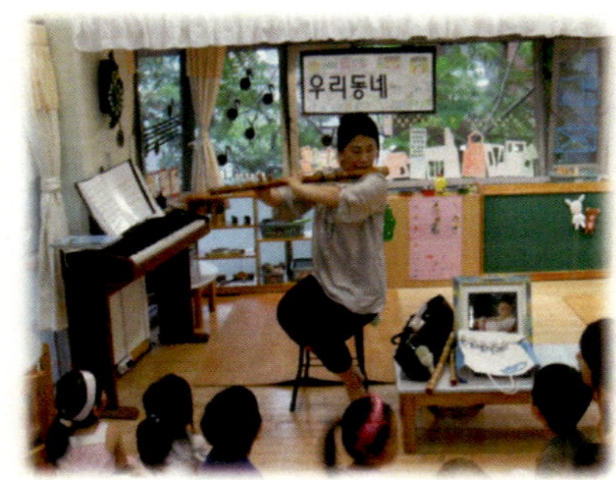

우리나라의 악기를 연주하는 직업이 있어요. 전통 악기인 대금에도 여러 종류가 있어요. _대금, 중금, 소금_악보를 보고 연주를 하고 많은 사람들에게 들려줄 수 있도록 공연도 할 수 있어요. 영화 속에서도 들을 수 있어요.

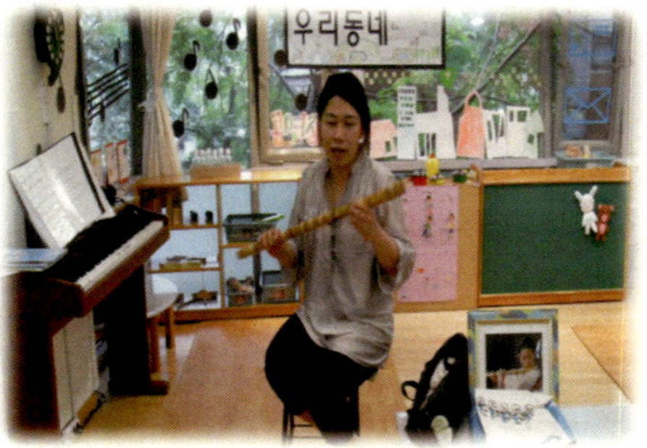

대금은 입을 대고 후~
그리고 손가락으로 대금에 난 동그란 구멍을 열고 막는 것으로 소리를 낼 수 있어요.

뉴스를 만드는 직업이 있어요

-기자, 아나운서에 대해 알아봐요-

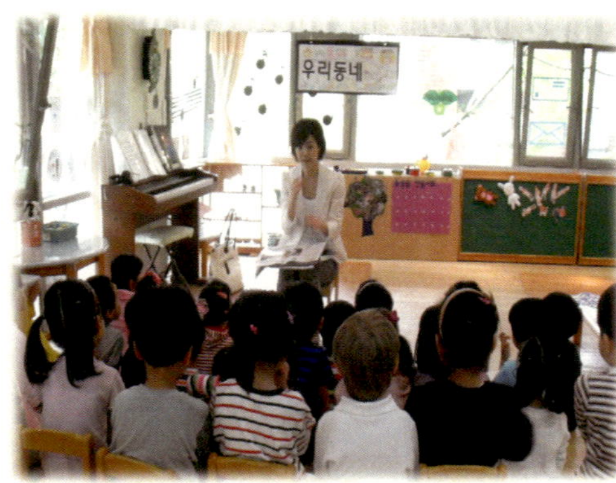

전문가로 참여해주신 어머님과 함께 신문이 만들어지는 것에 대해 이야기를 나눴습니다.

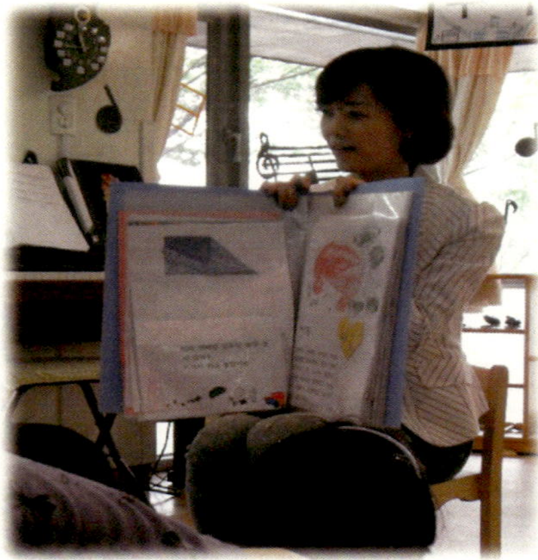

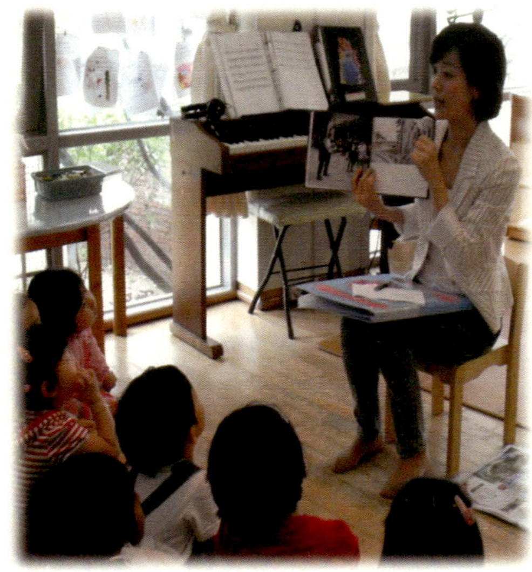

우리가 만들었던 가족신문을 보며 신문이 만들어지는 과정도 자세히 알게 되었어요

다른 사람을 도와주는 직업이 있어요

-소방관에 대해 알아봐요-

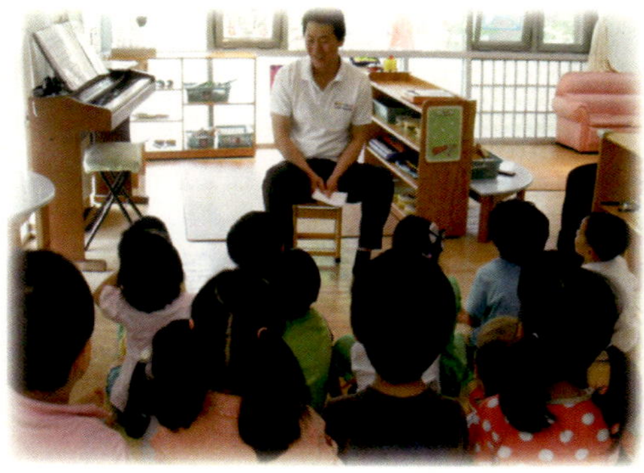

우리동네에는 여러 가지 일을 하는
사람들이 많이 있어요.
병원에서 일하는 사람,
소방서에서 일하는 사람,
마트, 약국, 학교 등
그 중 소방서에서 일하시는
아버님과 함께
소방관이 하는 일에 대해
알아보았습니다.

119에 신고하는 요령을 배웠어요.
"여보세요, 시청 어린이집이에요.
불이 났어요. 도와주세요"

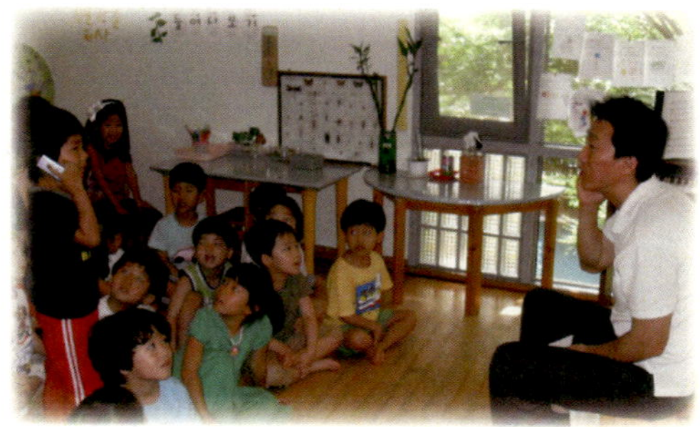

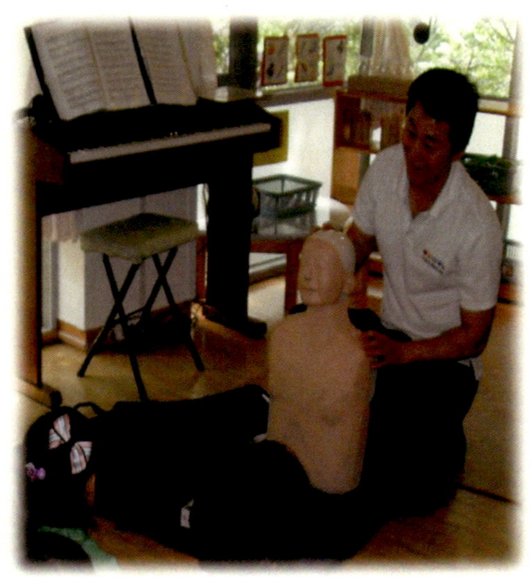

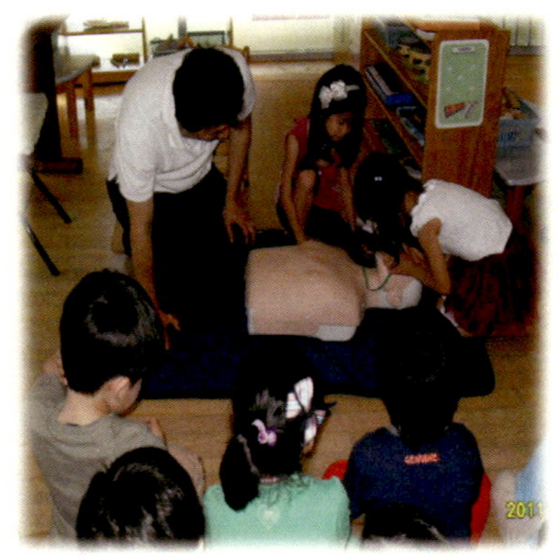

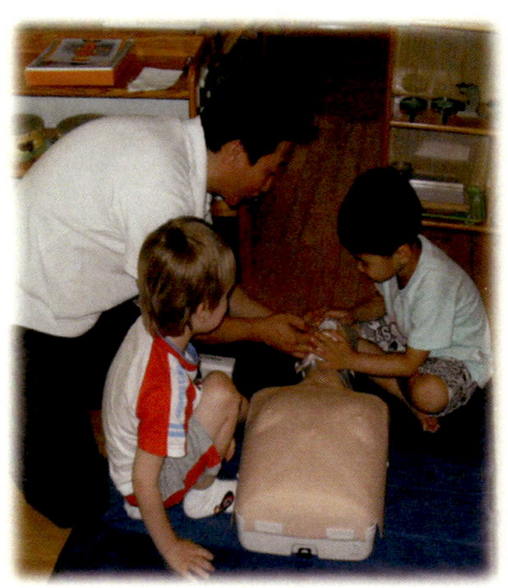

소방관은 불을 끄는 일만 하는 것이 아니래요.
다친 사람을 도와주는 구급대원도 있어요.
여름철 물에 빠진 사람을 구조하는 방법을 배웠어요.
숨을 쉬는 지 확인하고 입으로 숨을 불어넣어주고
가슴을 눌러 구조하는 방법이에요.

아픈 사람을 돌봐주는 직업이 있어요

-간호사에 대해 알아봐요-

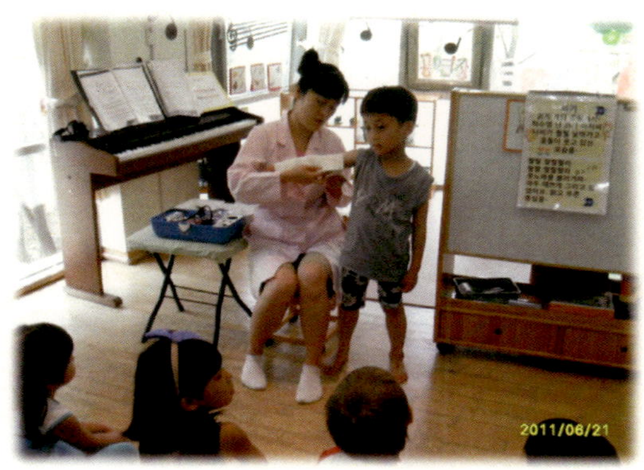

우리가 배가 아프고 머리가 아플 때,
다쳐서 피가 나고 뼈가 부러졌을 때
누가 도와줄까요?
우리 어린이집에도 우리가 아플 때
도와주는 선생님이 계세요.

간호사가 쓰는 물건, 입는 옷, 하는 일에 대해
질문하고 설명을 들어봤어요.

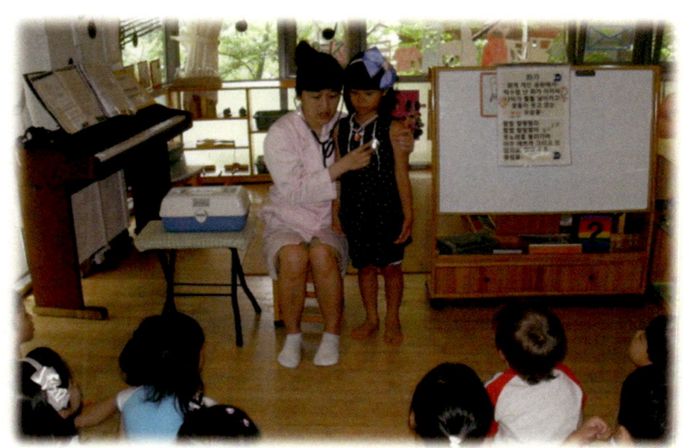

도서관에서 일하는 직업이 있어요

-사서에 대해 알아봐요-

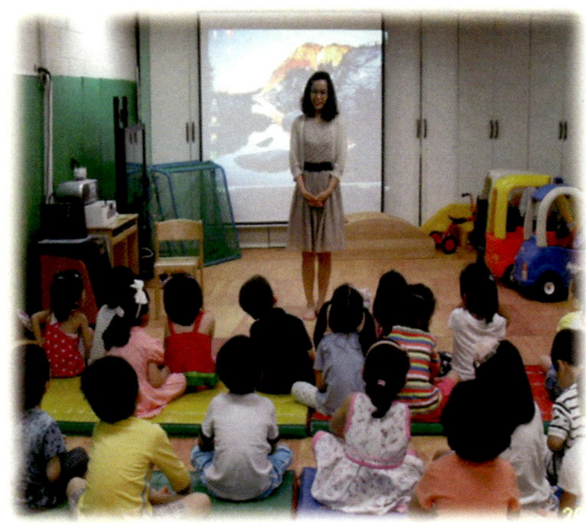

도서관에 가본 적이 있나요?
도서관에 가면 많은 책들이 있어요
보고 싶은 책을 어떻게 찾을까요?
어떻게 도서관을 이용할까요?

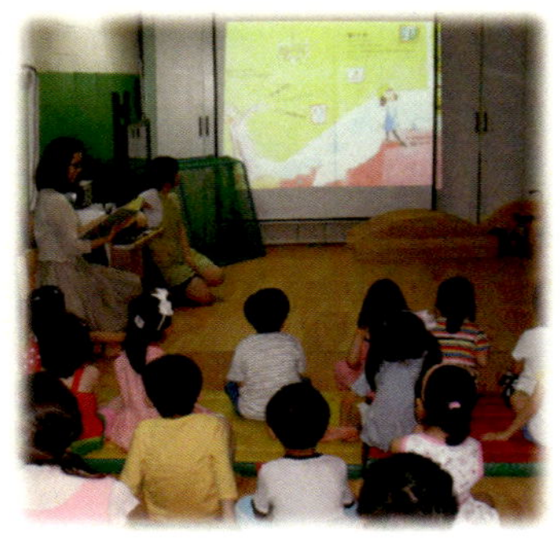

도서관에서 도움을 주는
사서선생님에 대해 재미있는 동영상으로 함께 보
고 '도서관에 간 공주님' 동화를 통해
도서관을 바르게 이용하는 방법을 배웠습니다.

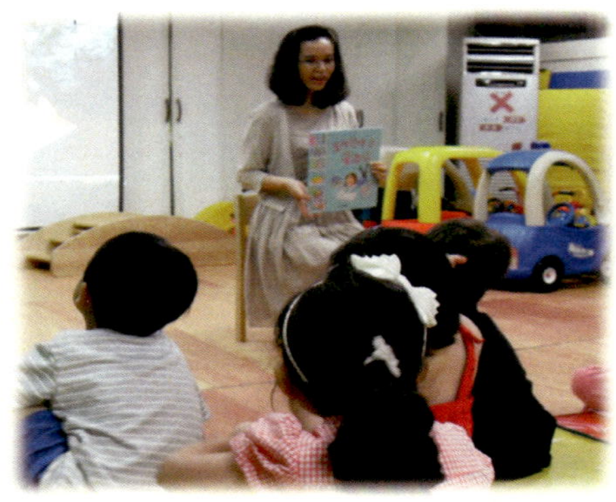

나는 나는 자라서 무엇이 될까요?

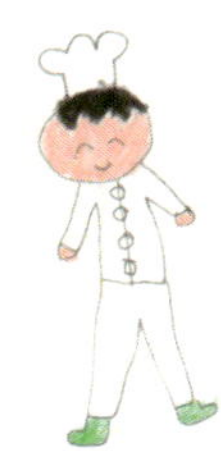

오유정 교사 : 아이들이 부모님이 전문가로 오시니까 참 좋아하죠? 직업에 대한 관심도 높아지고요.

이민경 교사 : 그러게요. 아이들이 부모님이 오셔서 어떤 일에 대한 전문적인 지식과 함께 다양한 직업에 대한 호기심도 가지게 되고 요즘은 자기도 '커서000가 될거야' 란 생각도 많이 하는 것 같아요.

오유정 교사 : 저도 어렸을 때는 되고 싶은 무언가가 있었던 것 같은데…

이민경 교사 : 그럼 우리 아이들이 가진 꿈에 대해서 알아볼까요?

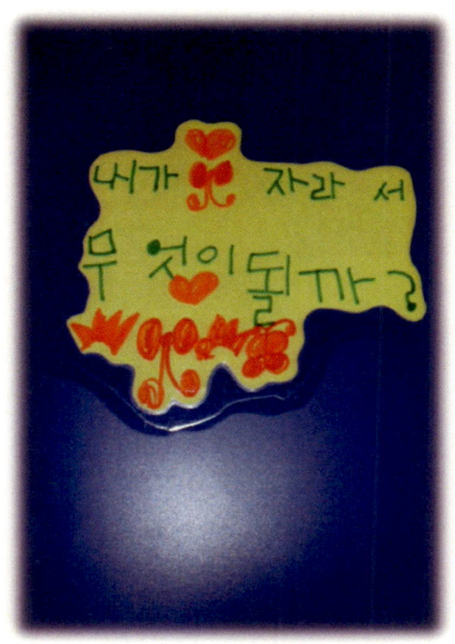

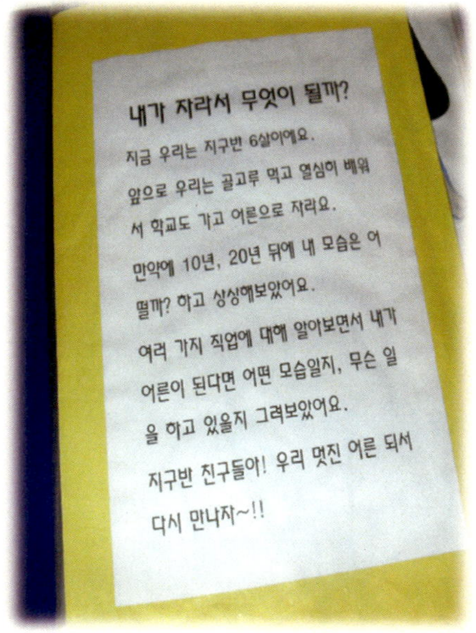

내가 자라서 무엇이 될까?

지금 우리는 지구반 6살이예요.
앞으로 우리는 골고루 먹고 열심히 배워
서 학교도 가고 어른으로 자라요.
만약에 10년, 20년 뒤에 내 모습은 어
떨까? 하고 상상해보았어요.
여러 가지 직업에 대해 알아보면서 내가
어른이 된다면 어떤 모습일지, 무슨 일
을 하고 있을지 그려보았어요.
지구반 친구들아! 우리 멋진 어른 되서
다시 만나자~!!

"넌 뭐 그릴 거야? "
"난 잠수함. 그래서 난 심해에 들어 갈 거야. 가서 새로운 물고기를 찾을 거야."
" 선생님 저는요! 신데렐라 그릴 거에요. 신데렐라가 되서 청소도 하고…드레스도 입고요."

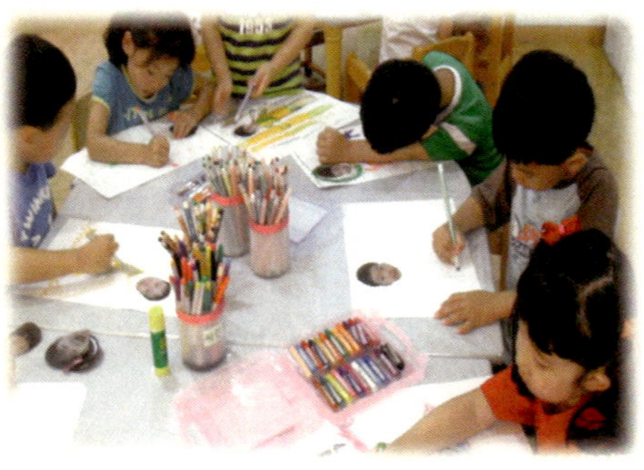

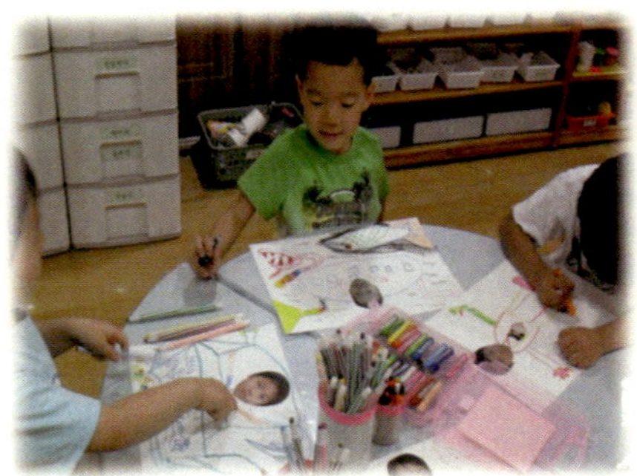

유아들은 자신이 생각하는 미래의 내 모습을 친구들과 대화를 나누며 그려본다.

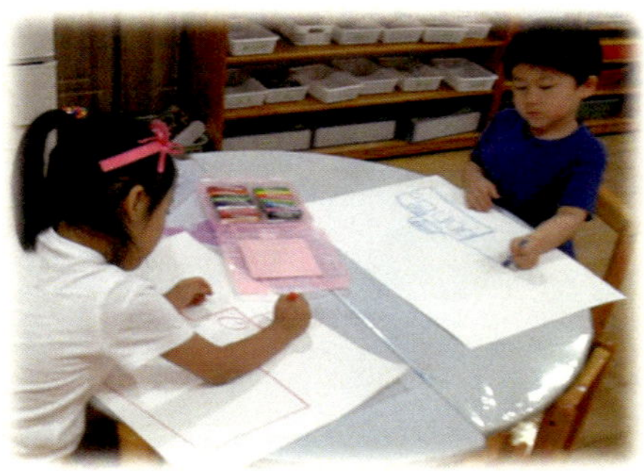

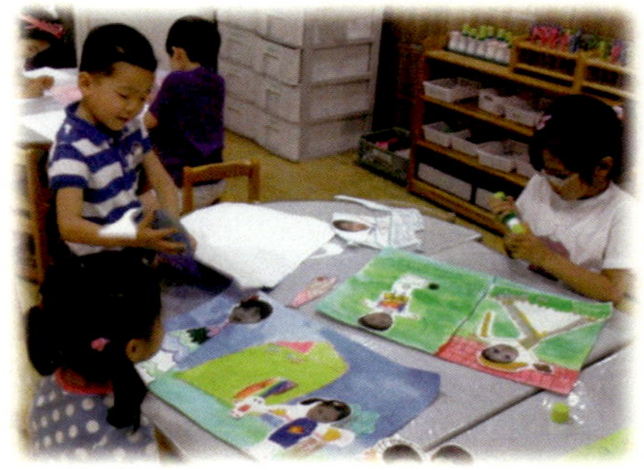

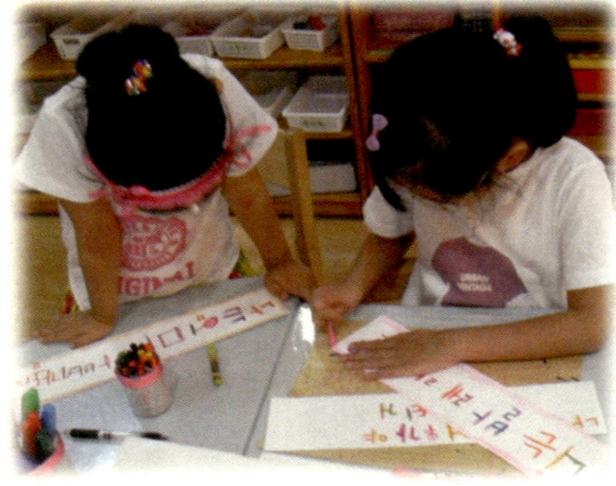

아이들은 미래의 자신의 모습을 상상하고 표현합니다, 발레리나, 운동선수, 경찰 등등, 직업별로 구분하여 일하는 곳의 배경을 그린 후 자신이 그린 그림을 붙여 전시하고 제목도 붙여봅니다.

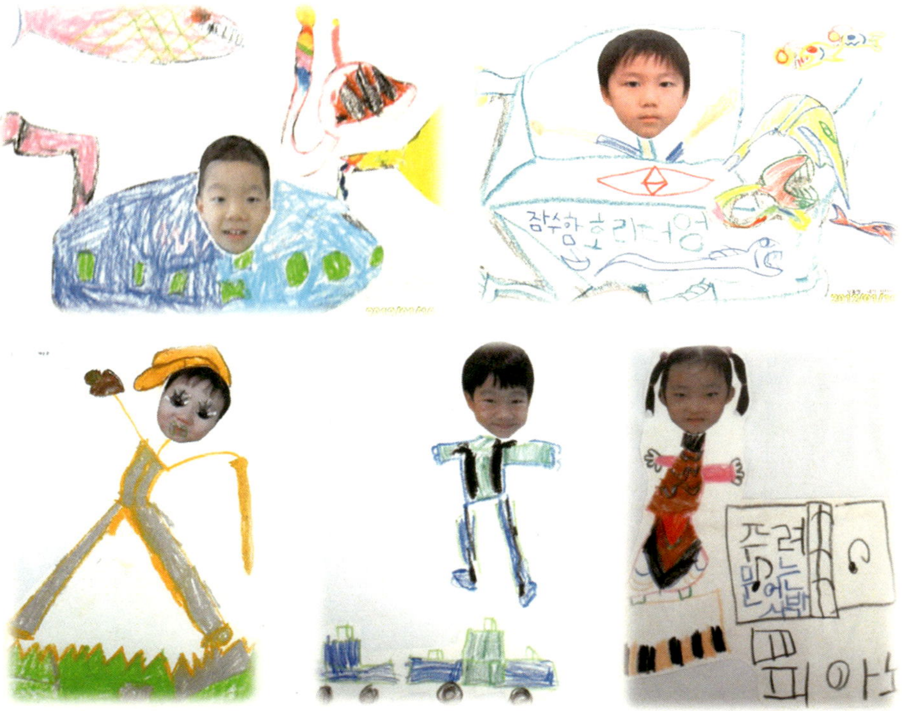

유아들이 그린 미래의 자신의 모습들

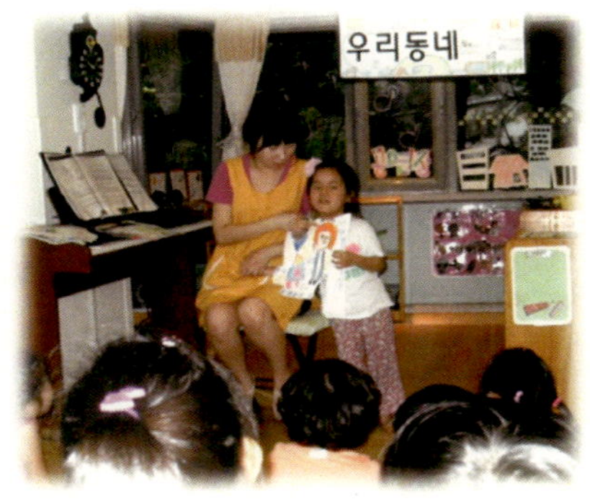

자신의 미래의 모습을 친구들 앞에서 발표해 보고 발레공연장, 경찰서, 바다 등을 그린 배경에 그림을 붙여 전시, 감상 해봅니다.

함께 만드는 기와집

'우리 동네'라는 주제로 활동을 하면서 어린이집 주변의 덕수궁, 돌담길, 옛 궁의 모습 속에서 유아들은 자연스럽게 옛날 동네에 대한 호기심을 드러냈습니다. 유아들과 옛날 우리나라의 동네 모습을 그림, 영상, 민속촌 견학 등으로 보고 듣고 직접 느끼며 서로 협동하여 기와집을 만들어봅니다. 다양한 자연물을 이용하여 옛 동네, 길을 나타내보고 기와의 질감을 나타내며 미술활동을 합니다.

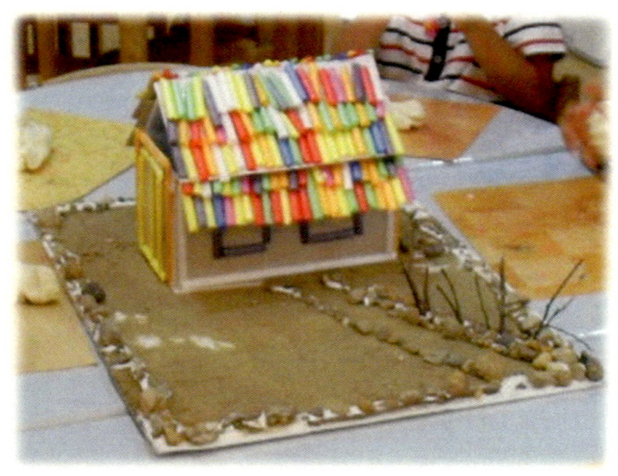

준비물
우드락, 수수깡, 목공본드, 면봉,
다양한 자연물(돌, 흙, 나뭇가지 등)

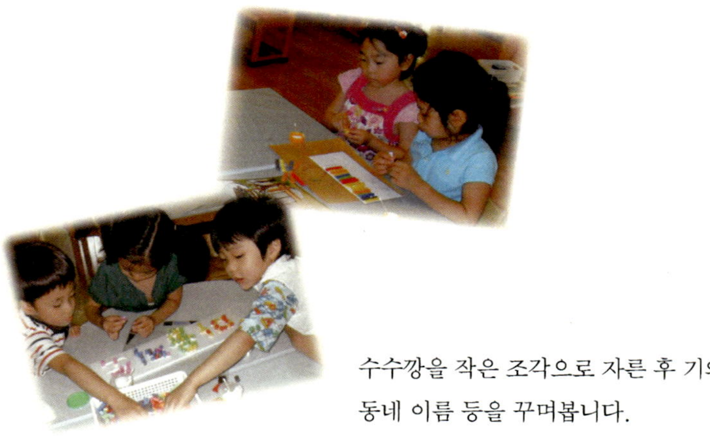

수수깡을 작은 조각으로 자른 후 기와,
동네 이름 등을 꾸며봅니다.

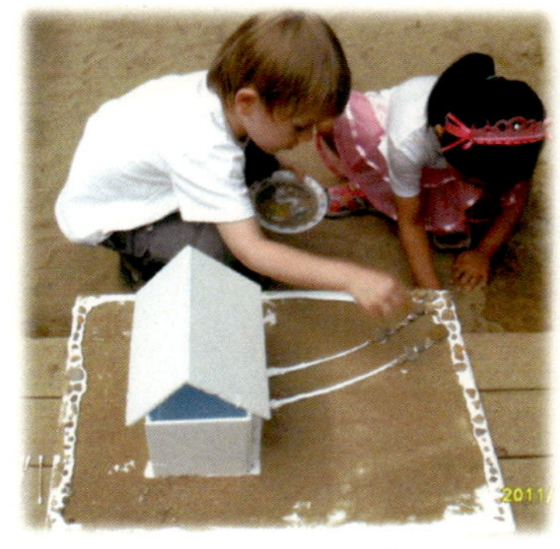

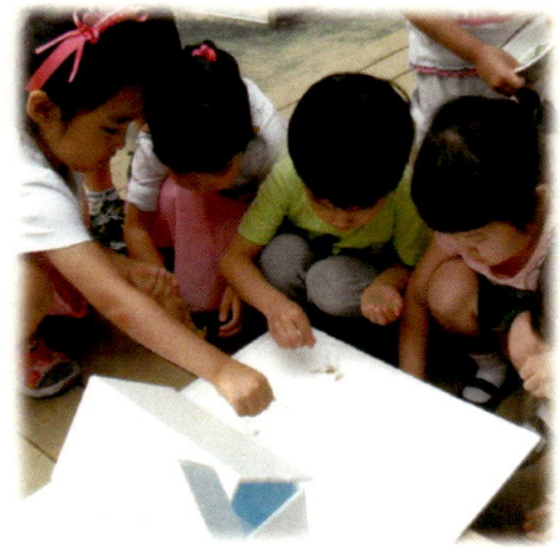

유아들은 옛날 동네의 길을 놀이터의 흙과 나뭇가지, 돌 등으로 표현하길 원하여 소그룹으로 모래놀이터에 나가 자연물을 수집합니다.
우드락에 목공본드를 바른 후 돌을 나열하고 흙을 뿌려 옛 동네의 모습을 재현합니다.

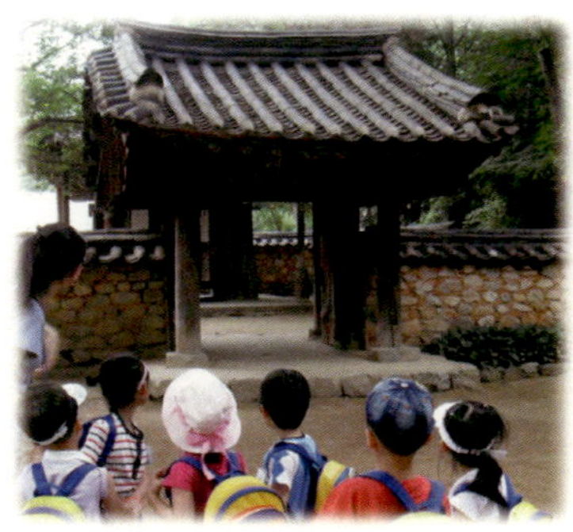

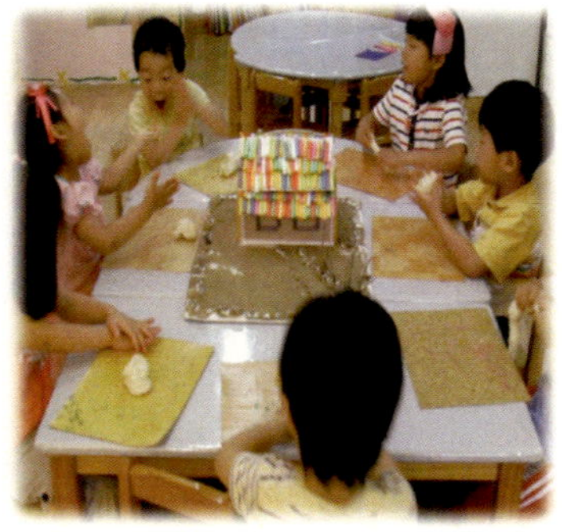

'민속촌'으로 견학을 간 유아들은 기와, 담장, 문, 길 등을 살피며 알고 있던 것을 직접 눈으로 확인해볼 수 있었습니다. 이런 경험을 바탕으로 우리들의 기와집을 완성했습니다.

지구반이 만든 세계지도

소주제 '우리나라와 다른나라'로 활동을 하면서 활동 첫날 아이들과 세계 지도와 지구본을 보며 이야기 나누기를 하였다. 자유놀이 중에 몇몇 아이들이 흰 종이에 지도를 그리면서 친구들끼리 "여기는 미국 가는 길이야" "한국은 일본이랑 가까워" 하고 다른나라에 대해 자신이 아는 지식을 그림으로 표현하는 것을 보고 아이들과 함께 커다란 세계지도를 만들어볼 것을 계획하고 아이들과 함께 작업하였다.

재료

A0소포지, A0트레싱페이퍼, 사인펜, 색연필, 물감, 붓, 우드락, 다양한 국기 그림과 나라 이름카드

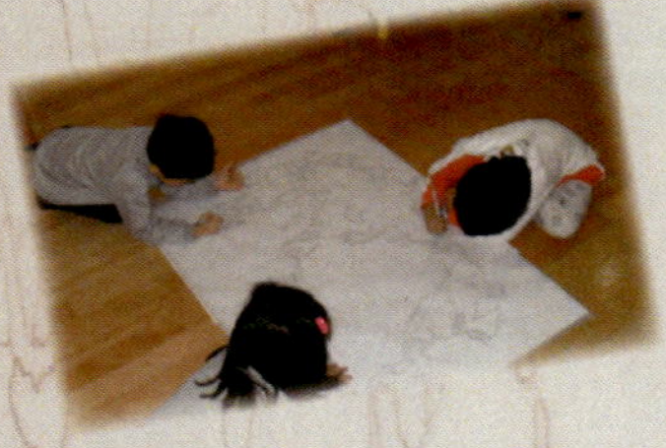

대형 세계 지도 위에 커다란 기름종이를 올리고 바닥에 고정시킨다. 아이들이 한 가지색 펜으로 지도 윤곽을 따라 그린다.

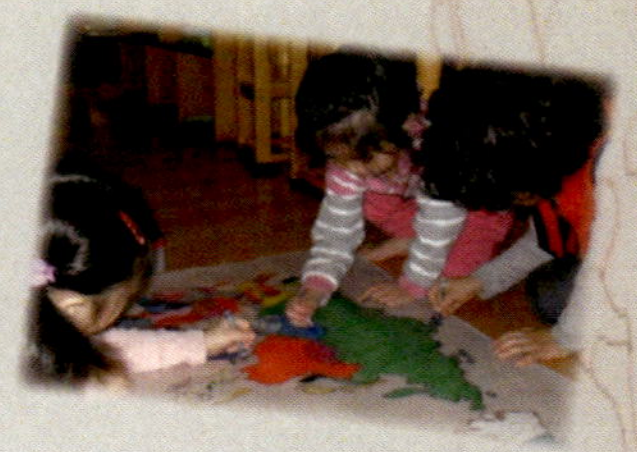

테두리 안을 색연필(12색, 크레욜라 등)로 색칠한다. 인접한 각 나라를 각기 다른색으로 칠한다.

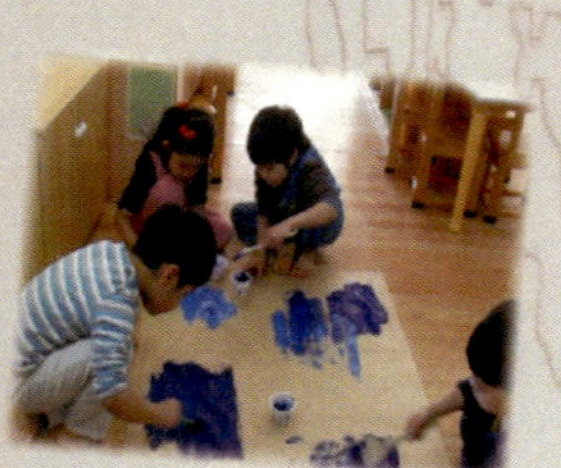

색칠된 지도를 본 뒤 바다가 필요하다는 아이들의 의견에 따라 소포지에 바다색을 칠한다.

지도를 보고 나라명을 표기하기 위해 국기와 나라이름을 그리고 쓴다.

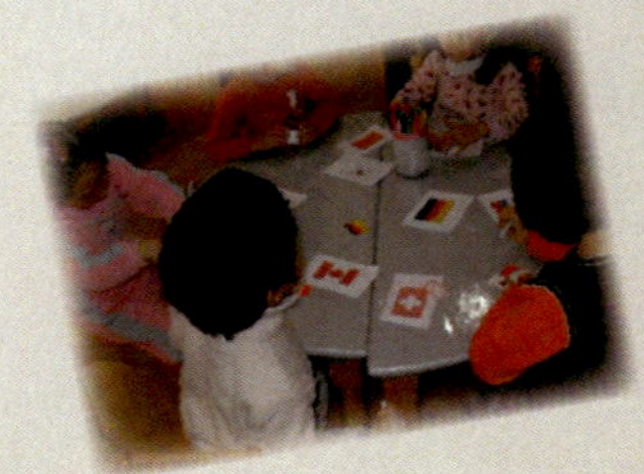

수많은 **나라**가 모여 있는 **지구!**
어떤 **나라**들이 있을까요?
우리나라에서 얼마나 먼 곳에 있을까요?

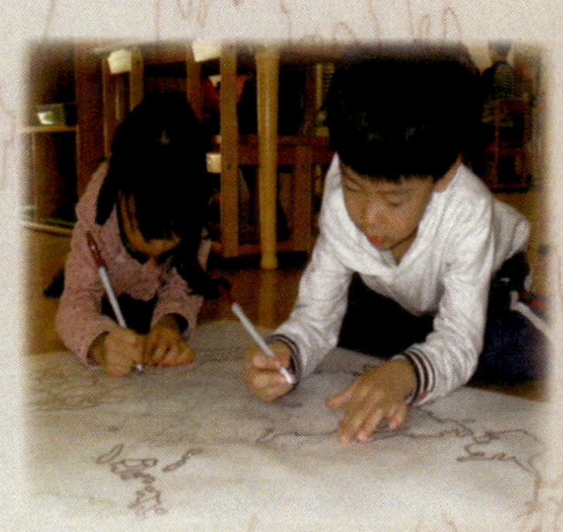

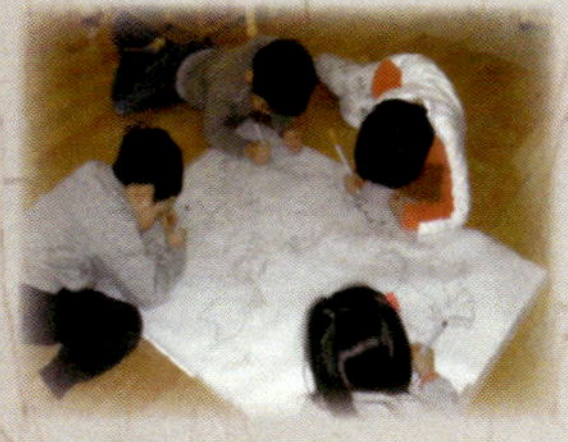

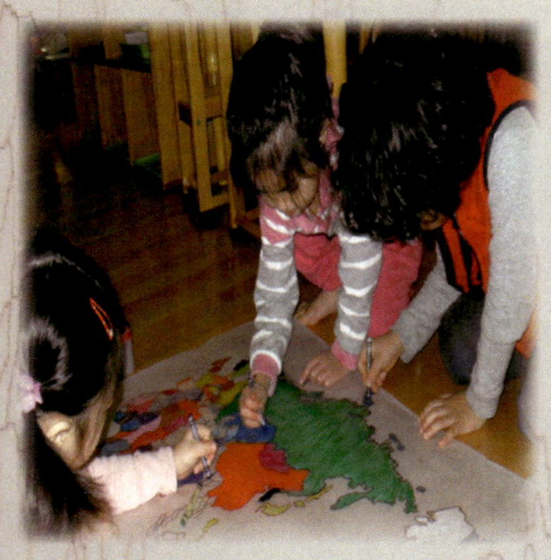

많은 **나라**가 있는
만큼 여러 가지 색깔로
우리가 사는 **지구**,
세계 지도를 협동하여
그려봅니다.

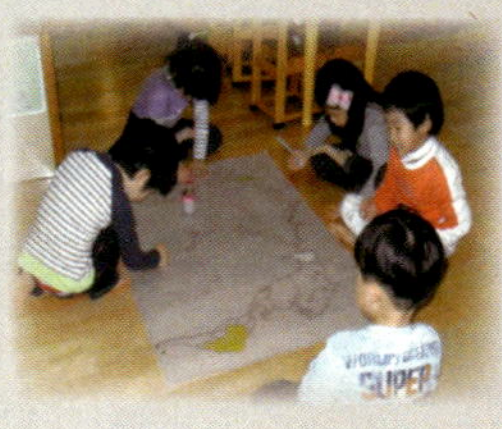

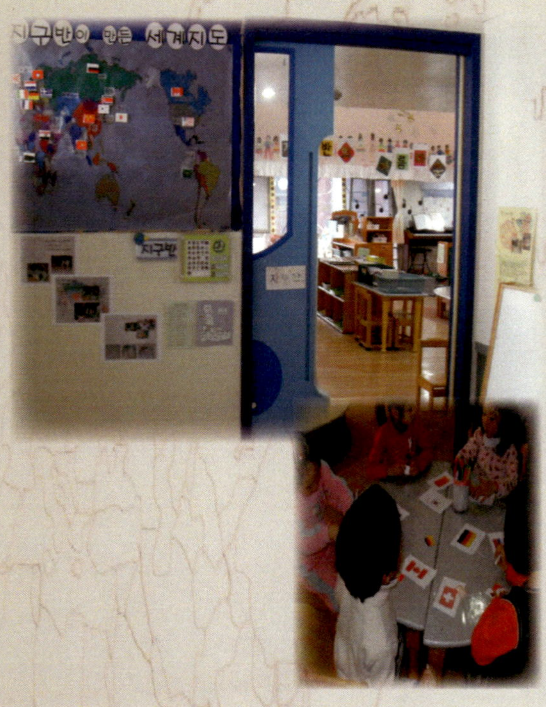

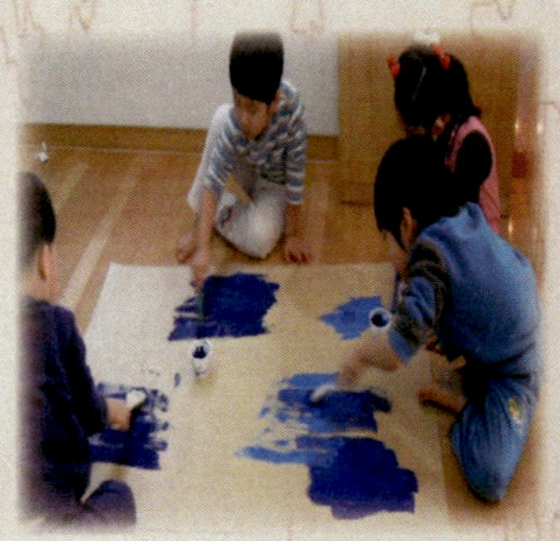

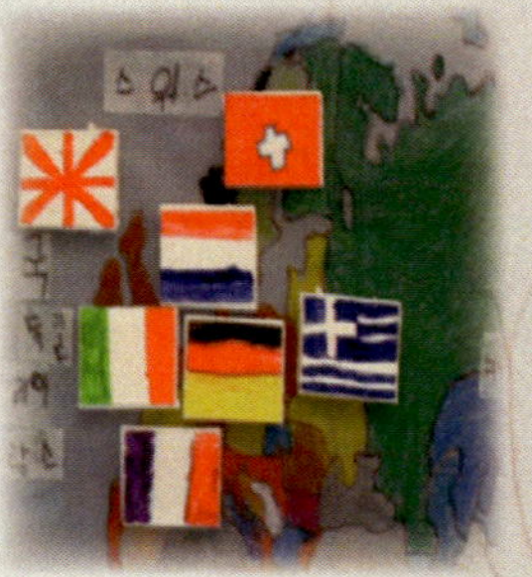

지구반에는 러시아에서 온 일리아와 카자흐스탄에서 온 아이게림 친구가 있어요.
"러시아가 어디에요?"
"카자흐스탄이 어디에 있어요?"
반 친구의 나라에 대한 궁금증으로 시작된 다른 나라와 지도에 대한 관심들.

"난 혼자서도 북한 쓸 수 있어요" (ㄱ,ㄴ,ㄷ,…꼽아보면서)혼자 종이에 '복한' 이라고 씀
"나 스위스 나라 아는데 그 나라 이름도 써볼까요?"

아이들이 며칠에 걸쳐서 커다란 지도가 완성되어가는 모습을 보면서 지도에 필요한 부분은 어떤 것이 있는지 먼저 건의하기도 하고 내가 좋아하는 나라의 이름을 써서 붙여보는 활동을 통해 흥미를 느끼고 자발적인 참여를 이끌어낼 수 있었다.

우리가 만든 지도는 교실 문 앞에 전시되어 아이들이 등하원 때 부모님께 설명 드리고 세계여행을 가고 싶다는 이야기의 소재가 되었다.

다른 나라에는 무엇이 있을까?

이민경 교사 : 세계지도를 만들어 전시한 후로 아이들이 나라 이름이나 국기모습을 보고 퀴즈를 많이 내고 있어요.

오유정 교사 : 아이들이 해외여행도 많이 하고 다른 나라의 친구들도 있어서 그런지 더 많은 관심을 보이죠?

이민경 교사 : 우리가 그런 세계지도 속에서 카자흐스탄이나 러시아를 찾아보면서 다른 나라에서 온 친구에 대한 이해도 커지는 것 같아요.

오유정 교사 : 네, 다른 문화권의 친구들에 대해 좀 더 이해할 수 있는 기회가 되었죠. 다른 나라의 위치나 국기, 국가명 이외에도 좀 더 우리들의 생활과 연관지어 알아볼 수 있을 것 같은데, 어때요?

이민경 교사 : 좋은 생각이에요. 단순히 이름과 위치를 아는 것에 더해서 그 나라의 특징적인 것도 같이 알아볼 수 있을 것 같아요. 지도에도 보면 문화재나 음식 등 유명한 볼거리가 상징적으로 나타나있기도 하잖아요.

오유정 교사 : 그럼 이번 주 아이들과 세계 여러 나라의 모습을 좀 더 살펴보고 지도에 더해볼까요?

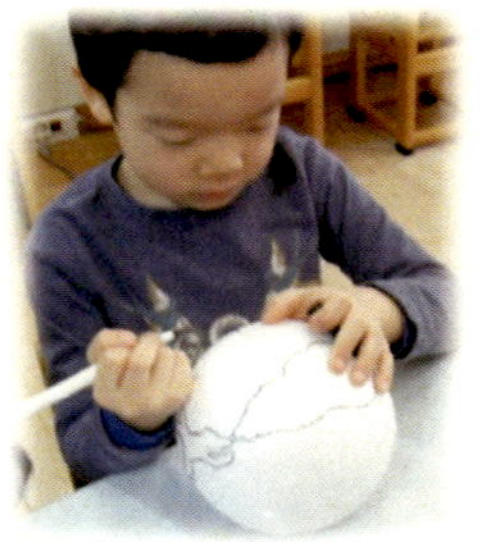
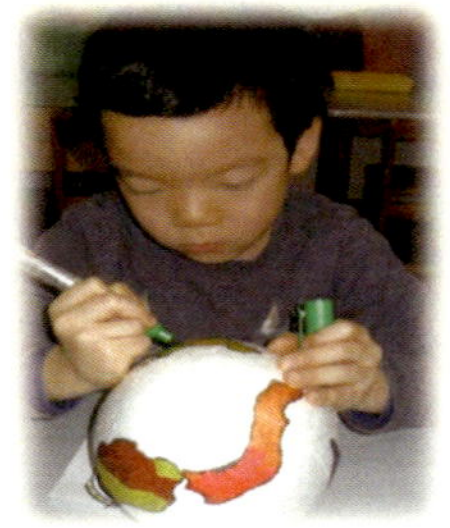
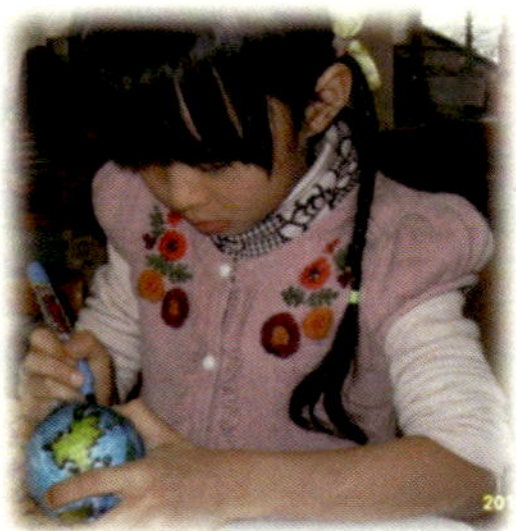

동그란 지구본을 보며 직접 스티로폼 구에 지구를 그려봅니다.

지구본을 보며 "이 나라에는 뭐가 있을까?", "여긴 어떤 나라지?" 궁금증을 가지며 나라의 특징적인 건축물이나 인종, 음식 등을 알아봅니다.

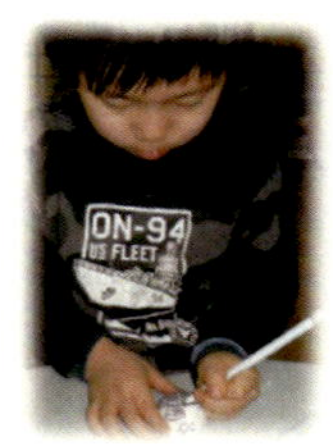

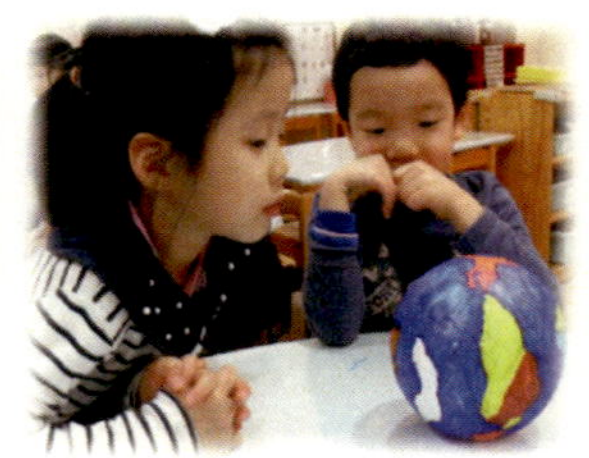

"이집트엔 피라미드가 있어"
:아프리카엔 피부가 까만 사람이 살지?"
"화산이 있는 나라도 있어"
"우리 아빠가 커피가 많이 나오는 나라도 있대"

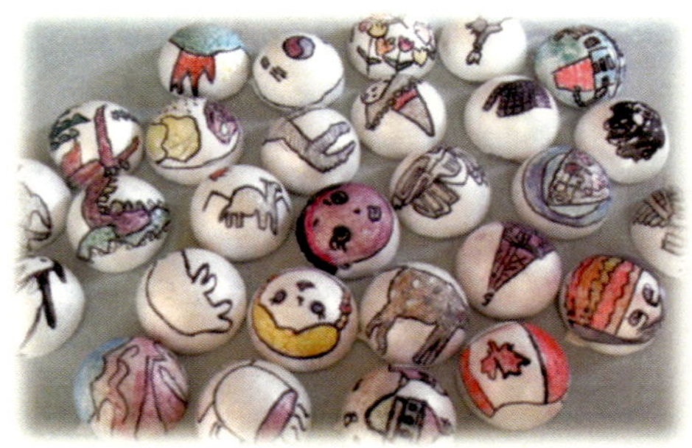

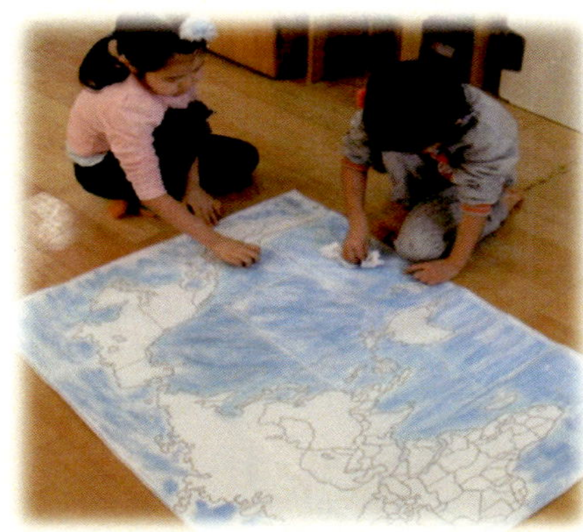

평면으로 그린 세계 지도에 파스텔로 바다를 나타내봅니다.

아이들이 그린 세계 속 모습을 지도에 배열해봅니다.

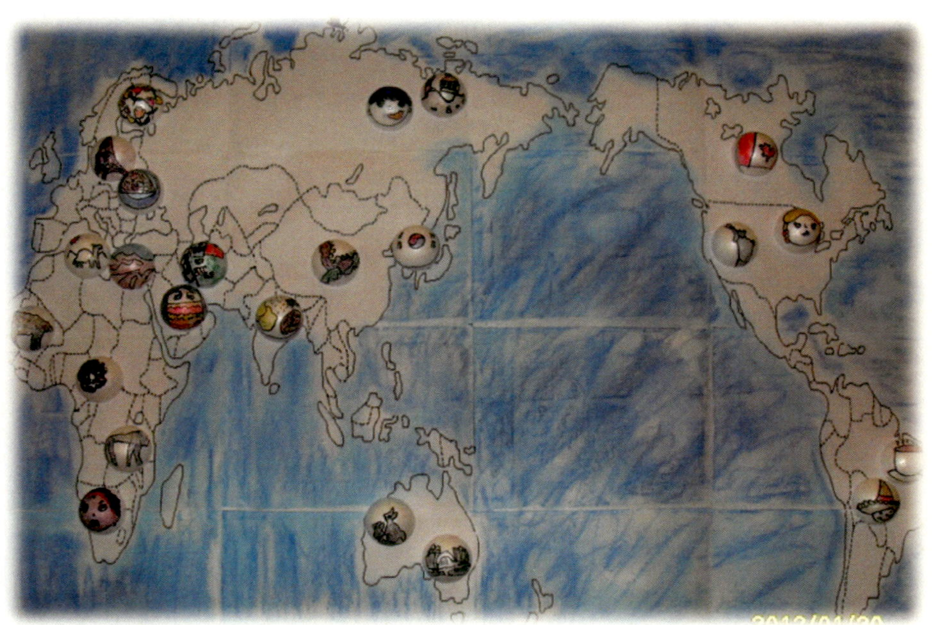

전시와 감상

손에 손 잡은 우리들

전시회 패널만들기

전시회를 열어요

손에 손잡은 우리들

오유정 교사 : 2학기 교실 환경구성을 어떻게 할까요?

이민경 교사 : 아이들 작품을 활용하고, 계절이나 주제에 상관없이 활용할 수 있었으면 좋겠어요.

오유정 교사 : 그럼 우리 아이들 사진이라 교사 사진을 이용해서 지구반 식구들을 표현해 봐요!

이민경 교사 : 아이들 얼굴 사진을 준비해볼게요. 크기가 일정 해야 하니 흰 종이에 인형 옷처럼 본을 만들어서 아이들이 색칠하도록 해요.

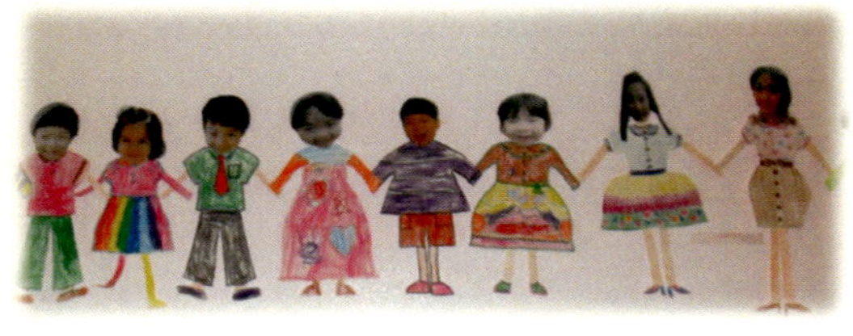

아이들 한 명씩 자신이 사용할 종이 인형을 골라서 옷에 무늬를 그려준다.
어떻게 색칠할지 고민하는 아이들은 교사가 아이들이 지금 입는 옷의 무늬와 똑같이 매직으로 테두리를 그려주면 재미있어하면서 자신의 옷을 완성한다.

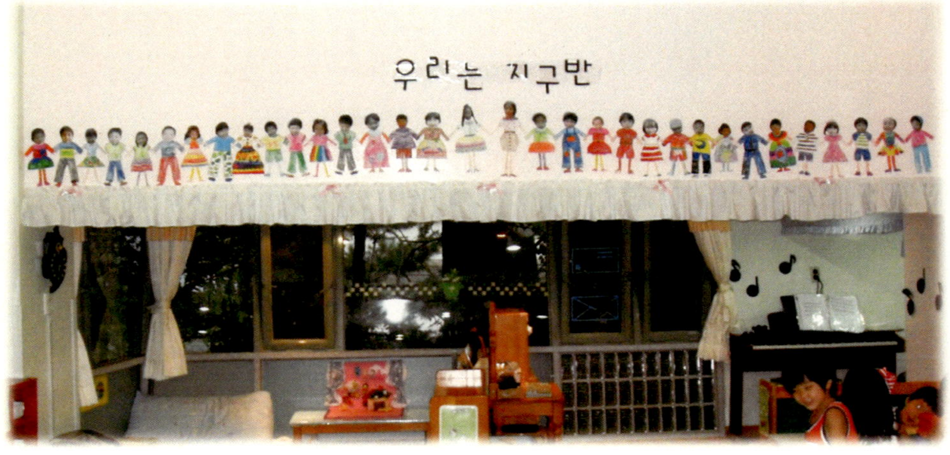

전시회 패널 만들기

이민경 교사 : 선생님, 이번에 1학기 아이들 작품으로 전시회를 하는데, 아이들 작품 소개를 어떤 방법으로 쓰면 좋을까요?

오유정 교사 : 우리반의 경우, 수업 계획안이 존재하기는 하지만, 아이들의 의견이 반영되어 새롭게 추가되기도 하고 확장되기도 한 부분이 많아서 그 점을 글로써 드러내면 좋을 것 같아요.

이민경 교사 : 네. 그러면 우리 한 달에 패널 한 장씩을 만들어서 월 주제가 어떻게 전개되었고 어떤 의미와 지식이 아이들에게 습득되었는지 정리해서 써봐요.

오유정 교사 : 교사가 글만 쓰면 보기에 예쁘지는 않을 듯 하니, 아이들 작품을 더해서 패널 자체가 미술작품이 되도록 만들어봐요!

이민경 교사 : 그리고 이번 기회에 우리반이 어떻게 운영되는지, 우리가 학기초에 정한 교실구성 원리랄까, 교육방향 같은 것도 부모님과 함께 나눌 수 있는 기회가 되었으면 좋겠어요.

오유정 교사 : '전시회'라서 겉으로 보면 미술작품을 늘어놓는 것처럼 생각될 수도 있겠지만 사실은 아이들의 작품 속에 다양한 영역과 활동 모습이 담겨져 있지요.

이민경 교사 : 특히 우리는 작품 하나하나 아이들 손으로 스스로 만들었다는 점을 알리고, 화가처럼 이름을 써줘요!

* 전시회에 사용할 패널은 아이들 그림과 교육적 내용을 합쳐서 A0크기로 제작되었다

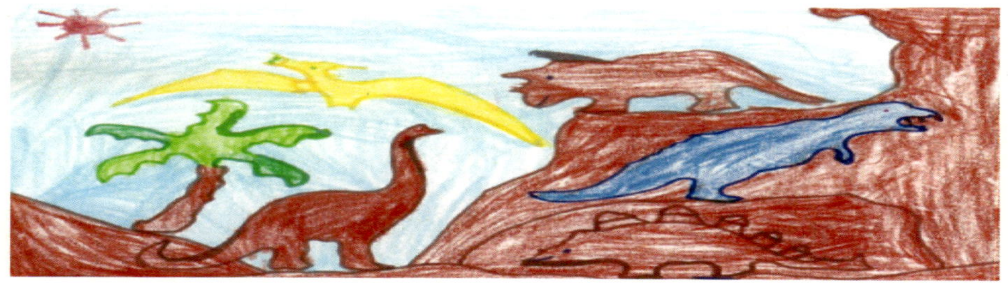

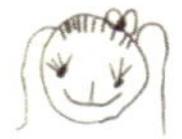
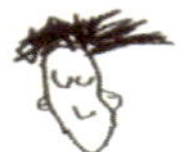
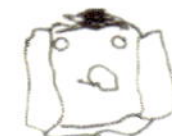
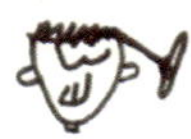
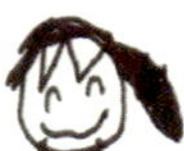
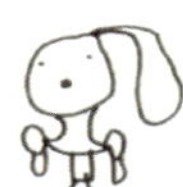
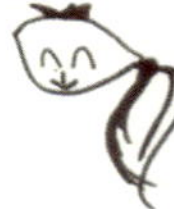
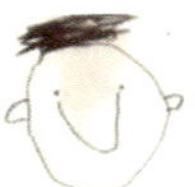

〈패널1〉

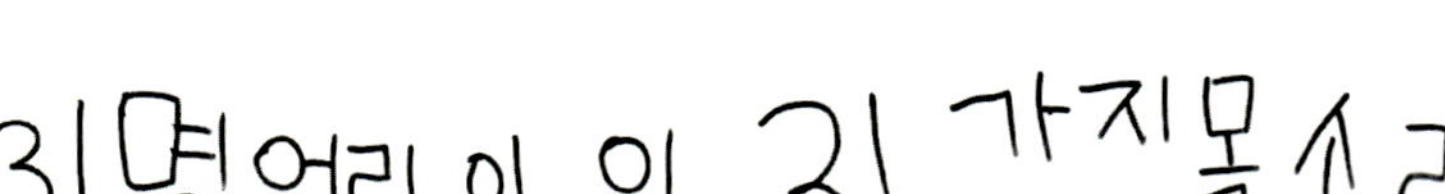
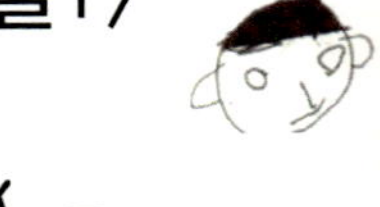

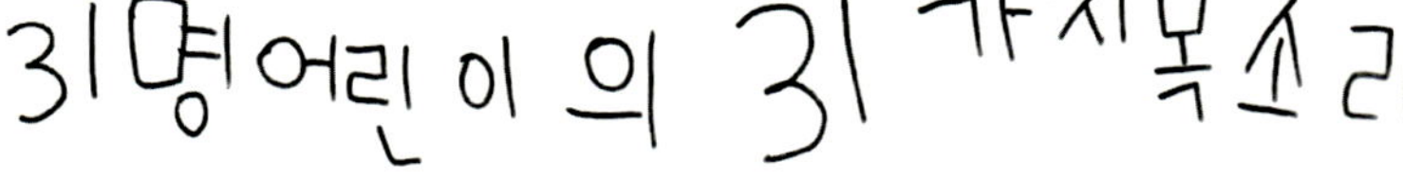
31명 어린이의 31가지 목소리
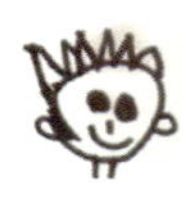
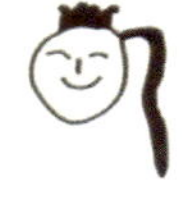
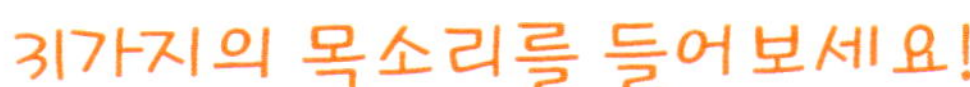
31가지의 목소리를 들어보세요!
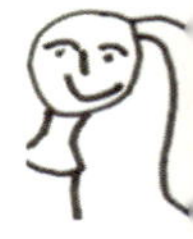

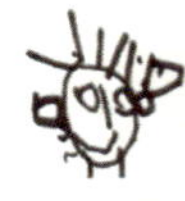
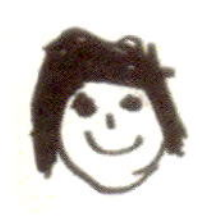

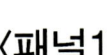

"나는 그림을 그리고 있어요."

"나는 그림만 그리는 것이 아니라 그림으로 이야기를 하고 있는 거에요!"

31명 지구반 아이들이 하루에도 여러 장 그림을 그리고 낙서, 만들기를 하기도 합니다. 자세히 살펴보면 아이들은 그림으로 자신이 하고픈 이야기를 하고 있다는 것을 알 수 있어요.

그래서 아이들의 작은 목소리에 귀 기울이고 부모님께 지구반의 일상을 소개하고자 전시회를 합니다.

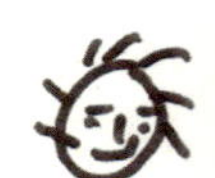
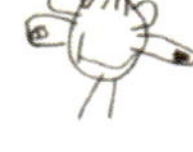
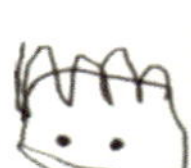
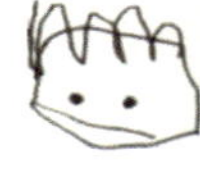
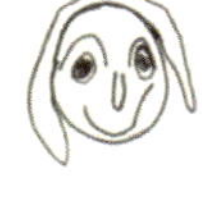
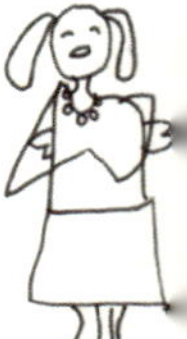
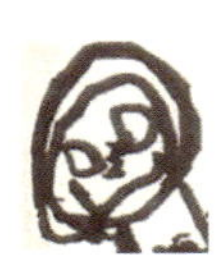
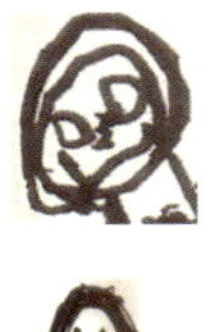
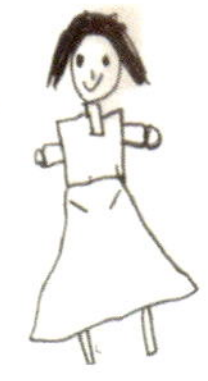
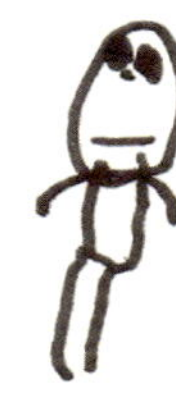
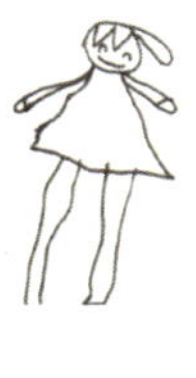
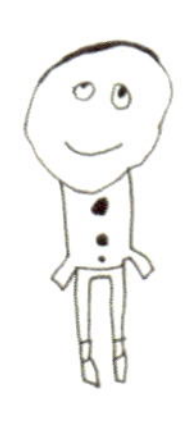
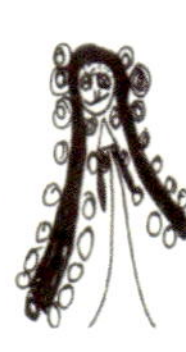
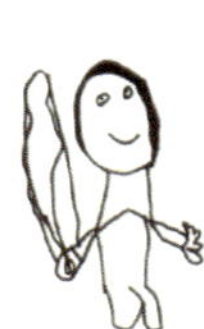
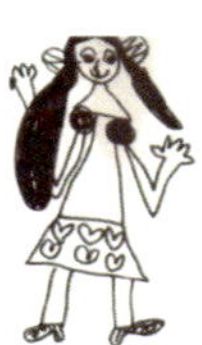
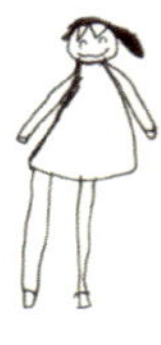

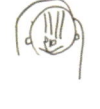

〈패널2〉

지구반의 교육과정

지구반은요.
국가수준의 표준보육과정에 근거한 교육과정에
프로젝트 접근법을 부분적으로 적용합니다.
교사가 미리 세운 수업계획에 따라 수업이 진행되지만 그 안에서 다양한 탐색과 표현이 이루어지며, 이는 1주, 혹은 한 주제의 마무리에 아이들의 생각과 느낌이 모아진 결과물(작품)으로 표현됩니다.

지구반에서는 유아들에게 상징적 표상활동을 지원합니다.
말, 동작, 그림, 만들기, 음악 등 비언어적 표현방법을 통해 자신을 표현하도록 격려합니다.

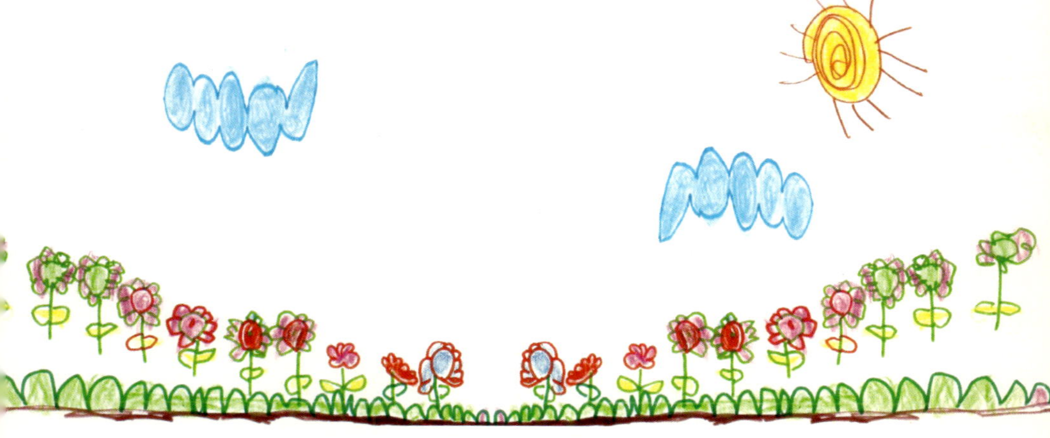

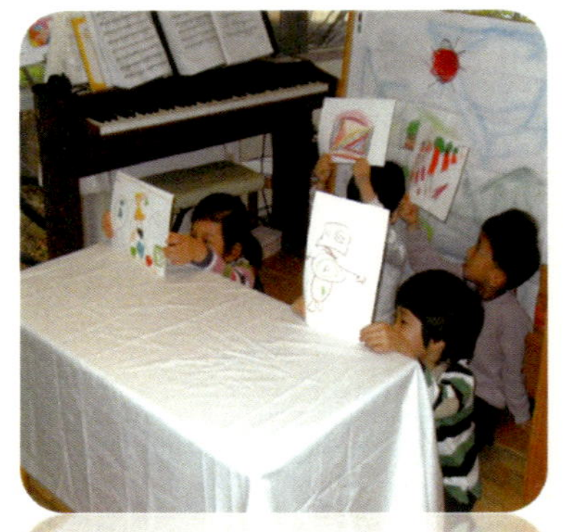

〈패널3〉

출발점

3월, 내 교실, 내 친구, 나의 선생님
1년간 나와 내 친구들이 만들어갈 지구반 교실에 대해 특별한 의미부여를 해요.

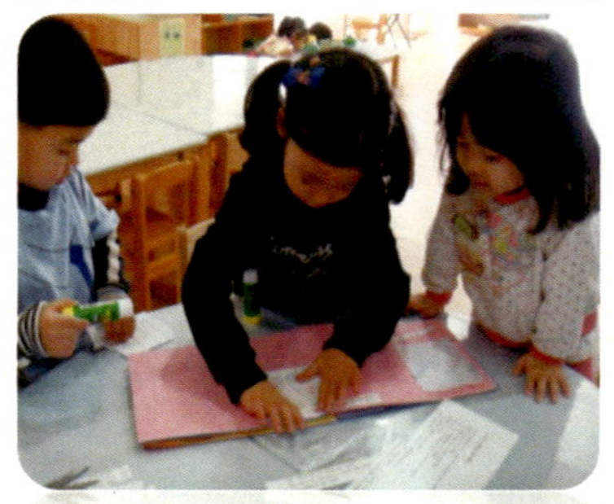

"내가 그린 그림으로 내가 책의 주인공 되는 거에요. 내가 주인공인 책을 빨리 만들어봐요."

"지구반에는요. 천사가 있어요. 친구를 잘 도와주고 양보를 잘 하는 멋진 천사에요."

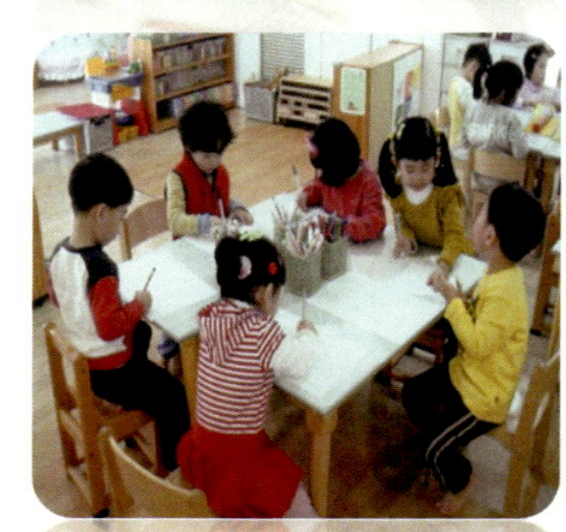

"지구반 아이들의 작품은 보물이야!"
왜냐하면 지구반 어린이 모두는 다 특별하기 때문이야!

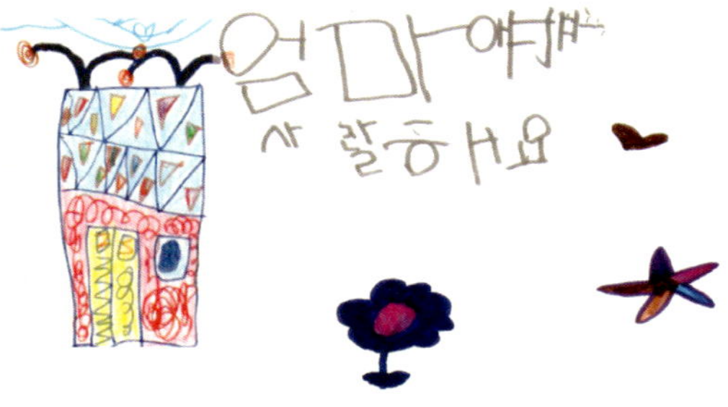

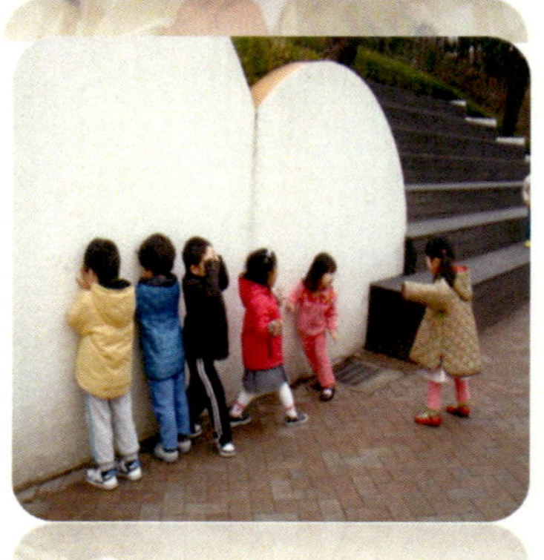

〈패널4〉

싹터요

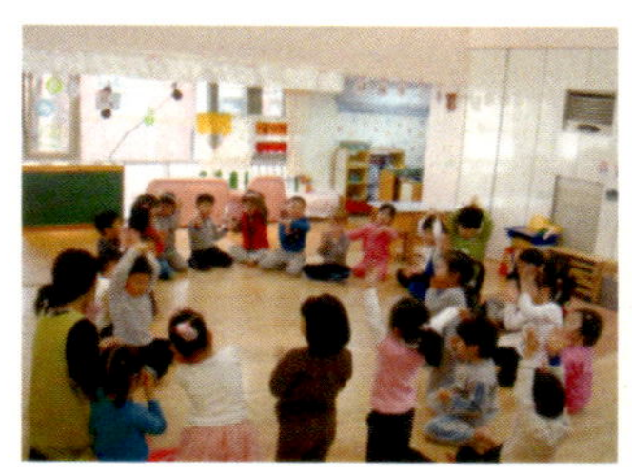

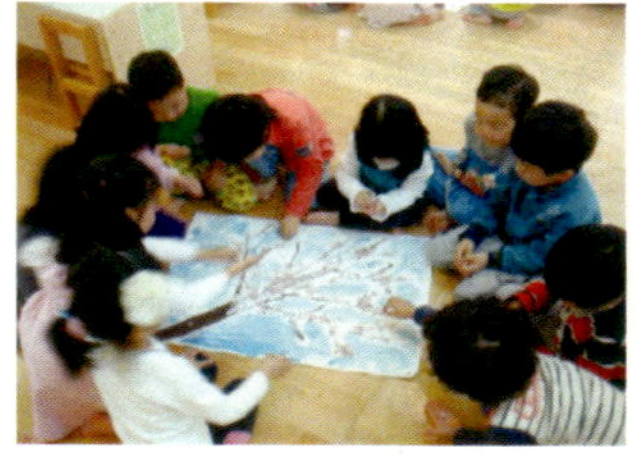

4월, 시간은 흐르고 또 흘러서
매년 봄이 와요!
모든 사람에게 봄이 오지만 지구반에서 우리는
봄을온몸으로 느낄 수 있어요. 그리고 내 손으로 봄을
만들어 낼 수 있어요.

"이제 봄은 우리를 통해 와요."

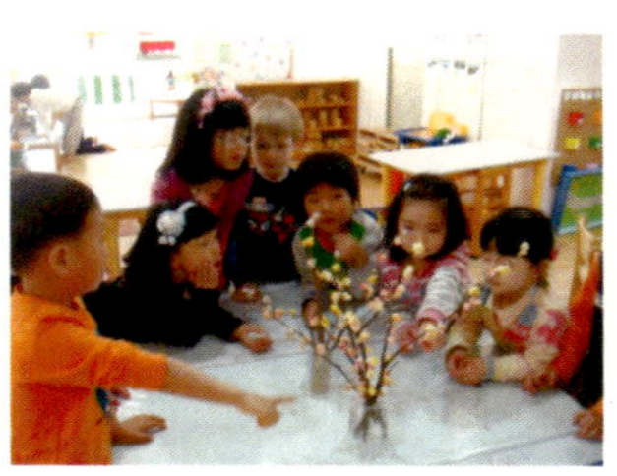

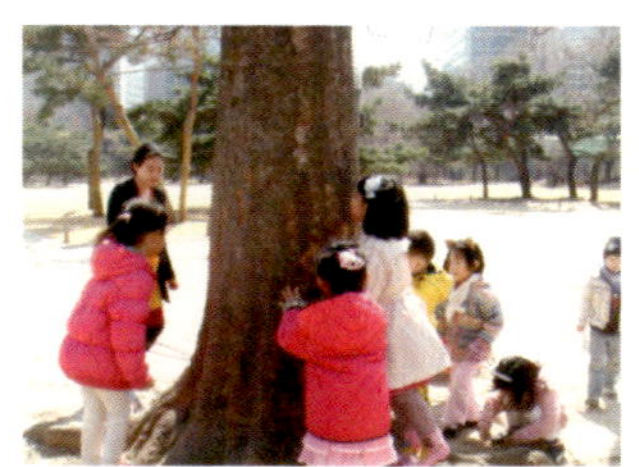

상징적 표상으로 재현된 지구반의 봄
봄을 탐색하고 동작, 그림, 만들기 등 비언어적
표현 방식으로 자신만의 세계를 표현해요.

"세상은 우리가 배우는 것이 아니라
만들어가는 거에요!"

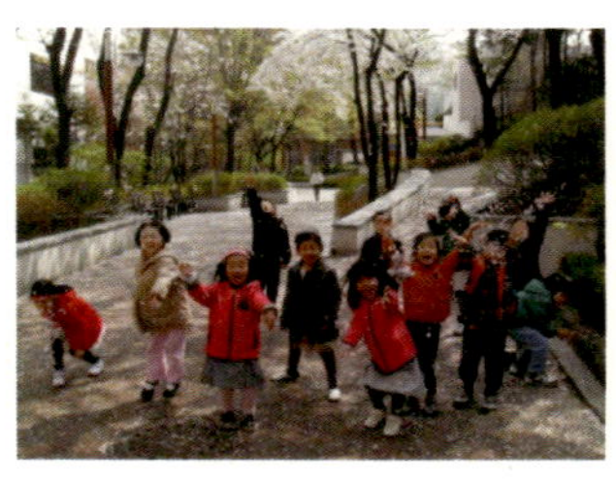

〈패널5〉

성장

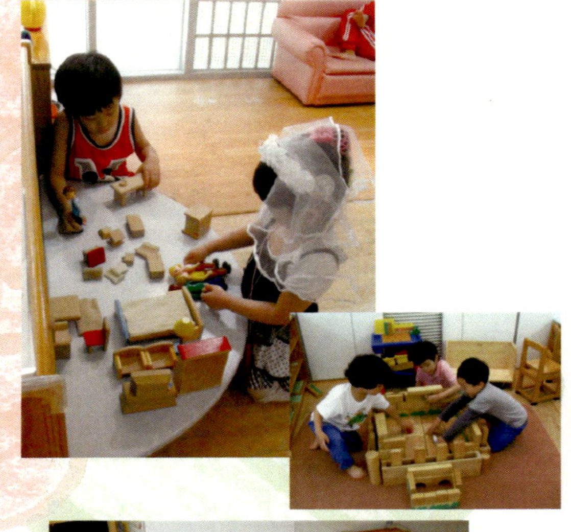

가정의 달을 맞이하여 가족과 관련된 활동 속에서 엄마 아빠에 대한 감정을 표현하고 고마움을 느끼는 5월.

"난 어른이 되어 엄마 아빠가 될 거야"
"아빠팀은 멋쟁이! 엄마팀은 예쁜이!"
"난 나중에 커서 아빠한테 자동차 사드릴 거에요."
"엄마 아빠는 나를 사랑해주셔서 감사해요"
"카네이션은 언제 드려요? 빨리 드리고 싶다!"

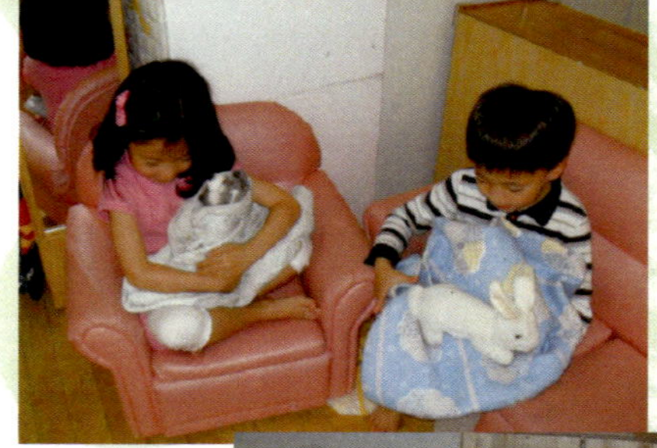

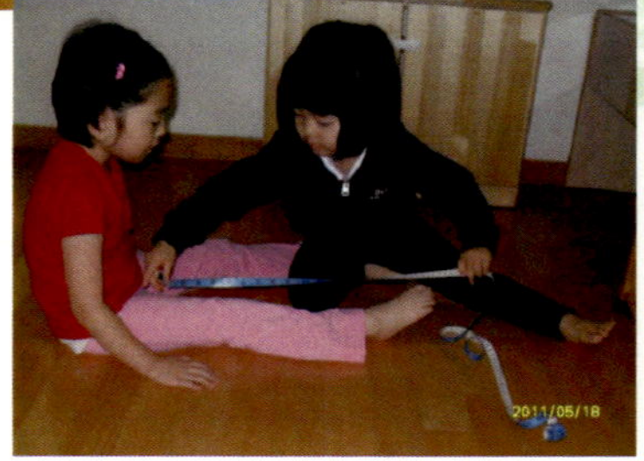

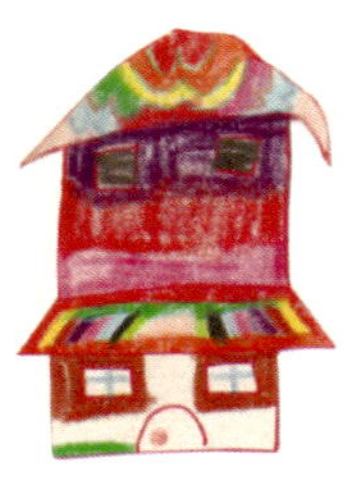

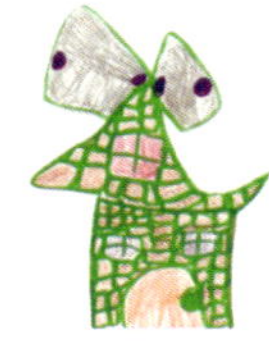

〈패널6〉

무르익음

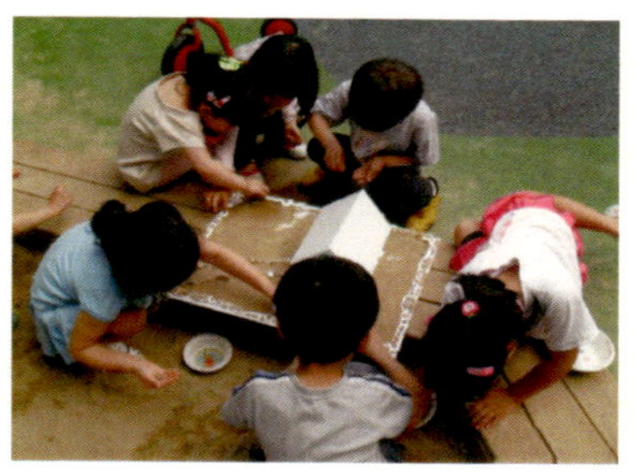

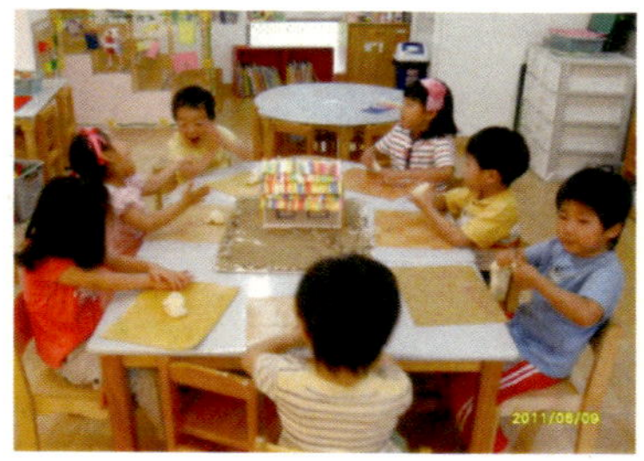

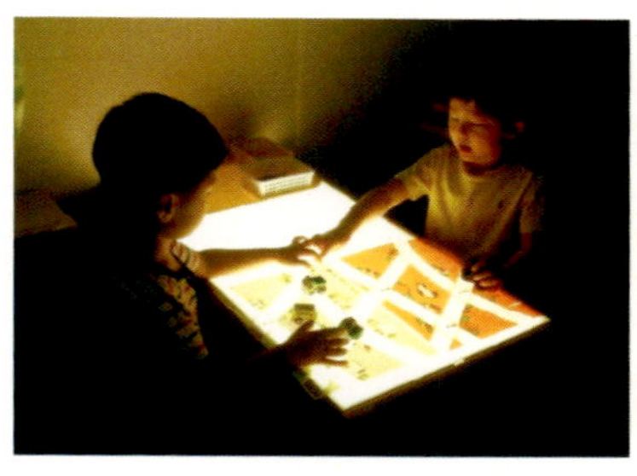

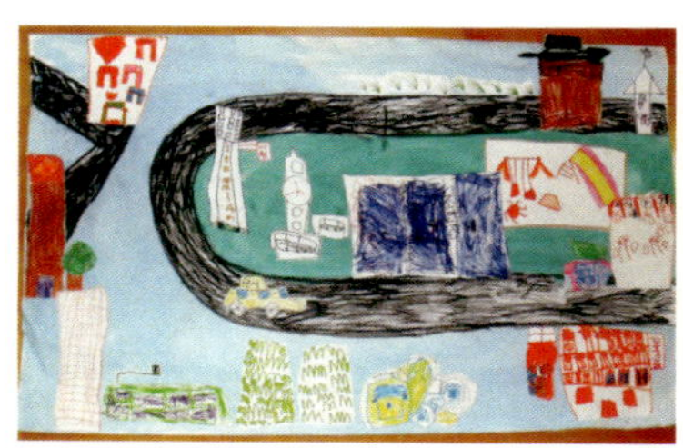

6월, 길에서 찾는 보물찾기
나와 우리 가족, 친구들이 함께하는 동네의 지도를 그려봐요. 그리고 함께 나가 우리 동네를 들여다봐요.
길에서 직접 찾은 우리 동네를 또다시 그려봐요.
다시 그린 우리 동네 속에는 우리가 길에서 찾은 보물들이 가득 숨어 있어요.

도식 언어로 알 수 있는 아이들의 인지과정
같은 주제를 반복적으로 그림에 따라 그림이 달라지는 양상에서 아이들의 생각, 관찰, 기억, 감정들의 변화가 기록됩니다.

"다시 그린 우리 동네 지도 속에는 우리가 길에서 찾은 보물들이 가득 숨어 있어요."

<패널7>

세상 속에서 발견하기

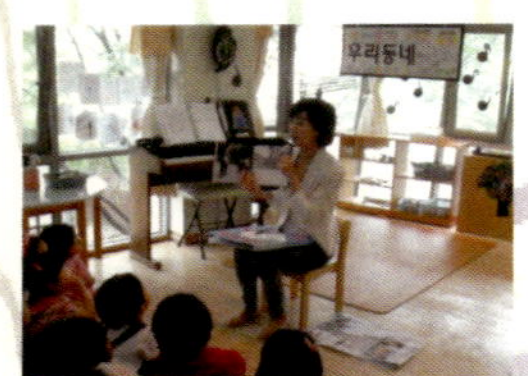

"어린이집에서는 선생님이 엄마야, 그런데 지구반에서는 엄마가 선생님이 될 수도 있어!
또 우리동네, 내 주변의 모든 가게가 우리 모두의 선생님이 되기도 해"

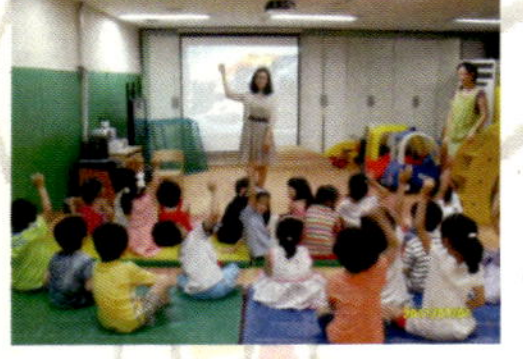

유아들에게 다양한 교육적 경험을 제공하기 위해 교육의 장을 교실로 한정 짓지 않고 다양한 장소와 전문가와의 만남으로 능동적인 학습자가 된다.

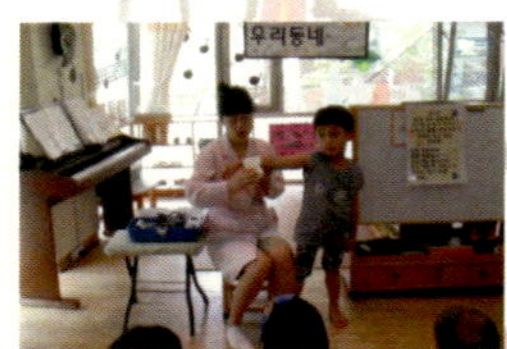

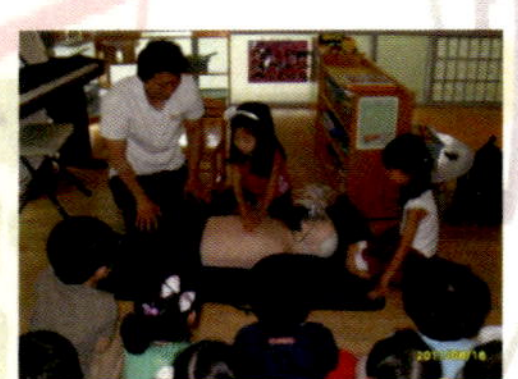

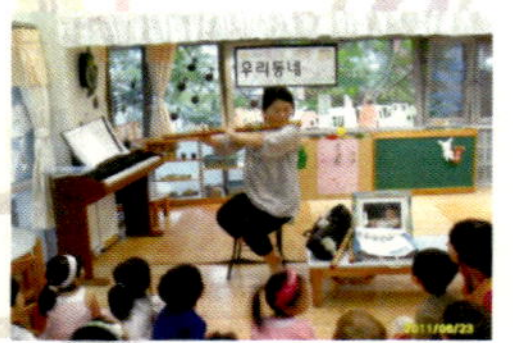

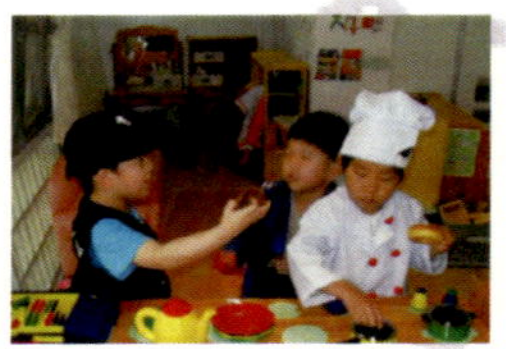

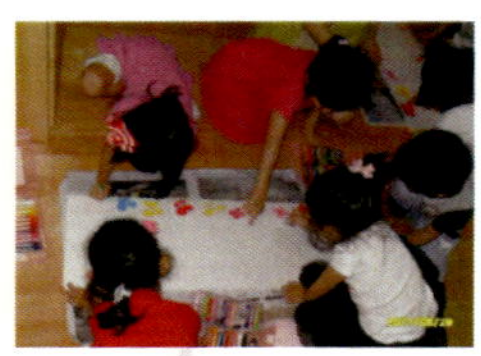

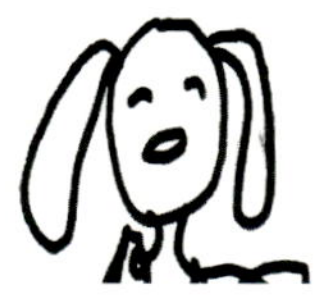
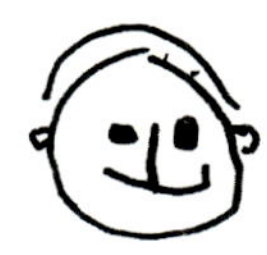

전시회를 열어요

이민경 교사 : 전시회에 사용할 작품들이 다 완성됐어요. 이제 배치하고 손님을 초대할 준비를 해야겠어요.

오유정 교사 : 학부모님들에게 전시회에 대해서 알림장에 공지되기는 하지만, 아이들 손으로 초대장과 포스터를 만들어봐요.

이민경 교사 : 제목, 장소, 시간 정도를 쓰면 되겠지요? 그런데 제목은 우리반 전시회라고 하면 될까요?

오유정 교사 : 우리반 전시회가 맞긴 한데… 너무 밋밋해 보이니 부제목을 하나 지어볼까요?

이민경 교사 : 그래요. 제목을 지어서 간판처럼 만들어서 전시회장에 붙여놔요!

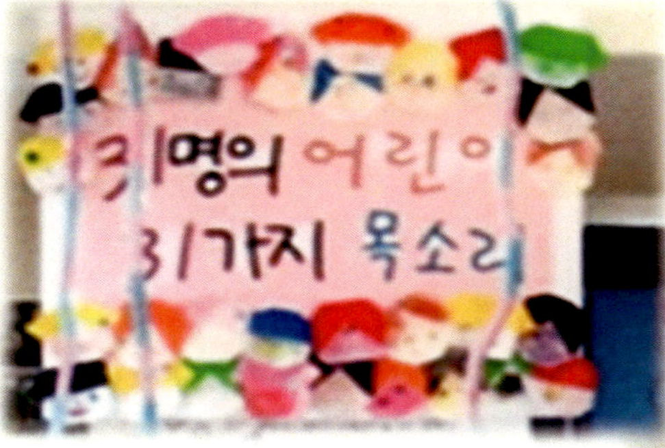

우드락에 아이들이 각각 자신의 얼굴을 색종이로 접어서 꾸미고 붙여준다. 전시회 제목을 써서 간판을 꾸민다.

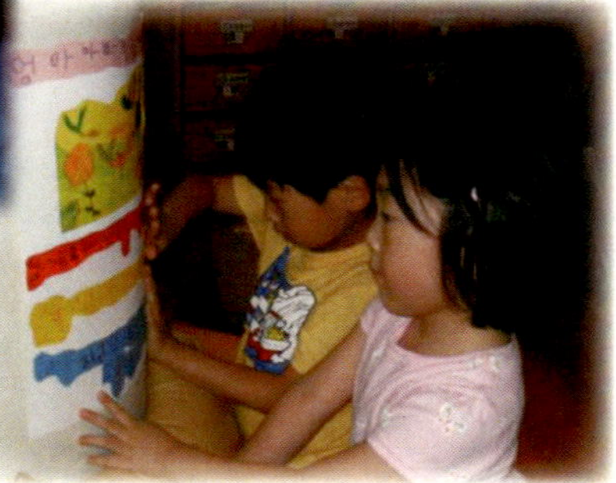

전시회 포스터를 만들어서 어린이집 곳곳에 붙인다.

이번 전시회는….

아이들이 직접 그리고 만들어낸 모든 창조물을 전시하고 교사는 이 속에서 지구반에서의 교육적 목적과 그 의미를 효과적으로 드러내고자 하였다.

지구반에서 단계적으로 이뤄진 작업이 눈으로 드러나도록 시간적 순서를 고려하고 주제별로 분류하였다. 3월부터 6월까지 주제 또한 단계별로 확장된 의미를 가지고 있어 일관되면서 통일성 있는 전시가 되었다.

아이들은 직접 자신이 참여하였고 완성된 것에 대해 소속감과 만족감을 느끼며 가족과 또래에게 적극적으로 설명하며 지구반으로서의 자부심을 느낄 수 있었다.

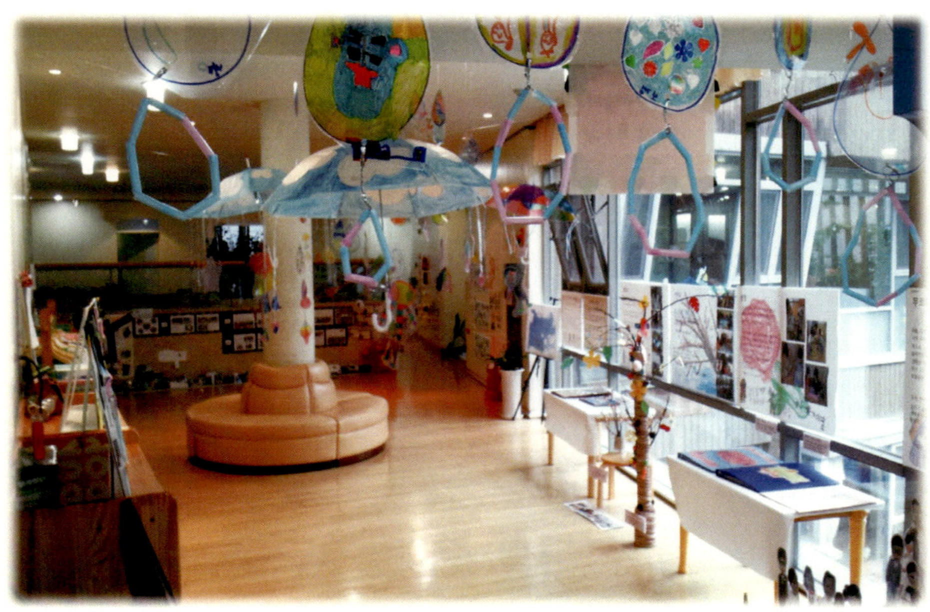

31명 어린이의 31가지 목소리

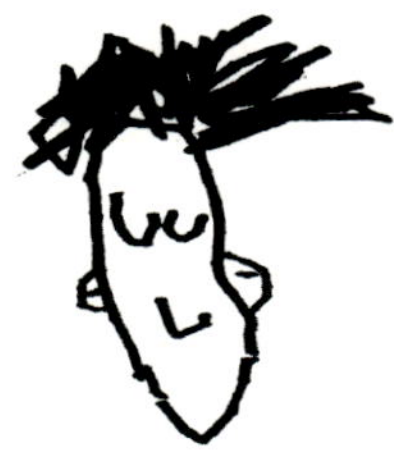

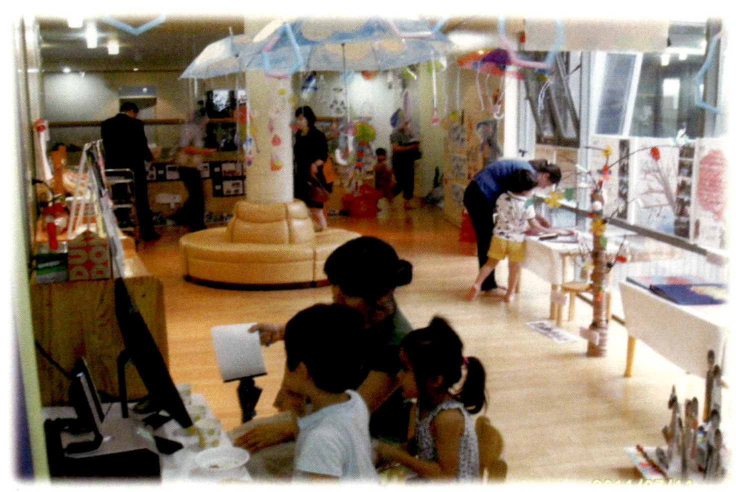

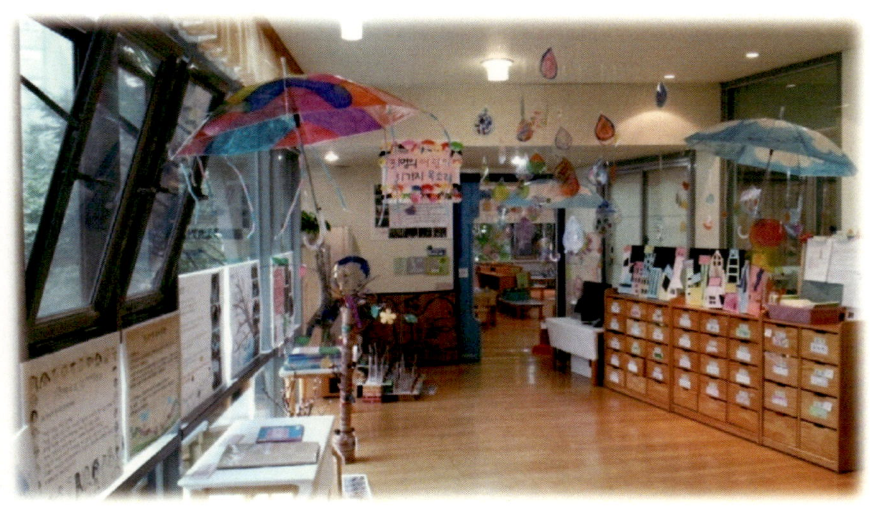